高校旅游管理类专业精选系列教材

旅游线路设计：
理论与实务

Tour

常直杨　李俊楼◎主　编
张　宁◎副主编

南京大学出版社

图书在版编目(CIP)数据

旅游线路设计：理论与实务 / 常直杨，李俊楼主编.
— 南京：南京大学出版社，2023.10
高校旅游管理类专业精选系列教材
ISBN 978-7-305-26665-2

Ⅰ.①旅… Ⅱ.①常… ②李… Ⅲ.①旅游路线—设计—高等学校—教材 Ⅳ.①F590.63

中国国家版本馆 CIP 数据核字(2023)第 160850 号

出版发行	南京大学出版社		
社　　址	南京市汉口路22号	邮　　编	210093
出 版 人	王文军		

书　　名	旅游线路设计：理论与实务		
	LVYOU XIANLU SHEJI：LILUN YV SHIWU		
主　　编	常直杨　李俊楼		
责任编辑	曹思佳	编辑热线	025-83597482
照　　排	南京开卷文化传媒有限公司		
印　　刷	南京京新印刷有限公司		
开　　本	787 mm×1092 mm　1/16　印张 11.25　字数 280 千		
版　　次	2023年10月第1版　2023年10月第1次印刷		
ISBN 978-7-305-26665-2			
定　　价	34.80 元		

网　　址：http://www.njupco.com
官方微博：http://weibo.com/njupco
微信服务号：njuyuexue
销售咨询热线：(025)83594756

* 版权所有，侵权必究
* 凡购买南大版图书，如有印装质量问题，请与所购
　图书销售部门联系调换

前　言

党的二十大报告指出:"坚持以文塑旅、以旅彰文,推进文化和旅游深度融合发展。"我国《十四五旅游业发展规划》中指出针对不同群体需求,推出更多定制化旅游产品、旅游线路。因此在文旅融合的背景之下,推出更多满足人民群众对美好生活向往的高质量旅游线路意义重大。当前,我国人民对红色旅游、乡村旅游、生态旅游、度假旅游、节庆旅游、体育旅游、非遗体验旅游等旅游产品更加青睐,因此,适应市场的变化、设计出满足人民群众需求的多样化旅游产品正逐渐成为旅行社的重要工作。

应用型高校及高职院校旅游类专业作为培养旅游从业人员的主力军,其培养的学生需具备及时把握市场需求的变化,能够有针对性地设计出满足市场需求的线路产品,结合当前旅游发展阶段,开发出提升学生线路设计能力的理实一体化教材显得尤为重要。然而当前业界仍较为缺乏培养高校学生旅游线路设计能力的理论与实操相结合的专门教材,为提升旅游线路设计教育与国家需求、行业需求的匹配度,课程组老师着手编写《旅游线路设计:理论与实务》教材,本教材以旅游线路设计人才的实际需求为主线,以实践能力培养为重点,以产学研用结合为途径,致力于培养视野开阔、创新能力强的新型线路设计人才。最终培养出能够为党和人民文化和旅游事业奋斗的、具备较高职业素养和技能的高素质旅游人才。

作为旅游专业的基础课教材,本教材不仅适合应用型本科院校及高职院校的旅游管理、旅行社经营与管理、休闲服务与管理、导游等旅游类专业学生,也适用于电子商务、市场营销等工商管理类专业学生,同时可以作为旅行社、景区等旅游类企业的培训教材。

本教材由南京晓庄学院旅游与社会管理学院常直杨副教授,南京旅游职业学院旅游管理学院李俊楼副教授、张宁副教授共同编写完成。全书共分为理论和实务分析两个部分,理论部分由第一章导论、第二章旅游线路设计的理论基础、第三章旅游者消费行为分析与旅游市场调研、第四章旅游线路设计中要素设计、第五章旅游线路设计思路与步骤等五部分组成,实务部分主要结合全国大学生红旅创意策划大赛、全国大学生海南自贸港旅游创新线路设计大赛、全国高校商业精英挑战赛商务会奖旅游策划竞赛等国内知名度高、影响力大的线路设计大赛,进行旅游线路的具体设计。同时,南京大学出版社为保证教材的编写质量,对我们的编写工作给予了大量的帮助和支持。在此谨向他们一并表示感谢。

本教材由江苏省产教融合一流课程建设项目《旅游资源学》、南京晓庄学院2023年校级教材专项《旅游线路设计:理论与实务》、南京晓庄学院教育教学研究与改革一般项目《基于研学导师培养的产教融合课程开发路径》共同资助完成。本教材引用了大量的第三方研究成果及网站案例资料,尽可能地在参考文献中列出,对于未能列出者,敬请联系本教材编者。在此谨对所有旅游电子商务的研发人员、旅游工作者、旅游网站及我们获得信息的网站表示最衷心的谢意。

由于编者水平有限,书中肯定有诸多不足之处,敬请同行专家和广大读者批评指教,以便今后进一步修订和完善,为我国旅游人才的高质量培养贡献一份力量。

目 录

第一章 导 论 ... 1
第一节 旅游线路的概念 ... 3
第二节 旅游线路的特征 ... 4
第三节 旅游线路设计的概念和内容 ... 7
第四节 旅游线路设计的意义 ... 10

第二章 旅游线路设计的理论基础 ... 12
第一节 旅游线路设计的原则 ... 13
第二节 旅游线路的空间构成 ... 14
第三节 旅游线路的类型 ... 18
第四节 旅游地图识读 ... 21

第三章 旅游者消费行为分析与旅游市场调研 ... 25
第一节 旅游者消费行为分析 ... 26
第二节 旅游市场调研 ... 34
第三节 定制旅游发展分析 ... 45

第四章 旅游线路设计中要素设计 ... 54
第一节 旅游线路中的餐饮设计 ... 55
第二节 旅游线路中的住宿设计 ... 59
第三节 旅游线路中的交通设计 ... 64
第四节 旅游线路中的景区设计 ... 71
第五节 旅游线路中的购物设计 ... 75
第六节 旅游线路中的娱乐设计 ... 82

第五章　旅游线路设计思路与步骤·····86
第一节　旅游线路设计组织·····86
第二节　旅游线路设计步骤·····87
第三节　旅游线路成本核算·····90
第四节　旅游线路营销策划·····93
第五节　旅游线路设计风险预案·····94

第六章　旅游线路设计实务·····99
第一节　浙江红旅线路设计案例·····99
第二节　水韵江苏线路设计案例·····117
第三节　商务会奖线路设计案例·····138
第四节　海南自贸港旅游创新线路设计案例·····155

参考文献·····174

第一章
导　论

 案例导入

旅游线路创新

关于旅游线路的最佳设计,行业里一直有这样一个传说。在巴黎迪士尼乐园的完工之际,景点间的人行道仍没有完美的设计。紧要关头,建筑大师格罗培斯提出在乐园的地面撒上草种,提前开放景区。在乐园提前开放的半年里,草地被踩出许多小道。这些踩出的小道有窄有宽,优雅自然。第二年,格罗培斯让人按这些踩出的痕迹铺设了人行道。因为他相信,游客是最了解自己的需要的,最多人凭感觉走出来的线路或许就是最优解。

在这个案例中,景区内部的游步道设计最大化地遵循了人的行为习惯。旅游线路具有一定的机动性,是游客体验旅游产品最直接的媒介。

要点一:筛选游览节点

旅游线路是联系游客和景区、联系客源地和目的地的重要环节。其中,游览节点是每条游线的核心,也是游客体验的核心。节点涵盖了景区的主要游览点,也包括餐饮、住宿、购物、娱乐等服务节点。在游览点的筛选方面,需要遵循"有地方代表性、有唯一性特色、有强知名度"的原则。一般来说,主题公园、文化古镇、森林公园等一般都是重点考虑的内容。服务节点的安排方面,则主要要把握时间和距离的节奏,遵循"3小时一顿饭,6小时住一晚"的原则。游客在3小时的游览体验中,需要有小的休憩节点能够停下来,以购物、拍照、活动等形式调节游览节奏与情绪;游览超过3小时,就要配套好餐饮节点;6小时以上的游程,则要安排住宿。

要点二:链接通道

游览节点筛选出来后,则要考虑链接节点的交通通道。关于节点的链接通道,我们可以从陆路、水路、空路这三大维度去考虑,三个疏导重点分别是主次出入口、立体化通道、多元化体验。

(1) 景区内部游线设计

一般将主次入口设置在临近主干路、高速出入口等便于进出的地方;游览的交通方式尽量陆路、水路和空中结合;游览交通工具力争融入本土特色,多元化,如坐上黄包车游览北京的胡同、坐着羊皮筏子游黄河等。

(2) 区域型/大目的地游线设计

首选可达性高的交通枢纽城市作为基地,寻找有风景的道路、水路链接节点,尽量不重复、不走回头路。比如以三峡大坝为特色的两坝一峡游线,就推出"船去车回"的游览方式。

游客由宜昌乘坐"长江三峡"系列游轮,沿长江水路坐船西行到葛洲坝、三峡人家,船观美丽宜昌沿江城市风景;抵达三斗坪港后,乘空调大巴前往游览三峡大坝,游览结束后乘大巴返回。

(3) 注重时间把控

需要根据不同游客需求特点,把握好快与慢的交通节奏、游览的节奏、产品的组合节奏,在舒适的游览时间内充分让游客体验到产品的特色。根据旅游心理学规律,游客一般心情愉快的步行距离是 300 米,希望乘坐交通工具的距离为 500 米;从出发地到目的地的时间和游览时间的比例不能高于 1∶1。

要点三:提升体验

高级的游线设计,强调游线是引导游客参与景区的体验路径,其本身就是旅游景区或者区域旅游体验的一部分。而人们对周围的环境产生印象,往往来源于"五感":视觉、听觉、嗅觉、味觉和触觉。利用五感来提升游线的体验,能使得游线即场景、步步皆情境、片刻皆体验。

(1) 视觉:Nike 运动公园夜光跑道

耐克在马尼拉的市中心打造了一个带有 LED 显示屏的运动场。荧光跑道取名为"unlimited(无限)",寓意着在跑步的过程中不断超越自己的极限。整条跑道都装有 LED 显示屏,魔幻的灯效让整个跑步过程充满着激情。在这条跑道上跑步,需要事先在鞋子上装上特定的传感器。当你走上跑道的那一刻,LED 屏幕上会出现一个虚拟的人物,它会跟着你一起奔跑。而它的速度会根据你设定的预期跑步时间和你的实际跑步速度来进行调整,时而快时而慢。完成一轮跑步计划后,传感器会对你的完成时间、跑速速度等数据进行分析,并将分析结果传送到系统里,以对虚拟人物的跑步速度进行调整。以此类推下去,你仿佛永远在和上一圈的自己比赛,也更明白用运动改变自己、创造精彩的意义。

在国际数字艺术和科学协会主办的活动中,这个全球最有创意的训练跑道,获得了 2017 年的威比奖。在马尼拉当地,这条跑道已经成了大众必去的运动场所。

(2) 听觉:日本富士山音乐之路

在通往富士山的盘山公路途中,有一条"音乐之路",当汽车以一定的速度通过时公路就播放音乐。很多游客专门到这里体验音乐公路。在道路建设的时候,开凿出间隔不等的小凹槽,当车辆驶过,轮胎就会和地面及凹槽摩擦,生成高低不同的音符连贯成曲,音乐就这样产生了。通常把车速保持在每小时 50 公里,就可以听见完美的音准和节奏了。

汽车通过的时候轮胎与地面凹槽的摩擦会响起日本传统民谣,既达到了使车辆减速行驶的目的,又给游客们带来愉悦的心情,奇思妙想彰显出人类的智慧。

(3) 触觉设计

触觉是人类最敏感、最直接的感觉方式,触觉设计会给景区增添一些趣味性。景区应该让游客多触摸,而不是到处挂着"请勿触摸"。

如通过营造不同的亲水空间引导游客触摸水面,体会水流的速度与柔性;引导游客接触岩石,感受大自然的厚重和坚毅;在草原人家产品中,通过放牧、修剪羊毛等活动,使游客与小动物亲密接触。

(4) 嗅觉设计

景区中嗅觉最主要的来源就是植物,植物散发的味道不仅令人心情愉悦,还有一定的医药功效。此外,泥土的芳香、寺庙焚香的味道、海风中浓浓的海盐味等都会给游览体验增添一分色彩。

(5)味觉设计

走进成都的宽窄巷子,麻辣火锅香味令人味蕾大开;记忆中油炸臭干的香味还留在长沙街头。美食能加深游客对景区的记忆,在营造景区氛围时,挖掘当地的特色美食,打造"舌尖上的景区",能使游客流连忘返。

资料来源:旅豆学堂

思考:通过案例阅读,你认为旅游线路当中最重要的元素是什么,为什么?

第一节 旅游线路的概念

旅游活动是人类社会的特有活动,World Tourism Organization 对旅游的解释为:人们为了放松、娱乐等目的离开常住地,在陌生地停留且时间不超过一年的活动。早在 1840 年,近代旅游业的先驱者托马斯·库克率先提出了从一个地方到另一个地方观光游览的"旅游"概念,拉开了人类旅游的帷幕,并且在第二次世界大战之后旅游开始频繁起来。中国的旅游业始于 1927 年,虽然起步晚,但发展迅猛。胡鞍钢(2016)在中国国情教材中指出,我国旅游发展经历的主要阶段是从 1978 年中国改革开放开始的,经过中国特色社会主义初级阶段到工业化和旅游市场的第二阶段,最后进入转型进程的深入阶段。到了 21 世纪,旅游业在全国迅速升温,旅游者不再满足既定的旅游安排及行程,他们大多数更想根据自身的想法和需求开展旅游活动。传统的观光游览、购物旅游和休闲旅游活动已经不再能吸引旅游者,他们希望参与的旅游活动是能满足自身需求的,但是不同的旅游者又有不同的需求,这驱使当代旅游的方式也在发生明显的转变,所以旅游线路的设计应重点考虑这个重要的要素。

旅游线路是发展和组织现代化旅游业的必要条件,在旅游事业中,是联系旅游者和旅游对象、客源地和目的地的重要环节,在两者之间起着桥梁和纽带作用。

1. 旅游线路的概念

旅游线路是一种旅游产品,有两个层面的含义:一是指在旅游区内游客参观游览的路线,在这种意义上,它与"浏览路线"同义;二是指在较大的地域范围内,旅游部门针对旅游目标市场,凭借旅游资源、旅游设施和旅游服务,为旅游者进行旅游活动而设计,并用交通线把若干个旅游区、旅游城市和客源地贯穿起来的线路网络。其内容包括旅游活动全过程中旅游者享用的涉及食、宿、行、游、购、娱六大要素在内的服务。

对于旅游线路概念的界定,随着时代和社会的发展,定义也不尽相同。每个学者对旅游线路研究的出发点也不同。所以,对旅游线路概念的研究还没有形成统一的界定,在学术界也没有统一的规范定义。结合旅游相关理论知识点,研究者总结出了以下几种旅游线路的观点:

一是规划学的观点。在对旅游线路规划的早期研究中,旅游线路指的是在一定区域范围内,通过旅游部门或相关设计部门利用交通路线串联而成的游览路线。

二是市场学的观点。不少学者从市场学角度出发,提出旅游线路是以游客需求角度为出发点,设计的旅游产品或者旅游产品的组合。

三是组合学的观点。这部分研究学者提出旅游线路是若干旅游景点(区域)、旅游活动项目的组合。

四是景区景观设计概念。被当作在组织旅游过程中对旅游景观所进行的设置与优化的系统工程。

虽然不同学者对旅游线路的界定不同,但综合起来可以看出,旅游线路的共同点主要体现在游客、交通路线、旅游景点(区域)以及旅游服务等基本要素上。本书把旅游线路总结为:旅行社通过签订协议购买到的其他旅游服务企业所提供的产品或服务在某段时间内的使用权,通过线路设计人员的创意,将购买回的这些使用权一个个进行串联,通过确定主题、安排行程和设置活动项目,最终形成的旅游产品。

2. 传统旅游线路设计流程

随着旅游事业的起步到兴旺,作为旅行社的核心产品,旅游线路的研究水平不断提高,市场影响也逐步提升。自20世纪90年代初我国大众观光旅游开创以来,旅行社如雨后春笋般地出现在日渐兴旺的国内旅游市场上。随之而来的各种旅游线路,如绿色旅游、红色旅游、宗教朝觐之旅、历史文化之旅、古镇之旅、自然与文化遗产之旅、科考探险之旅层出不穷。但我们也必须认识到,目前我国除了一些以顶级自然文化风景名胜区为核心吸引力的旅游线路之外,一般旅游线路的生命周期并不长久,旅行社在新的线路产品发掘和设计上虽然投入不少,效果往往并不尽如人意。

传统旅游线路设计流程为:① 确定起点(客源地)和终点(目的地);② 确定交通线路和沿途的旅游目的地景点;③ 确定旅游线路构成要素(旅游餐饮、住宿、交通方式、娱乐、购物等);④ 旅游线路财务分析;⑤ 线路设计、行程安排及报价。

第二节 旅游线路的特征

1. 综合性

作为一种以无形服务为主的特殊产品,旅游线路的综合性首先表现在它是由多种旅游吸引物、交通设施、住宿餐饮设施、娱乐场地、各类活动以及相关服务构成的复合型产品,能够同时满足旅游者在"食、宿、行、游、购、娱"等方面的综合需求,它既是物质产品和服务产品的综合体,又是旅游资源、基础设施和接待设施的结合。其次,旅游线路的综合性还表现在旅游线路的设计涉及众多行业和部门,其中既有直接为旅游者服务的饭店业、餐饮业、娱乐业、交通运输业以及旅行社业等,又有间接为其服务的农副业、商业、建筑业、制造业等行业和海关、邮电、通信、公安、银行、保险、医疗卫生等部门。美国工业标准分类(SIC)系统的一项调查表明,有30多种主要工业部门为旅游者服务,其中涉及旅游业的其他行业和部门多达270多个。

2. 不可存储性

旅游线路是一种不可储存的特殊产品,旅游产品的这种不可储存性加深了旅游线路产品之间的供需矛盾,这就需要旅行社采取相应的措施来扭转不利局面。首先要设法使旅游线路产品的开发能力具有一定的弹性,在具体安排上加以调节,例如在旅游淡季可以调整,甚至停掉一些线路；其次是调节需求量，使其与供给相适应，即通过各种有效渠道，如用价格等手段削减高峰期需求量和刺激低峰期需求量，使旅游需求量在结构上稳定分布。

3. 不可分割性

由于旅游线路是一种经过深度加工的高附加值产品，原来分散存在各个行业的不同的产品，经过旅游经营者的设计、开发，组合形成旅游线路并进行销售，大大提高了其原有的价值，且其所含的价值内容有相当大部分是由即时劳务构成，所以决定了旅游线路的设计、开发和销售获利具有高度的一致性，即生产与消费的同一性。因此，旅游线路产品的销售与旅游者的旅游活动是同步的，一旦旅游者作出购买选择，他就同时拥有了旅游线路的使用权，当其消费行为结束时，这种使用权自然也就消失了。

4. 分权性

在旅游消费活动中，旅游线路的所有权、经营权与使用权是分开的。一般而言，旅游线路的所有权在任何时候都是属于目的地的，作为旅游中间商的旅行社只拥有旅游线路的经营权，当旅行社销售旅游线路时，旅游者获得的是对旅游线路一定时间段内的使用权。旅游者通过购买获得这种暂时性的使用权，必须承诺在使用过程中保持旅游产品的完好无损。由于这一特性，很容易造成旅游线路在促销宣传和销售上的困难，因为旅游者对购买某一旅游线路产品可能怀有较高的风险预期，帮助顾客克服消极的心理预期，是旅游市场营销成功与否的关键。

5. 可替代性

旅游消费是建立在人类的基本生活需要之上的一种高层次的需求，会受到政治、经济、文化、环境状况等各方面复杂因素的影响而表现出较大的需求弹性和可替代性。不同的旅游线路之间的替代性很强，日益增多的旅游线路的数量和类型使旅游者有了更多的选择，从而增加了其选择的随机性。实践证明，旅游线路的需求价格弹性、需求收入弹性和交叉弹性都比较高，因而使旅游线路的销售具有很大的风险，竞争也很激烈。

6. 脆弱性

首先，旅游线路中"食、宿、行、游、购、娱"各部分的构成比例关系会因旅游者的规模、需求不同而有不同的组合方式，如接待一定量的旅游者需要多少不同规模、档次的饭店、餐饮设施；多大的交通运载能力，什么样的运输方式；需要多大的游览娱乐空间，什么类型的吸引物；不同层次的旅游服务人员各需多少等，都要有一个合理的数量结构。在旅游接待过程中，任何一部分的超前或滞后都会影响旅游活动的正常运转，进而影响到旅游线路整体效能的发挥。

其次，旅游线路往往受到季节和假日等外部因素的制约，表现出明显的季节性特点，例如四季温差造成旅游市场淡旺季的需求差异，传统节假日休闲时间的增多，会引起旅游需求量的变化。

最后，旅游活动必然涉及人与自然、人与社会、人与人之间的多层次关系，因此诸如战争、社会动乱、安全事故、自然灾害和国际关系、政府政策、经济状况、汇率等许多因素都会引起旅游者需求的变化，继而影响旅游线路的销售状况。

7. 后效性

只有在全部旅游过程结束后，旅游者才能对旅游线路的质量做出全面、准确的评价。旅游者对旅游线路质量的理解,是其期望质量与经历质量相互作用的结果。期望质量,是旅游者在实际购买之前,根据获得的有关线路的各种信息对其质量进行的预期判断;经历质量,是旅游者以其实际获得的感受对线路质量做出的评价。如果期望质量高于实际的经历质量,旅游者就会对该旅游线路,甚至对旅游目的地或负责经营的旅行社产生不满。因此,必须进行市场跟踪调查,重视市场的反馈,及时发现旅游线路存在的问题,并根据旅游者的意见或建议对旅游线路加以改进。

8. 周期性

旅游线路的生命周期是指旅游线路被开发之后,从正式推向市场开始,直到最后被市场淘汰、退出市场为止的全部过程,一般包括四个阶段,即导入期、成长期、成熟期和衰退期。旅游线路生命周期的各个阶段通常是以销售额和利润额的变化来衡量的。图1-1为一个典型的旅游线路生命周期。

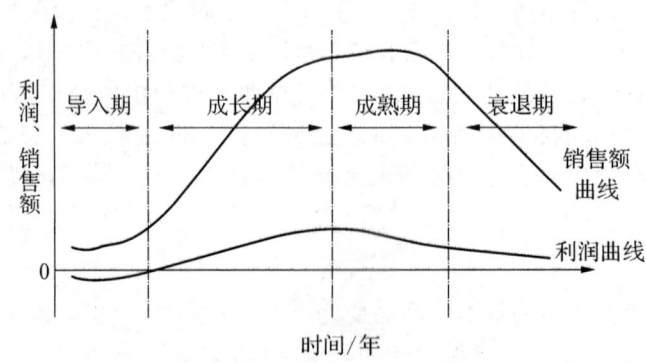

图1-1 旅游线路产品生命周期

◆ 导入期(Introduction Stage),也称作引入期或介绍期,是旅游线路引入市场、销售缓慢增长的时期;

◆ 成长期(Growth Stage),是旅游线路被市场迅速接受和利润大量增加的时期,开发和销售的费用都有所下降;

◆ 成熟期(Mature Stage),是旅游线路已被大多数的潜在购买者所接受,市场需求量渐趋饱和而造成销售增长趋缓的时期;

◆ 衰退期(Decline Stage),是旅游线路销售下降的趋势日益增强,利润迅速减少的时期。

3—5月、9—11月是南京的最佳旅行时间

南京四季分明,夏季气温在30度以上,冬季维持在2—10度间,春季和秋季的气温最为舒适,也最适宜来南京旅行。

3—5月:南京的春季气温舒适,天气晴朗,是来南京赏花踏青的好时节。春季的南京各处早已一片花海,各景区的花卉也各不相同,别有一番姿色。由于春季"赏花潮"吸引了大批游客,往来南京的机票及当地酒店价格也会有一定程度的上浮。

6—8月:6—8月为南京的夏季,作为中国"四大火炉"之一,夏季常常突破35度的高温令众多游客望而却步。每年6月中—7月上旬的梅雨季更是令当地天气阴沉,连绵细雨。夏季并非南京旅行旺季,交通及酒店价格都不会很高。蒙蒙细雨下的烟雨江南,也不乏会有另

一番惬意。

9—11月：南京的秋季晴空万里，温度维持在20度上下，十分适宜户外出行。秋季的南京脱去了夏季的闷热，栖霞山、明孝陵的红叶如火，层林尽染。秋季也是南京旅游的旺季，其中还包含十一旅行小高峰。游客最好提前2—3个月预定交通票及酒店，以免出现客满的情况。

12—2月：冬季的南京较为阴冷，温度在几度左右，屋内的温度时常感觉比户外还要冰凉，冬季偶尔会遇雾霾袭扰，需注意防护。但如果有幸在12月遇上一场江南的雪，定会令你大为动容。冬季是南京的旅行淡季，酒店常常以低价吸引游客入住，往返南京的交通票源也十分充足。

资料来源：聚优网

第三节　旅游线路设计的概念和内容

一、旅游线路设计的概念

旅游线路是指旅游经营企业向旅游者或潜在的旅游者推出的经营性旅游线路。基于这样的出发点，旅游线路设计可以定义为旅游企业为旅游者旅游活动内容所进行的时间和空间安排，即将旅游过程中的旅游资源、旅游交通、旅游住宿、旅游餐饮、旅游购物、旅游娱乐、旅游服务等要素有机地联结起来，以求得旅游者在旅游过程中所需时间少、费用低、旅游体验佳。

除了旅行社以外，实际上，旅游线路设计的主体还有很多，如旅游地的相关行政部门、旅游景区（点）、旅游者等。根据旅游线路内容及服务对象的不同，旅游线路设计主体包括以下几种。

（一）区域旅游规划的旅游线路设计

从旅游目的地角度出发，旅游线路作为一种旅游产品，其质量高低、内涵丰富与否、地域风貌体现如何都关系到当地的旅游形象。优秀的旅游线路是区域旅游资源的精华所在，因此它对区域旅游在未来一段时期内的发展非常重要。

区域旅游规划的旅游线路一般是指在旅游目的地、旅游景区（点）和旅游景区内部，将旅游目的地、旅游景区（点）之间或者旅游景区（点）内部相关的旅游内容串联起来组成的旅游线路。这种旅游线路的设计是旅游目的地和旅游景区（点）规划与开发的重要内容，需要科学合理地规划，同时需要当地政府、旅游相关部门以及当地群众的有效配合。

（二）景区（点）内部的游道设计

旅游景区（点）内部的游道设计是一个微观问题，如果不注意线路的科学组织与布局，就会造成因旅游空间结构的不完善而显得整体性效果不强。游道设计属于旅游景区（点）建设项目，在很大程度上和旅行社无关。这种线路的设计更多的是以旅游者方便游览为目的。这种旅游线路设计水平的高低，反映了旅游管理机构的管理水平。

（三）旅游经营企业的旅游线路设计

这是旅游经营企业，特别是旅行社在特定利润空间的特定区域内，根据时间、交通、景区

(点)及旅游六要素所做的经营性计划。旅游经营或管理机构将旅游资源与旅游可达性密切相关的旅游基础设施、旅游专用设施、旅游成本因子等要素有机地组合起来,形成一些特定的旅游线路。

从旅行社的角度来看,旅游线路就是其推销的旅游产品。因此,这种旅游线路的设计要求较高,线路内容丰富,活动形式要多样,日程安排要紧凑,时间安排要准确,其设计水平直接影响销售业绩。

(四)旅游者自己设计的旅游线路

自助游旅游者是旅游线路设计的主体。自助游、自驾车旅游成为越来越多旅游者的选择。自助型旅游者根据自己的旅游动机、旅游偏好、旅游目的、旅游经验和旅游信息等为自己设计旅游线路。自助型旅游线路因为旅游个体差异,旅游内容的差异很大,线路的详略程度差别也很大,有的甚至不需要书面的记录,仅储存在旅游者脑中即可。自助型旅游线路受旅游者身体、闲暇时间、天气等诸多因素的影响,变动性较强。

二、旅游线路设计的主要内容

从旅游者需求的角度考虑,一条完整的旅游线路应该包含旅游目的地、旅游食宿、旅游活动安排、旅游交通、旅游价格、旅游时间和旅游服务等方面内容。

与需求角度相对,从旅游供给角度考虑,旅游线路是由旅游资源、旅游设施、旅游可进入性、旅游成本因子(时间、价格)、旅游服务等要素构成的,它们就是旅游线路设计所要研究的主要内容。

(一)旅游资源

2017年,文化和旅游部起草的《旅游资源分类、调查与评价》(GBT18972—2017)对"旅游资源"的定义为:"自然界和人类社会凡能对旅游者产生吸引力,可以为旅游业开发利用,并可产生经济效益、社会效益和环境效益的各种事物和现象。"欧美某些国家常把旅游资源称为旅游吸引物(tourist attraction),即旅游地吸引旅游者的所有因素,不仅包括旅游资源,还把接待设施和优良的服务,甚至快速舒适的旅游交通条件也涵盖在内。

旅游资源是进行旅游线路设计的核心和物质基础,是旅游者选择和购买旅游线路的决定性因素。旅游资源的吸引力决定了旅游线路的主体与特色。旅游线路的设计必须最大限度地体现出旅游资源的价值。它是一个地区旅游业存在和发展的基础,也是旅游者选择旅游地的决定因素之一。在旅游线路设计中它是起影响作用的基础因子,也是旅游线路上旅游内容的最主要构成,同时也是影响旅游线路竞争力的主导因素。

旅游资源的存在形式,既可以表现为具体实物形态,如自然风景、历史遗迹等,也可以表现为非物质形态的文化因素,如地区节事活动、民族风情等。旅游资源蕴藏于自然环境和人类社会之中,代表着各旅游地的不同特色。旅游资源的分类标准很多,如以资源特性为分类标准,可以分为自然旅游资源和人文旅游资源。

(二)旅游设施

旅游设施是完成旅游活动所必备的各种设施、设备和相关的物质条件的总称,是旅游经营者向旅游者提供旅游服务所凭借的各种物质载体,是旅游者游览旅游目的的保证。旅游设施不是旅游者选择和购买旅游线路的决定性因素,但它能够影响旅游活动进行得顺利与否以及决定旅游服务质量的高低。因此,旅游设施的完善与否,直接影响旅游者的旅游效果。在旅游线路设计中必须充分考虑旅游者的客观条件与旅游过程中设施的方便性,使旅游者获得最佳旅游效果。旅游设施一般包括专门设施和基础设施两大类。

专门设施是指旅游经营者专为旅游者提供服务的凭借物,通常包括餐饮设施、住宿设施、娱乐设施、游览设施等。餐饮设施指为旅游者提供餐饮服务的场所和设备,包括各种餐馆、咖啡屋、冷饮店等;住宿设施主要指不同类型的宾馆酒店;娱乐设施指为旅游者提供娱乐活动的场所和设备;游览设施指旅游景区(点)方便旅游者登临、游览、歇息,以及保证旅游者安全的各种设施设备。

基础设施是指旅游目的地建设的基本设施。这些设施不单是为了旅游者而建设的,旅游地居民在日常生活中也可使用这些设施,主要包括道路、桥梁、供电、供热、供水、排污、消防、通信、照明、路标、停车场等,还包括旅游地在环境绿化、美化、卫生等方面的建设。旅游地良好的基础设施状况对旅游活动的顺利进行是十分重要的。一般而言,旅游专门设施作用的发挥,都要建立在基础设施的基础上。一个旅游地没有良好的基础设施,旅游业的发展也就无从谈起。

(三) 旅游可进入性

旅游可进入性是指旅游者进入旅游目的地的难易程度和时效性。旅游活动异地消费的特点,决定了旅游产品的提供只能存在于旅游目的地,旅游者是否能够按时、顺利到达旅游目的地是构成旅游线路设计的重要因素。因此,旅游的可进入性是连接旅游者需求与各种具体旅游产品的纽带,是旅游线路实现其价值的前提条件。旅游可进入性的具体内容包括以下几个方面。

1. 交通状况

旅游者的异地空间转移,依靠的是交通工具。现代交通工具的不断发展,是旅游业发展的基本条件之一。可以说没有现代航空业的出现,就不会产生现代的国际旅游业。因此,良好的交通条件是旅游者进入旅游目的地的基本保证。交通条件不仅仅关系到旅游者能否抵达旅游地,更重要的是能否安全、舒适和快速地抵达旅游地。

2. 通信条件

通信条件是旅游者能否顺利进入旅游地的重要条件。没有便捷的通信条件,难以使旅游者、旅游经营者和旅游目的地之间及时准确地沟通,会给旅游者旅游活动的顺利实现带来很大的盲目性和不确定性。因此,旅游线路产品中通信设备的规模、能力及配套状况等,也会对旅游的可进入性产生影响。

3. 手续的繁简程度

国际旅游中入境、出境手续的难易、繁简程度,以及办事效率的高低,不仅决定进入旅游地的难易程度,而且对旅游产品的成本、质量、吸引力等都有重要影响。

4. 旅游地的社会环境

旅游地的社会环境对旅游者进入的难易程度也有很大影响。比如旅游地的民族文化中是否具有排外性因素,以及社会公众对旅游开发的态度、社会治安状况、管理水平等,都可能成为影响旅游可进入性的重要因素。

(四) 旅游成本因子

1. 旅游时间

旅游时间包括旅游线路总体所需时间以及整个旅游过程中的时间安排,因旅游客源地、旅游目的地、出游季节、旅游者闲暇时间等不同,旅游线路中的时间安排也不一样。从旅游经营者角度考虑,旅游时间就是旅游者对各种旅游产品的消费时间,旅游时间长短直接影响旅游消费,二者成"正比"关系。旅游者逗留的时间越长,旅游经营者获利也就越多。

2. 旅游价格

旅游价格是旅游者为满足其旅游活动需要所购买的旅游产品的价值的货币表现。它受到很多外在因素的影响,如旅游供求关系、市场竞争状况、汇率变动以及通货膨胀等因素。我国的旅游市场价格体系主要由旅游景区(点)门票价格、旅行社价格、旅游饭店价格、旅游交通价格、旅游商品价格等相关价格要素构成。

(五) 旅游服务

旅游服务是旅游经营者向旅游者提供劳务的过程,旅游服务质量直接影响旅游线路的质量,没有上乘的旅游服务水平,就没有优质的旅游线路。因而旅游服务是旅游线路设计的核心内容,它在旅游线路设计中的作用是不容忽视的。

第四节 旅游线路设计的意义

旅游的关联性行业非常多,旅游的发展能带动交通、餐饮、住宿、购物等行业的共同发展,好的旅游路线能带来诸多有利影响,既能带动目的地的发展,也能增加旅游企业的经济效益、还能整合区域文化。

(1) 具备吸引力的旅游线路设计能为旅游企业吸引更多的游客,从而增加企业的经济效益。优秀的具备吸引力的旅游线路能使旅游企业在竞争中获得更大的经济效益和竞争力,因此旅游企业要想在市场竞争中获得优势,符合大多数游客需求的旅游线路是必不可少的条件之一。

(2) 带动目的地发展。旅游除了对旅游企业带来持续的经济效益外,同样会对目的地的娱乐、购物、食宿、交通等相关行业带来收益。良好的旅游线路将大量的游客吸引至旅游目的地,同样会加快提升相关行业的进步和发展,好的目的地形象又将吸引更多的游客,形成良性循环,带动区域整体发展。

(3) 整合区域文化。地域不同,呈现的资源、文化及风土习俗都有其独特的表现和吸引力。

(4) 旅游线路是旅游产品的核心表现形式,设计与开发旅游线路既是旅游景区的要求,也是旅游企业生存、发展的根本动力。旅游企业能否审时度势地设计、开发和整合旅游线路,对其本身的经营有着重要影响。

课后思考

1. 结合旅游线路的特征,结合自身成长经历,分享和旅游线路特征相对应的案例。
2. 结合本章所学内容,谈一谈旅游线路设计如何助力文旅行业高质量发展。
3. 谈一谈自己家乡的特色旅游线路是什么。
4. 以中国传统制茶技艺申遗成功为例,查找资料,简易设计一条长三角区域茶技艺体验游览线路。
5. 思考旅游线路产品生命周期与旅游地生命周期之间的异同。

拓展阅读

微信扫码
相关资源 & 拓展阅读

第二章
旅游线路设计的理论基础

 案例导入

醉美遵义　红色经典之旅

遵义播州区(苟坝会议会址)—遵义(遵义会议会址)—娄山关景区—丙安红一军团陈列馆—赤水河谷旅游公路(仁怀至习水段)—黄陂坡战斗遗址—习水(土城古镇、四渡赤水纪念馆、中国女红军纪念馆、土城渡口、青杠坡红军战斗遗址等)—赤水(世界丹霞自然遗产地)

推荐理由：重温红色经典，遵义是不可错过的地方。它红得正、红得烈、红得荡气回肠，红得器宇轩昂。

周边吃喝：遵义肉丁米皮、冰粉、习水羊肉火锅、赤水全竹宴。

"遵"寻初心"我的青春正当红"研游之旅

遵义会议会址—观看《伟大转折》—绥阳十二背后景区(软探险)—赤水河谷国家级旅游度假区(茅台段)—土城古镇(四渡赤水纪念馆)—赤水丹霞旅游区

推荐理由：重温红色经典遵义会议会址，观看大型舞台剧《伟大转折》、探秘十二背后，亲身感受软探险的艰辛和战胜自我的巨大成就感。

打卡茅台酒产地，了解中国白酒酿造历史和酒文化，骑行醉美旅游公路，流连赤水河谷壮阔美景，欣赏百年非遗技艺"打铁花"。

品尝地道遵义美食，开启对遵义的近距离接触和初体验，感受遵义的独特魅力。

周边吃喝：豆花面、蛋包洋芋、鲁班鸡爪、苕汤圆、习水豆腐皮火锅。

红色圣地"韧性"骑行之旅

遵义(遵义会议会址)—播州区(平正乡团结村大发渠)—赤水河谷旅游公路—习水土城(中国女红军纪念馆)

推荐理由：参观遵义会议会址、土城女红军纪念馆，听"当代愚公"黄大发讲述历经36年在大山绝壁上凿出生命渠，培养韧性品质、坚毅品质。

到土城学习土法制红糖的技艺，传承非遗文化。

周边吃喝：农家苞谷饭、黄焖排骨、鸭溪凉粉、豆豉火锅、黄糕粑。

重走长征路　深度体验游

中央红军长征线路：遵义—金沙县(钱壮飞烈士纪念馆)—大方县(川滇黔省革命委员会旧址)—七星关区(川滇黔省革命委员会旧址、毕节市博物馆、"鸡鸣三省"会议会址)—纳雍县(红九军团梯子岩战斗遗址)—云南方向

推荐理由:重走长征路,寻访英雄故事,叩问往昔风雨,定能更加深层体会长征精神。
周边吃喝:遵义羊肉粉、大方手撕豆腐、威宁火腿、六盘水烙锅。

资料来源:相约遵义

思考:遵义三条红色旅游线路有何差异性?

第一节 旅游线路设计的原则

旅游线路的设计是一项技术性和可操作性强的工作,它直接影响旅游活动的质量和旅游效益。因此,旅游线路设计一要尽可能满足游客的旅游愿望,二要便于旅游活动的组织与管理。因此,在旅游线路组织和设计中必须遵循以下八大基本原则。

1. 市场需求原则

根据旅游者的需求特点,结合不同时期的时尚和潮流,设计出适合市场需求的旅游线路产品,并能够创造性地引导游客消费。人均 GDP 超过 1 000 美元时,进入大众旅游阶段,国内观光旅游为主导。人均 GDP 超过 3 000 美元时,开始国际旅游。经济发达地区,人们从观光旅游向度假旅游过渡;年轻人则偏爱富有冒险和刺激性的旅游活动。

2. 效益原则

旅游线路作为旅游商品向社会推出,与其他商品一样,其设计的关键是适应市场需求,最大限度地满足旅游者的需要。旅游者对线路的基本要求是花最少的时间和费用获取最佳的旅游体验,所以游览时间的长短、游览项目的数量与质量、在途时间和花费的多少都将影响游客对旅游线路的选择。同时,对旅游地和旅游经营者而言,还要以获取最大经济效益、社会效益和生态环境效益为原则。

3. 符合旅游者意愿和行为原则

旅游者是旅游活动的主体。旅游者的出游决策和实际同旅游景观的吸引力达到某一最低值相对应,即当旅游成本已经确定的情况下,整个旅程带给游客的体验水准只有等于或大于某一确定水平时,游客才会成行。而随着旅游成本的增加,游客的体验水平的增加只有等于或高于旅游成本增加速度时,游客对旅游线路才会有满意的评价。

(1)旅游体验效果递进

一条好的游线,要有序幕→发展→高潮→尾声。在交通合理方便的前提下,同一线路旅游点的游览顺序应由一般的旅游点逐步过渡到吸引力大的旅游点。将高质量的旅游景点放到后面,使旅游者的兴奋度一层一层上升,在核心景点达到兴奋顶点。同时考虑到旅游者的心理状况和体能,结合旅游景观类型组合和排序,使旅游活动安排做到劳逸结合,有张有弛。

(2)新奇与熟悉结合

新奇的事物令人兴奋,愉快和满足。同时也要注意与熟悉因素的搭配,增加游客的安全感。既满足游客追求新奇的要求,又不会产生孤独、陌生的感觉。

4. 特色性原则

特色是旅游线路形成吸引力的关键性因素。由于旅游动机、旅游形式、旅游资源的属性各不相同,要求旅游线路设计突出特色,形成有别于其他线路的鲜明主题。旅游线路上的各个旅游目的地(点)不仅要具有特色,而且所连接的旅游目的地(点)要有群体规模,以显示其整体效果。

5. 热点、冷点兼顾原则

为了保持客流平衡,不能把所有的热门旅游点安排在同一旅游线路上,而应把热点、温点、冷点有机地搭配起来规划旅游线路。这样,即可使一贯客流量大、游客集中的旅游热点不致人满为患,也可使一贯游客少,旅游设施闲置的旅游冷点不致无人问津,以提高整体经济效益。

6. 不重复原则

旅游线路要尽可能设计成线状、环状和网状,避免大的迂回往返和不必要的重复,不要走回头路。尤其在旅游者文化素质普遍提高、兴趣爱好多样,且自驾游高速发展的时代,更应坚持这一原则。

7. 张弛有序原则

线路设计要跌宕有致,节奏感强,注意安排好高潮景点与一般景点的关系,要全面分析游客心理,注意将游客心理、性质与景观特色分布结合起来,注意高潮景点在线路上的分布、布局。一条成功的旅游线路,至少要有三个旅游高潮:出发不久有一个高潮,使游客对本次旅游充满喜悦之情;中间有一个高潮,使游客游兴大增;最后一个高潮,让游人对本次旅游流连忘返。

8. 安全性原则

旅游线路设计中要注意游客的安全因素:一方面要避免路上游客拥挤、碰撞、线路阻塞,甚至造成事故;另一方面要避免线路通过气象灾害区、地质灾害区和人为灾害区(如战争、宗教纠纷地)。同时,要注意在旅游线路上设置必要的安全保护措施。

第二节 旅游线路的空间构成

游客的旅游行为从理论上为旅游空间布局及旅游线路的设计提供了理念基础。一般来讲,游客在进行旅游活动时,不同个体在使用旅游地的空间行为选择上具有很大的差异。

旅游线路实际上是旅行系统在线性轨迹上的投射,旅游线路设计离不开游客空间行为的分析。游客旅行的空间模型主要有以下几种。

1. Lue 多目的地旅行模式

如图 2-1 所示是 Lue et al(1993)依据实地跟踪调查总结出的几种旅游行为空间模式。

模式一:单一目的地旅游——游客的大部分旅游活动集中在一个目的地。

模式二:线型旅游——游客选择使用一条线路上的多个旅游目的地,但存在主次之分,主要选择使用的目的地只有一个。

模式三:基营式旅游——游客在访问主要目的地的同时也选择访问其他几个目的地,但

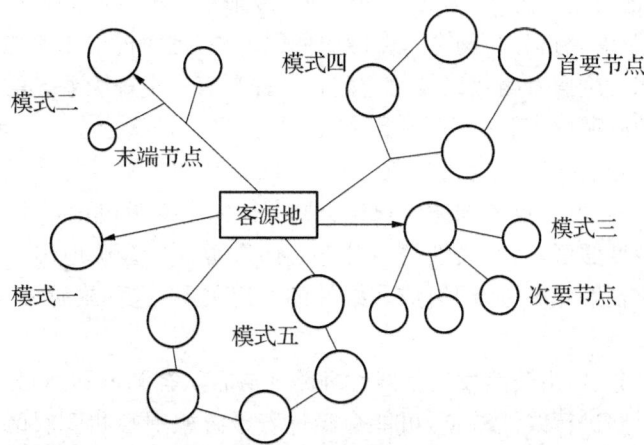

图 2-1　旅游行为选择的几种常见空间模式

往往以主体目的地作为大本营。

模式四:环型旅游——游客在既定的目标区域内环游好几个目的地,相当于游览线路空间。

模式五:链式旅游——游客以客源地为中心进行链式游览。

上述模式是旅游开发规划者、旅游线路经营者和旅游管理者都应该注重的问题。在现实中,游客行为空间模式受到旅游资源分布和游客旅行兴趣偏好的双重作用的影响。Stewart-Vogt(1997)在 Lue et al(1993)提出的上述旅行模式的基础上,以到访美国密苏里州 Branson 旅游区游客的问卷式日记数据为基础,构造了 5 种类型的旅行线路模式:区域旅游模式、旅行链模式、单目的地模式、中途模式、基营式模式。

2. Compbell 模型

当一个中心城市出发的游客目的地不止一个时,游客形成的路线轨迹多为一个回路路径,Compbell(1967)根据目的地类型的不同,勾勒出回路中游憩与度假旅行的模型,如图 2-2 所示。

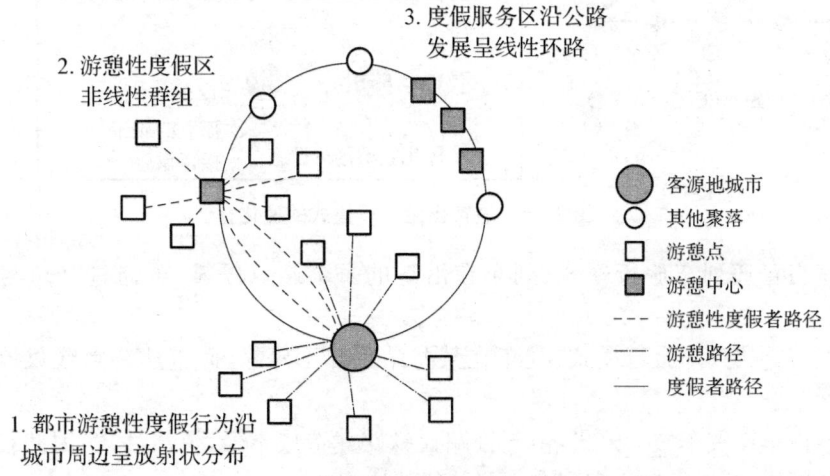

图 2-2　游憩与度假旅行的 Compbell 模型

他提出的目的地类型分为:沿大城市周边地区放射状扩散的游憩设施区域,非线性分布的游憩性度假区以及沿公路分布的零星度假服务区3种,进而提出出游旅行的路径模式,包括度假者路径,游憩性度假者路径以及游憩路径3种具有一定等级差异的空间结构。

模式一:都市的游憩性度假行为,主要沿城市周边呈放射状分布。若黑色圆圈代表某一大型城市,周末市民会前往城市周边游览,当天返回。这种旅游行为并没有远离客源地,一般当天返回。模式一是城市近郊的休闲观光类游客行为模型,而非度假游客行为模型。

模式二:游憩性度假区,为非线性群组分布。如果游客从客源地出发,到达目的地后短暂居住,并进行多点辐射状游览,即组成非线性的群组关系,这种旅游方式属于游憩性度假旅游行为。

模式三:度假服务区,沿公路发展呈线性环路。游客从客源地到达目的地的过程中可能顺访几个聚落,沿公路进行线性游览,可能会经过若干游憩中心和度假区,每个度假区都住一段时间。例如,在地中海北岸,从西班牙到法国南部至意大利沿线分布有多个城市和村庄,游客可能选择其中某些城市或村庄做短暂停留,但仅仅沿海岸游览而不会前往他处,从而形成了一个沿线性公路或海岸线游览的度假方式。

3. Lundgren旅行模式

一个客源地与目的地之间的交通线路及其游客旅行模式会随着旅游业的规模扩大而发生改变。Lundgren(1972)将该模式(如图2-3所示)分为以下几种模式。

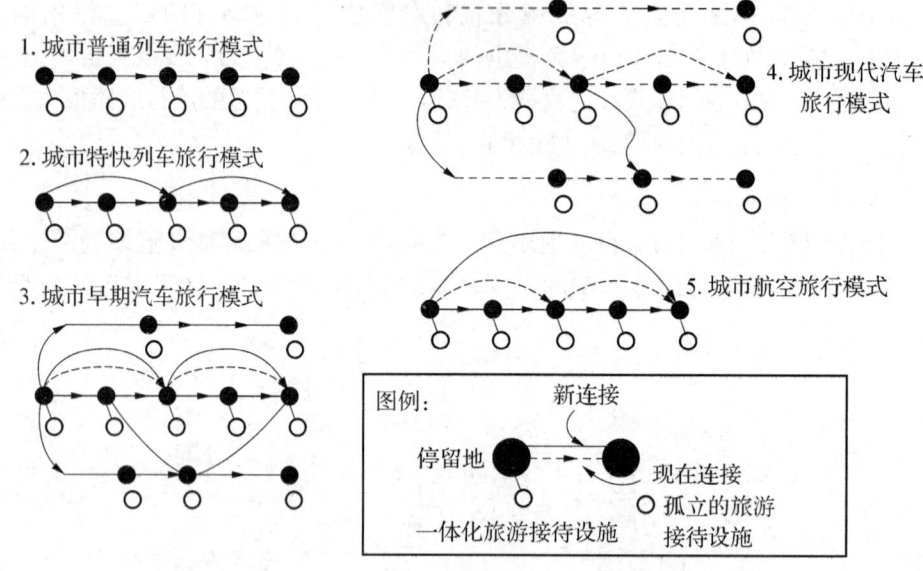

图2-3 城市出游旅行模式的变化

(1) 城市普通列车旅行模式:列车在沿途的每个站点停靠,再通过终点与接待设施连接。

(2) 城市特快列车旅行模式:列车在某些站点并不停靠,而直达终点或仅停靠在中途大站。

(3) 城市早期汽车旅行模式:由于公路比铁路建造成本低、灵活性大,因此在空间上具有更密集的网络,可以抵达许多列车不能前往的地方。

(4) 城市现代汽车旅行模式：在原有公路的基础上，建立了高速公路系统，城际和景际之间的快速公路交通扩展了旅行的可达性。

(5) 城市航空旅行模式：可以横跨大尺度空间，旅行时间更短，且较少在中途停靠。

4. 大本营式度假模型

基于已有相关成果，本书对游客的度假行为模型进行了完善和提升，总结出游客行为的大本营度假模型（见图2-4）。

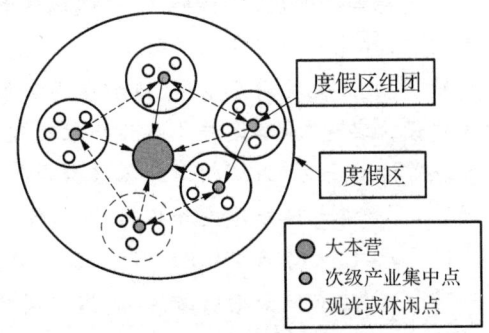

所谓大本营模型，是指游客从客源地到达主要目的地即大本营后，以大本营为中心，选择周边若干次中心进行游览，在此中心短暂居住和游览后返回大本营，继续前往下一个次中心游览的模式，也可称为轮轴式。在这一模式中，大轮轴带动几个小轮轴，以辐射状线路为连接，形成外围环形线路。

图2-4　大本营度假模型图

目前在中国有两个度假旅游目的地形成了大本营式度假区：一个是丽江古城，另一个是三亚。以丽江古城为例，游客到达丽江古城后，前往周边游览时，可能会选择到香格里拉，香格里拉成为次级大本营。游客抵达香格里拉后，又以香格里拉为中心向四周扩散游览，然后选择直接离开云南或者再回到丽江古城。回到丽江古城后，稍加休息再到另一个点，如虎跳峡，之后再次回到丽江古城，这样就形成了大本营式的度假方式。

大本营式度假模型解释了中心目的地和次中心的依存关系。大本营式度假方式在国外较流行，如国外游客在出游时多以私家车为交通工具，并携带帐篷自行车等休闲工具，到达自驾车营地后，以自驾车营地为大本营，前往周边区域开展自行车、滑雪、垂钓等休闲度假活动。

 **案例拓展**

我国构建旅游空间新格局

综合考虑文脉、地脉、水脉、交通干线和国家重大发展战略，统筹生态安全和旅游业发展，以长城、大运河、长征、黄河国家文化公园和丝绸之路旅游带、长江国际黄金旅游带、沿海黄金旅游带、京哈—京港澳高铁沿线、太行山—武陵山、万里茶道等为依托，构建"点状辐射、带状串联、网状协同"的全国旅游空间新格局。健全京津冀协同发展、长江经济带发展、粤港澳大湾区建设、长三角一体化发展、黄河流域生态保护和高质量发展等区域重大战略旅游协调机制，推进跨行政区域旅游资源整合利用。加强区域旅游品牌和服务整合，支持京张体育文化旅游带、黄河文化旅游带、巴蜀文化旅游走廊、杭黄自然生态和文化旅游廊道、太行山区等旅游发展。持续推进跨区域特色旅游功能区建设。继续推出一批国家旅游风景道和自驾游精品线路，打造一批世界级、国家级旅游线路。鼓励各地区因地制宜实现差异化发展。

东部地区加快推进旅游现代化建设，建立完善休闲度假体系，提升旅游核心竞争力。中部地区加快完善旅游业体系，加大旅游资源整合力度，促进旅游品牌升级。西部地区发挥自然生态、民族民俗、边境风光等方面优势，加强旅游基础设施和公共服务体系建设，发展特色旅游。东北地区推进旅游业转型升级,提升旅游服务水平,大力发展寒地冰雪、生态旅游等特色产业,打造具有国际影响力的冰雪旅游带。国家在政策、品牌创建、市场对接等方面加大对中西部和东北地区的支持,进一步促进区域旅游协调发展。

支持革命老区、民族地区、边疆地区和欠发达地区发挥特色旅游资源优势,加快旅游产品培育,打造一批红色旅游融合发展示范区、休闲农业重点县、美丽休闲乡村、少数民族特色村镇、民族文化旅游示范区、边境旅游试验区和跨境旅游合作区。推进新藏滇桂边境旅游带等建设。实施"旅游促进各民族交往交流交融计划",推动各民族在空间、文化、经济、社会、心理等方面全方位嵌入,增进各族群众民生福祉,铸牢中华民族共同体意识。继续加强"三区三州"旅游大环线建设和品牌打造,优化提升丝路文化经典线、边境极限体验线、滇藏茶马古道寻踪线、大香格里拉人间乐土线。边境地区在发展旅游业的同时,要守好外防输入的第一道防线,建立健全专门防控机制,压实旅游经营者主体责任和行业监管责任,防止疫情通过边境旅游传入境内。

资料来源:文化和旅游"十四五"规划

第三节　旅游线路的类型

根据旅游线路的概念,按照各种不同的分类标准,旅游线路有不同的类型。

1. 旅游活动行为分化

(1) 周游性观光旅游线路

旅游线游客的目的主要在于观赏,线路中包括多个旅游目的地,同一旅游者重复利用同一路线的可能性小,其成本相对较高,在设计周游性旅游线路时应"从单纯的周游性向线形多样化转移"。

(2) 休闲度假型逗留旅游线路

此种路线主要为度假旅游者设计。度假者的目的在于休息或娱乐,不是很在乎景观的多样性变化。因此,度假逗留性路线所串联的旅游目的地相对较少,有时甚至可以是一两个旅游点,同一旅游者重复利用同一路线的可能性大。

2. 按旅游路线的结构划分

(1) 环闭状旅游路线

该路线一般适用于大、中跨度的旅游活动。例如,我国以北京为起点的东线和西线串联合并而成旅游环状路线:"东线":北京(入境)—南京—苏州—上海—杭州—广州—香港(出境);"西线":北京(入境)—西安—成都—昆明—桂林—广州—香港(出境)。这类路线的特点一是跨度大,主要由航空交通连接,铁路或公路交通主要用于连接站点相对密集的区段;二是所选各点均为知名度高的"精华",有城市或风景旅游地;三是基本上不走"回头路",对境外游客的出入境地点一般安排在不同口岸。

(2) 节点状旅游路线

该路线是一种小跨度的旅游路线。旅游者选择一个中心城市或自己的常居地为"节点",然后以此为中心向四周旅游点作往返性的短途旅游。这类旅游路线在国内游客出游中较为常见。原因在于：一是节点多为旅游地或旅游点的依托城市，游客对中心城市有归属感，食、宿、行、购等条件较好；二是节点的交通联系更方便；三是游览路线短，可以在短期内往返；四，经济适用，多种因素促使旅游者宁愿走回头路，而不选环线。

3. 按旅游活动的内容划分

（1）综合性旅游路线

综合性旅游路线所串联的各点旅游资源性质各不相同，整条路线表现为综合性特色。综合性旅游路线能使旅游者得到更多的体验和经历，它比下述"专题性路线"具有更广的大众化意识。如我国东部旅游线，包括的北京、南京、杭州各点都是中国古都，南京、杭州更有江南山水风光特色，苏州为中国园林城市，上海、广州则为现代工商业大都市和出入境口岸，风景、都市与古城巧妙结合，相得益彰，能使游客获得良好的印象和综合性旅游满足。

（2）专题性旅游路线

专题性旅游路线是一种以某一主题内容为基本思想串联各点而成的旅游线路。全线各点的旅游景点或活动有比较专一的内容和属性，因而具有较强的文化性、知识性和趣味性，受到不同兴趣爱好的游客的欢迎。例如，各地曾依据当地的资源特色和主题，组织诸如"三国旅游线""吴越春秋旅游线""马可·波罗足迹旅游线""文成公主进藏线"等专题旅游路线。

4. 按旅游组织的形式划分

可分为面向包价旅游的传统旅游线和面向散客的"灵便式"旅游线。包价旅游为"综合服务包价旅游"的简称。指旅游企业根据市场需求及旅游目的地的类型等要素组合成的旅游线路。路线上的"食住行游购娱"等各项活动和内容、日程、价格均安排计划好，并通过一定渠道销售给旅游者。根据市场需求的不同，目前有两大类包价旅游：团体综合服务包价旅游和散客综合服务包价旅游。

旅游者在外旅游时，一次性付费包括交通、住宿、餐饮、门票、保险、导游服务等在内的旅游产品，这种旅游产品可以当作由旅游企业提供的旅游线路。简单地说，就是旅游者购买包价旅游线路后，一切旅游活动均由旅游企业安排，旅游者不用自己操心。尽管包价旅游线路在服务内容上有些差别，但其核心部分即交通、住宿、导游服务是必不可少的，其余的项目可根据旅游企业的能力或旅游者的意愿进行调整。

其中"灵便式"旅游线又可分为："拼合选择式"旅游线——整个旅程有几种分段组合路线，游客可以自己选择拼合，并可在旅游过程中改变原有路线；"跳跃式"旅游线——旅游部门只提供整个旅程中几小段路线或大段服务，其余皆由旅游者自己设计。旅行社提供的单项服务主要有：导游服务、抄送服务、接送服务、订房服务、订参观游览服务、代办签证、代办保险等。

自助式旅游线路是指旅游者自行组织旅游活动的一种旅游线路，其线路的设计、旅游活动的实施没有旅游中介组织（如旅游企业）的介入。随着旅游业的蓬勃发展，信息渠道的通畅，越来越多的旅游者，不满足于对已有旅游线路的被动选择，他们更乐于DIY式的自助式旅游，以获得最大的旅游满足。在一些发达国家，已经没有我国传统意义上的组团游，人们习惯于直接到旅行网站查询，预定"机票＋酒店"式便捷、极富个性化的自助"套餐"（自助旅游）来安排自己的游程。旅游网站为游客提供了极其便捷、极富个性化的自助旅行系列产品。在我国，一些知名旅游网站"驴妈妈""马蜂窝"等都是为自助旅游者提供服务的平台。

定制旅游不同于以上旅游线路，是从国外传入中国的一种新兴旅游线路形式。定制旅游在中国目前处于发展阶段，完全为旅游者量身定制，一人成团，专车专导。旅游者可以自己任意安排出行时间，入住自己喜爱的酒店，乘坐自己喜好的车辆，定制游将充分满足旅游者的需求。目前定制游衍生出一种更高形态的旅行方式，创意高端私人定制旅游。早期的定制游对游客有较高的要求，一般需要游客对旅行目的地有一定的了解和认识，并自行提出初步的旅行方案。而目前欧美主流的创意定制游则更加注重享受。游客并不需要对目的地有太多的了解，甚至可以不明确目的地，创意定制的服务机构了解游客的个体特征，如兴趣爱好，出行人的情况和预算，即可为出行人创造出一系列极具特色的创意行程。比如针对喜欢冒险的游客，设计出007新邦德角色真实体验之旅；针对单身出行的男女，设计出推莎翁式英伦浪漫交友之旅；针对全家出行的群体，设计出爸爸去哪儿之英国站的亲子行程。

5. 按旅游者旅游目的分

这类旅游线路可以划分为观光旅游线路、度假休闲旅游线路、专项旅游线路（如探险考察旅游线、文化旅游线、宗教旅游线、民族风情旅游线、节庆活动旅游线）等。

（1）观光旅游线路。观光旅游线路是利用各类旅游资源，组织旅游者参观游览及考察。观光旅游线路的内容包括文化观光、自然观光、民俗观光、生态观光、艺术观光、都市观光、农业观光、工业观光、科技观光、修学观光、军事观光等。观光旅游线路一般具有资源丰富、可进入性强、服务设施齐全、安全保障高等特点。此类线路的优点是能在较短的时间内领略尽可能多的景观；缺点是旅游者参与的项目少，旅游者对旅游目的地感触不深。

（2）度假休闲旅游线路。度假休闲旅游线路是指组织旅游者前往度假地区短期居住，进行包括娱乐、休憩、健身、疗养等消遣性活动。度假休闲旅游线路内容包括海滨度假、山地度假、湖滨度假、温泉度假、滑雪度假、海岛度假、森林度假、乡村度假等。此类线路通常包含参与性较强的户外休闲、健身、娱乐运动等项目。旅游者在目的地停留时间较长、消费水平较高且大多以散客的形式出行，适应了散客旅游、自助旅游日益增多的潮流。

（3）专项旅游线路。专项旅游线路又称特种旅游线路，具有主题繁多、特色鲜明的特点，包括探险旅游、烹饪旅游、保健旅游、考古旅游、漂流旅游、登山旅游、自驾旅游、品茶旅游、书画旅游、朝圣与祭祀旅游等。此类线路适应了旅游者个性化、多样化的需求特点；其缺点是开发难度大，操作程序多，需要多个政府部门、社会组织的协作，成本一般较高。

此外，按旅游活动的时间可分为一日游、多日游线。按旅游者的旅游目的可分为观光旅游线、探险考察旅游线、文化旅游线、宗教旅游线、度假休闲旅游线、民族风情旅游线、节庆活动旅游线等。按旅游路线跨越的空间尺度可分为洲际旅游线、周边国际旅游线、国内旅游线、邻近省际旅游线及区内旅游线等。无论设计何种旅游路线，都是为了增强旅游活动组织的科学性，提高旅游组织的效能，方便游客，使其满意。

第四节　旅游地图识读

一、旅游地图及其要素

旅游地图是显示旅游地区、旅游线路、旅游点的景观、交通和各种旅游设施的地图。它是一种专题地图，一般可细分为旅游景点分布图、旅游设施分布图、旅游交通图、景区导览图等。

旅游地图要素包括数学要素、地理要素和专题要素。其中，数学要素包括地图投影、比例尺、图廓和控制点等要素。但除了小比例尺大区旅游地图外，全部标明上述数学要素的旅游地图很少。地理要素通常包括地形、水体、境界线、居民点、交通线、交通港和政治、经济、文化中心等，常用图例在左下角列出。专题要素则包括旅游资源要素和旅游设施要素两大系列。

旅游资源要素是旅游者的主要欣赏目标，是旅游地图应表现的第一要素，应放在第一层面上突出表示。为了让所表示的旅游资源更直观形象，便于识别，根据制图区内旅游资源状况，可以分成若干类型，如名山、登山地、风景湖、岩洞、瀑布、峡谷、土石林、名泉、自然保护区、长城、古城堡、古园林、公园、游乐场、古陵墓、寺观宫殿、名人故居、祠庙等。旅游设施要素是指为旅游者提供食、宿、行、游、购、娱等各项服务的设施要素，包括旅游饭店、旅行社、景区内游览交通线及附属设施、餐厅、饮食点、野炊地、休疗养区、医院、影剧院、体育场馆、交易会、购物中心、商业区、问询处、邮局等。

二、旅游地图的作用

1. 导游服务

狭义的旅游地图就是导游图。这类图的主要作用就是为旅游者提供导游服务，是旅游地图中数量最大、应用最广泛的种类之一，构成了旅游地图的主体，所以，旅游地图最明显的作用就是导游服务。景区导游图和城市旅游交通图主要标示景点名称、特征、分布，联系景点的交通线、交通方式、游览线路、游程安排、交通班次、最佳游览和观赏时间、地点，以及为游客提供游、购、娱、吃、住、行等方面服务的设施位置、规模、档次等内容，力争使游客一图在手，万事不愁，消除在旅游地的陌生感，明确自身的位置和行将游览的方向和目的。随着电子技术的发展和多媒体技术的推广，智能电子导游图将提供图文声像导游服务，使旅游地图的导游功能日臻完美。

2. 决策参考

任何区域发展决策，都基于对区内状况的了解和分析。区域旅游发展决策的产生，也必须首先熟知区内旅游要素的基本情况。能直观、形象、综合、全面反映区域内旅游要素状况的参考材料，旅游地图首当其冲。旅游资源分布图、旅游区划图、旅游发展规划图、旅游路线组织图、旅游市场分布图、旅游客流图及旅游设施布局图等，就是专门为旅游管理部门正确决策提供参考的旅游资料。它们能够直观、便捷地为研究人员和管理人员提供准确的旅游空间信息,以作为决策的信息载体,是执行决策的依据。所以说,旅游地图在旅游管理部门制定决策、表述决策和实施决策中,具有重要的参考作用。

3. 宣传广告

为了吸引众多的旅游者,旅游地图往往力求设计新颖、印制精良,通过游客的传播,扩大旅游资源、旅游设施的影响力和旅游企业的经济收益。旅游地图实质上是一种综合性的地理艺术品,它以地理为背景,以旅游为对象,集地图艺术、摄影艺术、绘画艺术、文学艺术、广告艺术等多种艺术形式之大成,在咫尺方寸之间,展现旅游天地的风采,用地图语言表述旅游活动的游、购、娱、吃、住、行及相关要素的空间分布,展示旅游产品的自然美、社会美和意境美,诱发旅游者的旅游欲望和激情。旅游地图的宣传广告作用,与其实用功能、服务功能为一体,宣传广告效果尤其明显。在五花八门的旅游宣传广告媒体中,旅游地图具有相当大的发行量和覆盖面,是最好的宣传广告媒体之一。

4. 收藏纪念

设计合理的旅游地图也能当作一种工艺纪念品。台湾曾出版过一种旅游地图,将旅游景点、旅游路线用黄色字符烫印在锦旗似的大红金丝绒布上,做工精细,富丽堂皇,既具有一定的美学意义,又具较强的收藏价值,从而让人爱不释手。人们外出旅游,除了有追求休闲娱乐的动机外,还有文化交流、传递友谊的因素,一幅(件)色彩悦目、制作精良、取材独特、信息丰富的旅游图(图册),很可能被人们当作工艺饰品,装点书案,收藏纪念。

三、旅游地图的应用与绘制

1. 景区游览示意图的应用

为指导游客的游览,每个景区一般都设有游览示意图。游览示意图通常是绘制在景区入口或景区内主要路口的标示牌上,或者印制在门票上,或者制作成专门的小册子。不管形式如何,其内容是将景区内各游览线路、游览点、主要旅游功能区的范围、布局,以及各类旅游服务项目和设施(如餐饮点、小卖部、厕所、停车场、码头、保卫处、电话亭等)要素,以文字、图案的形式绘制成图。与普通的旅游图相比,游览图中各要素间的方位、距离只具有相对性、示意性,不具有可测量性。

在使用游览示意图时,首先,要辨识示意图的方位,明确自己所处的位置。具体方法可采用地物定位法或后方交会定位法;其次,从示意图上了解景区各功能分区的面积、位置、景观特色,以便于根据自己的时间、兴趣等具体情况有所取舍地安排游览活动;最后,熟悉示意图中各类图标的含义,以便充分利用这些资源、设施,获取愉悦的旅游体验。

2. 旅游交通图的应用

与景区游览图相比,旅游交通图包括更大的区域空间、遵循更科学的制图原理、拥有更完善的旅游要素、图中各要素具有可测量性。旅游交通图通常将区域内各景区、交通线路、宾馆饭店等要素准确地绘制到地图上,其内容广泛涉及景区的类型、特色、数量、位置,交通线路的排布、规格、类别、密度、港口、车站及车次,宾馆饭店的数量、级别等。

阅读和使用旅游交通图时,游客首先可根据区域内各景区的资源特色,确定旅游内容和游程,从而确定到哪些旅游区去旅游及游览的时间和顺序;其次,可根据景区间的距离和交通状况因地制宜地选择交通工具,如果选择火车,可以通过旅游交通图明确到哪里乘坐火车,坐什么时间的火车;最后,根据区域内食宿设施的布局情况,分析宾馆饭店与旅游区的距离、相对位置,从而确定在哪里住,在哪里吃。此外,游客还可以利用旅游交通图,了解旅游区的气候、地形、风土人情、土特产等知识。

3. 旅游地图的绘制

旅游地图的绘制要从编图目的、表现内容和表现形式等方面着手。

第一,要明确编图目的。设计旅游地图,必须搞清楚地图是为哪些读者服务,提供哪些旅游空间信息,要在哪些方面较以往的同类地图有所改进和更新,要了解编制旅游地图的总体要求。要做到目的明确,就要有针对性地选取旅游区的目标信息,选取便于旅游者游览和生活的有关信息。设计者要充分利用已有的资料,如旅游资源状况、区域自然与社会环境及有关地图、照片、绘画等,要进行实地考察,对旅游地图使用者的要求进行调查研究,对前人的资料进行验证和补充,还要有明确的指导思想和处理材料的原则。

第二,要明确表现内容。根据地图用途、比例尺、开本规格、制图区域的景观特征及使用者的需求,选取和强化主要的、典型的、对主题表现有重要作用和影响的内容,舍去次要的、与地图主题关系不大或无关的内容,按照从整体到局部、从高级到低级、从主要到次要的入选顺序选择内容。不同类型的旅游地图,取舍内容各不相同。旅游交通图类要对交通线、等级、交通港(站)详尽表述,而对与交通、旅游无关的要素(如厂房、土壤、地质等)则需舍弃。导游图类应清楚地标明旅游资源、游览线路,以及与旅游者游览、生活有关的游、购、娱、食、住、行方面的信息,对区外或远离景点的交通线、交通港可以从略。旅游地图概括与取舍程度,因比例尺大小而不同。在小比例尺的旅游图上,旅游资源及其他要素要高度概括,城市要合并街区,甚至用分级同心圆圈表示,风景区只能用一个小小的象形符号表示。在大比例尺旅游图上,局部可表现得较详尽。城市的每一条街道,甚至每一栋建筑,风景区的每一条小路、每一座山峰、每一个游览点,都要较准确地表现出来。

第三,要选择合理的表现形式。要根据编图的目的和主要内容,确定投影形式和比例尺。为旅游者服务的导游图,对投影形式无特别要求,但对比例尺有要求,尽可能用大比例尺详尽地表现景点与服务设施的空间关系。为汽车司机或长途旅行者服务的旅游交通图,则要求投影变形小,路线长度精确。对范围较大的区域,要用小比例尺。旅游行业地图,要求精密规划,投影变形符合规律,比例尺测算准确。合理选择环境与要素表示方法,如风景区地貌可用写景法或晕渲法,而不用或少用等高线、分层设色等方法。最后,可根据具体情况,选择好设计版面、图幅形式、规格、附图(表)形式、开本大小和装帧规格。

课后思考

1. 假如你暑假外出旅游,自行设计一条5日游以上旅游线路,并剖析该线路的空间结构。

2. 查找携程、驴妈妈、飞猪等OTA上销量排名靠前的旅游线路产品,分析其类型,并尝试探讨其销量高的原因是什么。

3. 利用周末外出时间,游览一家旅游景区,并分析其导览图的特色和缺点。尝试利

Photoshop 等软件自行设计一条所在城市周边游旅游线路图。

4. 假如周末你有机会外出旅游,你会选择环状旅游线路还是节点状旅游线路,为什么?

拓展阅读

微信扫码
相关资源 & 拓展阅读

第三章
旅游者消费行为分析与旅游市场调研

 案例导入

5个妈妈打造的20亩稻田农场，因拍照而走红！

成都小草垛田野农场，一个泰式的稻田农场，因拍出来的照片颜值爆表而走红！对于游客来说，农场有4个非常强烈的吸引点：

(1) 开车半小时左右，就能看到出国才能看到的美景；
(2) 稻田餐厅里用餐，像是到了泰国清迈；
(3) 纯田园风的下午茶，区别于周边农场；
(4) 有很多的拍照场景设计，发朋友圈非常美。

小草垛田野农场，占地20余亩，由一栋约600平方米的主建筑和稻田、果园等农作物区构成。是五个妈妈为了给孩子一个更亲近自然的童年，在稻田里打造出来的泰式亲子农场。进门就是大片稻田，以及东南亚味道十足的草屋，真实还原泰国清迈农庄场景，园区有稻田、果园等农作物区、稻田餐厅、田野课堂、户外儿童乐园、"童伴过家家"游乐室、亲子阅览室、母婴休息室……下午茶88元/位；双人套餐298元起，包括稻田下午茶、户外农场儿童游玩区全天畅玩、萌宠喂养区免费喂养、室内儿童游戏区全天免费畅玩、亲子阅览室全天免费畅读等。

小草垛主体建筑草房子共有三层楼。一楼是玻璃餐厅，原木色的木结构空间，明亮的落地玻璃窗，可以望见远处的山丘和近处的稻田。二楼是安静的功能区，设有"童伴过家家"游乐室、亲子阅览室和母婴休息室，在户外玩累了可以来这里安静地待上一会儿。三楼是视野极佳的观景露台，可以看到整个小草垛的全貌以及远处的青山。

还有稻田餐厅。位于稻田正中央，一眼就能望见。坐在里面喝喝下午茶，四周围满绿色的水稻。除了功能区，农场还有儿童户外玩耍区，有玩水、玩沙、玩泥巴、喂动物、秋千、跷跷板等等。

拍照好看，也是农场的一个特色。农场的搭配设计，让游客随手一拍，就能拍出非常美、品质佳的照片。游客出于对美的分享，也为农场带来了新的流量。

农场的美食，是来自东南亚的正宗料理。餐厅主打泰式餐饮和下午茶，比如柠檬叶炸鸡，炭烤猪颈肉，虾饼，冬阴功汤等等。

如今，很多女性朋友出游，最大的刚需就是要拍照好看，小草垛从选址定位及场景设计，就把"好拍照"作为目标之一，去营造各种场景，场景就是最核心的产品。这是洞察客户需求的细节打造，很值得我们学习。

资料来源：旅游节庆营销智汇

思考：案例当中，女性消费者有何消费行为？

第一节 旅游者消费行为分析

旅游者是旅游活动的主体,不同旅游者的消费行为是有差异的,随着经济的发展,人们闲暇时间的增多和生活水平的提高,旅游业也蓬勃发展,旅游正在成为人们日常重要的生活方式和社会经济活动。想要研究消费者的旅游动机就必须先要了解旅游者的需求特点和消费行为特点。

一、旅游者需求特点

旅游需求是指在一定时期内,在一定的价格基础上,旅游者愿意而且能够购买的旅游产品的数量。深入分析人们的旅游消费需求波动,把握旅游消费行为及其变化模式,才能对旅游的客源市场做出准确的预测和判断,并通过对旅游资源的有效规划,吸引旅游者消费,促进旅游地的发展。旅游者的需求呈现出以下的几个特点:

1. 出游决策理性化。
2. 旅游需求精致化。
3. 旅游形势两极化。
4. 出游方式多样化和个性化。

案例拓展

旅游大数据下的"00后"旅游需求分析

《"00后"研究报告》显示,"00后"平均存款约1 840元,有更高的消费力、更大的财务自主权,很多"00后"从小就有出国旅行的机会。来自去哪儿网的数据显示,2016年,从各年龄层人群出游频次上看,"00后"成为最爱玩的群体,平均出行次数达到2.85次。

《"00后"研究报告》还显示,"00后"更渴望被同龄人认同,愿意花更多时间和朋友在一起。红杉资本发布的《"00后"泛娱乐消费研究报告》则表明,社交性、潮流性、个性化是"00后"用户最看重的三大产品特征。关于产品获取途径,同学或朋友推荐的比例最高,占64%。

"00后"自我认知和自我发展主观性强,希望最大程度融入旅游目的地的当地人生活;兴趣爱好和社群分享铺设面广,习惯借助旅游和社交App寻找志同道合的旅游伙伴,对传统旅游攻略需求明显下降;出行同伴的重要性甚至大于旅游目的地,他们喜欢和同龄人、闺蜜、兄弟出游,愿意在旅行中接触陌生人、结识新朋友。

从旅游偏好来看,"00后"在目的地选择时更看重当地提供的活动和体验品质,目的地宜居性会影响他们的整体出游体验;更加偏向和朋友同学出游,关注吸引物和设施的细节,喜欢新鲜事物但忠诚度不高;希望在目的地有全方位的体验,对传统观光兴趣不大。

"'00后'对于交通和住宿有一定要求,航班和酒店不会选择价格最低的一档,还是比较注重品牌和舒适度的。"途牛旅游网的副总裁王树柏说。

"00后"特征分析

成长环境决定了"00后"的价值取向及行为习惯。根据腾讯社交洞察、腾讯社交广告联合腾讯CDC发布的《00后研究报告》结果显示，相比于"90后"，"00后"的成长环境中的物质条件更加优越，家庭资源更为丰厚，网络社交更为便捷，兴趣爱好也更加广泛且投入。"00后"表现出更主动地自我认知和自我发展、更积极地探索和表达、更包容并渴望同辈归属、更现实理性地行动等诸多特点。

旅游行为分析

目前，"00后"绝大部分为学生群体，因此节假日周期性旅游是"00后"旅游出行的主要特征。根据去哪儿网统计，"00后"出游月份明显集中在1月、2月和7月、8月的寒暑假。近两年，携程、途牛、去哪儿、驴妈妈等旅游平台及腾讯等网络公司都统计了"00后"最热门的国内外旅游城市榜单，虽然榜单排名有所差异，但却也有共同规律："00后"等年轻游客夏季最爱"海岛游"，暑期同时也是这帮学生族参加各种"研学旅游"的高峰，近年来"00后"暑期出境研学游比例持续增高，而无论海内外，红色旅游在年轻群体中的热度也日益上升；而冬季的"温泉游""冰雪游"人气高居不下。

如果说"90后"的中学时代是PC网络时代，那么如今"00后"的中学时代便是完完全全的移动互联网时代。从小在便捷高效的移动互联网影响下长大的他们在出游过程中对网络有更加明显的依赖性，无论是对目的地筛选、信息查询、票务及酒店预订，抑或是美食购物、分享交流等，几乎都离不开移动互联网。根据腾讯2017年的出游消费人群统计，"00后"在旅途中对于社交、视频、新闻类App的关注度最高。

由此，"00后"包括部分"90后"游客旅游行为表现出周边游、碎片化特征，他们更崇尚自由、个性化的行程。他们中的大部分游客在出游中更倾向于到目的地用手机查攻略、看点评、做选择，不像"80后"那样习惯做完整的出游计划。"00后"更多地会在结束一个目的地游玩后就近（地点和时间上）搜索周边有趣景点，临时制定或修改行程，行为活动呈现碎片化及不规律性。

同时，网络社交平台的流行也深深影响了"00后"的旅游行为，近年来，重庆洪崖洞、西安永兴坊等一批"网红景点"迅速蹿红，让人们不得不重视社交平台的传播力量。"00后"良好的适应能力使得他们更愿意像个当地人一样吃喝玩乐，并随行记录，分享到社交圈中。

携程公布的近一年"青春旅行报告"中指出，在"00后"最乐意参与的旅游体验方式中，逛集市排名第一，有56%的人选择；走街串巷（City Walk）排名第二，选择度达46%；其他依次还有学做当地菜、参加民俗节日、与当地人闲聊、参加当地夜生活。

此外，旅途聚会是"00后"在旅途中热衷的一大活动。"青春旅行报告"中显示携程线上"微领队"结伴功能总收到8万多结伴帖，"90后""00后"占比超过一半，发帖需求多为约饭、约唱K等年轻化体验。这与"00后""独二代"的身份息息相关，从小家庭中兄弟姐妹的缺失让他们更渴望获得外界同龄伙伴的认同和陪伴。

《00后研究报告》统计数据显示超过60%的"00后"会有意识地在社交平台针对不同人群发布特定内容，塑造自己想要的公众形象，所以旅行中如何拥有完美的纪念照片或是视频已经成为"00后"旅游用户的一堂必修课。

良好的家校环境及发达的网络使"00后"有更多的机会表达自己的想法、挖掘自身的兴趣，并有能力在自己擅长、喜爱的领域投入时间精力和物力财力。个性化的发展使得他们更加关注个性化、有内涵的事与物。

《00后研究报告》接受调查的"00后"中，60%表示会了解品牌背后的理念与故事，不只是要跟别人的消费不一样。

2018年6月,驴妈妈旅游网发布《2018毕业旅行消费趋势报告》,报告中国内最受欢迎(前五)目的地为云南、四川、北京、上海和三亚。根据各年龄段毕业生的旅行消费行为,总结出它们共同特点——既有旖旎美丽的自然风光,又有文艺浪漫的人文情怀。

消费观念随着经济基础一同升级,与"90后"喜欢"穷游"不同,"00后"更注重出游的品质体验。在《2018毕业旅行消费趋势报告》中,超五成毕业生旅行预算超过4 000元,至于旅行预算的资金来源,有78%的毕业生表示是靠家庭支持,还有22%的毕业生表示是自己平时打工所得。在毕业旅行预算增加的情况下,出行住宿也由价格需求转向品质需求。青旅、经济型连锁酒店不再是住宿首选。40%的毕业学生偏向于精品酒店或特色民宿;26%的学生选择入住高星级酒店,合计占比近七成。

虽然总体消费水平提高,但并不意味着"00后"花钱大手大脚,绝大部分"00后"的自我认知很高,能够理性认识自己能够消费什么,携程的"青春旅行报告"指出:"超值、划算"仍是年轻旅客搜索的关键词。

"00后"的家长大多数为"80后",对比各大平台的"80后"出游规律,不难发现,家庭亲子游所占比例最高,超过50%。即在近一年时间里,"00后"在旅行时,有一半左右属于和父母一同出游。

总结与启示
- 学生族寒暑假周期循环——海岛游、研学游、温泉游、冰雪游最受欢迎。
- 移动互联网与社交媒体普及——周边游、碎片化特征明显,网红景点与旅途聚会大受追捧,拍照分享塑造个人形象。
- 自我认知与个性化发展——兴趣领域的细分,故事内涵的关注及理性消费。
- 物质生活优越——旅游品质的追求。
- 未成年学生阶段——家庭亲子形式出游。

根据以上"00后"特征及旅游需求,关于旅游产品设计有几点启发:
- 寒暑假是"00后"乃至未来的"10后"等所有受教育阶段人群的集中出游时段,市场庞大,海岛、温泉等热门旅游目的地应结合自身特色,顺应市场,提升旅游项目品质,实现区域内差异化发展。

而对于非热门旅游目的地,可依托周边热门景点,准确定位,功能互补、组合发展,利用新兴社交媒体进行扩大宣传,达到客流共享的目的。
- 旅游产品的开发设计应加大文化特色的挖掘和演绎,从观光向深度体验过渡。旅游项目可针对不同受众群体进行类型划分,做深做精,充分带动目标客群的感官体验;

不同类型项目之间相互补充,主题上独立统一,空间上聚合共生,功能上差异互补,最大限度满足不同游客需求。
- 针对学生市场及家庭亲子市场,住宿、游乐、餐饮、交通等具体旅游产品的设计应符合相应的人体尺度及行为习惯,在科学设计的同时不忘趣味性,积极创新、寓教于乐。

资料来源:正元智观

二、旅游者消费行为特点

旅游者消费行为是指人们在旅游过程中,通过购买旅游产品来满足个人发展和享受需

要的行为活动。与普通的消费行为相比较而言,旅游的消费具有以下几个特点:

1. 旅游者消费对象构成复杂,综合性与连带性均较强

首先,从时间上看,旅游的消费有旅游前消费、旅游中消费和旅游后消费。旅游前消费主要是指用于旅游咨询、选择确定旅游线路等方面的开支;旅游中消费是旅游者在旅游过程中的主要消费,包括用于满足"食、宿、行、游、购、娱"等方面的开支;旅游后消费对接待地一般较少有经济上的意义,因为这种消费主要是指,旅游者回到家中之后,对旅游过程中购买的具有实物形态的物品的持续消耗或连带发生的一些消费(如冲洗胶卷等)。

其次,旅游者消费的对象旅游产品,旅游产品本身就是一个由旅游资源、旅游设施、旅游服务等多种要素构成的综合体,其中既包含物质因素,也包含精神因素,既有实物形态,又有劳务形态,这就决定了旅游者消费的复杂性和综合性。

2. 旅游者消费中包含有许多的冲动性购买,其水平有攀高倾向

旅游者在旅游过程中的消费,即使在开支规模上大体是预算型的,但在支出方向上也不像居家消费那样理智。因为人们在一个陌生的环境旅游,见到的自然都是陌生的、新奇的东西,购买欲望自然会随兴致有所上升。另外,与居家消费相比,旅游的消费有明显的攀升倾向。

3. 旅游者消费呈现较高的弹性

从总体上看,旅游消费是人们在满足了基本生活需求之后发生的一种旨在追求发展和享乐的高层次消费。这种消费性质必然决定了它将随着个人收入水平的变动(尤其是达到或超过某一临界点时)以及价格的变动而发生更为敏感的变化。而另一方面,从消费项目的结构上看,由于多数项目的性质和地位出于对核心旅游消费的追加地位,因此自然也就决定了旅游者在这些消费项目上的支出原则,从而在多数情况下表现出其从属的地位乃至弹性的支出规律。

三、旅游动机

所谓旅游动机,是指直接引发个体的旅游行为并行为导向旅游目标的心理动因。可以说,旅游动机是激发人去旅游的内在原因,是旅游行为的动力。而隐藏在这种动机背后的则是人的某种需要。

研究表明旅游者的动机主要分为两方面:一方面是指通过旅游逃避日常生活、工作环境的压力;另一方面是指通过旅游寻求心理补偿。当然旅游者的需求是千差万别的,同时还是千变万化的,其中也不乏相对稳定的因素,例如猎奇求新的心理;回归自然返璞归真的心态;讲究经济实惠,物美价廉等。

也有人把旅游动机归纳为以下几类:

生理动机(如休息、保健、娱乐等)。为调节生活规律,促进健康而进行的度假休息、体育活动、海滩消遣、娱乐活动,以及其他直接与保健有关的活动。此外,还包括遵医嘱或建议所进行的疗养活动。属于这方面的动机都有一个共同特点,即通过与身体有关的活动来消除紧张。

文化动机,(学习、猎奇、宗教信仰、艺术欣赏等)。人们为了认识、了解自己的生活环境和知识范围以外的事物而产生的动机,其最大的特点是希望了解异国他乡的情况,包括了解其音乐、民俗、舞蹈、绘画及宗教等。

人际关系社交动机。人们通过各种形式的社会交往,保持与社会的接触,包括希望接触他乡人民、探亲访友、逃避日常的琐事及惯常的社会环境、结交新友等。

地位、声望等心理动机。这方面的动机主要与个人成就和个人发展的需要有关。属于这类动机的旅游包括事务、会议、考察研究、追求业余爱好以及求学等类型的旅游。旅游者通过旅游实现自己受人尊重、引人注意、被人赏识、获得好名声的愿望。

四、影响旅游决策的因素

旅游购买决策的参与者往往不止一人,有时要受几位在决策过程中起不同作用的人士影响,参与旅游购买决策的角色有 5 种:倡议者、影响者、决定者、购买者、使用者。旅游购买决策的各种角色可能是不同的人,如某员工倡议公司组织劳模去华山旅游,得到普遍响应,影响者向高层游说,高层对倡议予以采纳,做出购买决策,制定办公室主任去某旅游公司洽商,最后成团。参加旅行团的劳模中可能既没有倡议者,也没有影响者和购买者,甚至没有高层领导。参与决策的各种角色或两种以上的角色也可能由一人担任,如倡议者也可能是决定者,还可能是使用者等。旅游企业了解参与购买决策的各种角色,有利于针对不同的角色确定相应的影响对策,引导购买决策向本企业倾斜。

人们的旅游购买决策既有简单的过程又有复杂的决策过程。简单的决策过程有习惯型购买决策、冲动型购买决策等。复杂的旅游购买决策过程包括 6 个阶段:认识需求、信息刺激、信息过滤、备选方案、完成决策、购后评价。旅游需求的认知是一个多因素共同作用的结果,其中最重要的依据是消费者的年龄、职业、可自由支配时间、收入、身体状况、受教育程度、住址、家庭情况等。信息的来源取决于有没有通畅的信息渠道。旅游信息来源的渠道很多,其中较为典型的信息渠道有三种,即商业来源、社会来源和经验来源。商业信息来源渠道如媒体广告、商业出版物等。社会来源渠道如亲戚、朋友、同事的推荐;旅游政策;国内外宏观经济、政治与社会环境等。经验来源渠道如以往旅游经历以及耳熟能详的传说、故事等。信息过滤是根据一定的标准从接收的动态旅游信息流中选取需要的信息或剔除不需要的信息的方法和过程。潜在的购买者通过各种渠道得到旅游信息后,会对这些信息进行评估判断,在各种备选方案中进行比较。备选方案一般能够包括大部分种类的旅游产品。在经过评估判断之后,潜在旅游购买者对于可供选择的若干备选旅游产品,按其符合自己心意的程度排出先后次序,并最终做出购买决策。做出购买决策是旅游服务企业希望看到的结果。对于那些经过选择和决策过程却没有购买的游客,他们的不购买决定并非意味着企业营销的最终失败。经过先前的营销努力,旅游目的地的形象已经作用在游客的心目中,使得他们重新审视自己的旅游需求和已有信息,在某些条件成熟时,这些需求和信息的反复刺激就能转化为实际的消费行为。潜在购买者实际购买后,并不意味其旅游决策过程的结束。因为旅游消费决策过程本身不是一个单线条的简单逻辑,各个过程的因果关系并不是事先存在的而是依照每一个旅游者而定的,这也说明了信息主体之间的双向反馈关系。旅游者的购后评价通常包括对已做出的决策的高度肯定、中性与高度否定三种;或者也可以简单界定为满意和不满意两种。购后评价的好坏直接决定了旅游者未来的消费决策,即重复购买的可能性。

旅游者的旅游决策是一个复杂的心理过程,具有很大的不确定性,因为影响旅游决策的因素是多方面的,包括旅游者的内在心理因素和社会环境因素等。旅游者在选择旅游线路时,往往会根据自己的偏好、闲暇时间、经济状况等进行选择,并主要考虑旅游线路中的旅游目的地、旅游时间安排、旅游安全和价格等因素。

影响旅游决策的因素主要归纳为以下几点:

1. 旅游者的个性特征

旅游者的个性特征是个人长期发展和形成的比较稳定的心理特征,个性不同的人,其出游行为也表现出不同的特点。目的地选择行为与旅游者的个性特征存在紧密联系。旅游者在性别、年龄、民族、兴趣、职业、经济收入、文化程度、消费观念、社会地位、家庭结构、常住地的地理位置及自然条件等方面的差异,构成了自己的个性特征。旅游者的偏好不同,在进行旅游消费行为决策时会表现出不同的特点,对旅游线路的选择也有差异。在不同的消费观念、消费心理影响下,不同群体的旅游者也会表现出不同的旅游消费行为。

2. 闲暇时间

如果时间限定,则旅行距离也是限定的,决定旅程长短的最重要条件是时间费用和旅途是否舒适。旅游的发生依赖于人们闲暇时间的多少,一般来说,旅游者的出游时间与闲暇时间成正相关的关系,直接影响旅游者对旅游线路类型的选择,如果没有特殊需求,人们选择旅游线路时总是追求最小的"旅游时间比"。

3. 价格

旅游线路的价格,以包价旅游线路为例,主要包括综合服务费、房费、城市间交通费及专项附加费四个部分。可以说,影响旅游者选择旅游线路的关键之一是价格。旅行社既想以较低的价格吸引旅游者以利竞争,又必须保证一定的利润空间以求自身的生存与发展,还要保证旅游质量以树立企业形象,对旅行社来讲,合理确定旅游线路的价格也确实不是一件容易的事。

4. 旅游目的地

旅游者外出旅游必须完成从居住地到目的地之间的空间位移。人们是否愿意克服较大的空间距离障碍前往旅游目的地,旅游目的地的级别是一个很重要的因素,一般来说旅游目的地的级别越高,知名度越大,吸引力就越强,旅游者克服空间障碍的决心和可能也就越大。

5. 旅游者的感知

影响旅游决策行为的主要因素之一是旅游者对旅游目的地的感知印象。在旅游者对旅游地所感知的诸多层面中,对旅游决策行为影响较大的感知因素是旅游者对时空距离及旅游地整体形象的感知。

6. 旅游态度

旅游态度是指对某一旅游吸引物的认知、评价及出游意向等,分为肯定的态度和否定的态度,肯定的态度会促成旅游行为的发生,否定的态度则抑制旅游行为的发生。

7. 安全问题

安全是旅游者选择旅游线路是最关注的一个因素。首先是旅游线路中的交通安全,其次是旅游目的地的社会状况,包括当地政府及居民对旅游者的政策与态度、社会治安、自然灾害、政治形势等,因为这些都会影响到旅游者的人身和财产安全。

五、旅游消费构成

旅游消费构成是指旅游者在旅游过程中所消费的各种类型的旅游产品及相关消费资料的比例关系。旅游消费构成可从不同角度进行划分。

1. 按满足人们旅游需求的不同层次分类

一般来讲，人们的旅游消费可分为生存消费、享受消费和发展消费，而旅游者在旅游过程中的消费具体又可以分为餐饮、娱乐、游览、住宿、交通等方面的消费，其中食、住、行是满足旅游者在游览中生理需求的消费，而观赏、娱乐、学习等消费则是满足旅游者精神享受和智力发展的需要。这两种消费相互交错，在旅游活动中很难划分它们中间的区别和界线。在满足旅游者生存需要的同时必须满足其享受和发展的消费，而在满足旅游者享受与发展需要的同时又掺杂着其生存需要的满足。

2. 按旅游消费资料的形态分类

按照旅游者在旅游活动中的消费形态可把旅游消费划分为物质消费和精神消费两种。物质消费是指旅游者在旅游过程中所消耗的物质产品，如客房用品、食物、饮料和购买的纪念品、日用品等实物资料。精神消费是指供旅游者观赏、娱乐的山水名胜、文物古迹、古今文化、民俗风情等精神产品，还包括在旅游活动的各环节中所享受到的一切服务性的精神产品。这一分类也具有相对性，物质消费如果满足了旅游者的需要，旅游者在精神上会感到愉快；精神消费虽主要满足旅游者的精神需要，但其中不少是以物质形态而存在的。

3. 按旅游消费对旅游活动的重要程度分类

根据旅游消费的重要程度一般可分为基本旅游消费和非基本旅游消费。基本旅游消费是指进行一次旅游活动所必需的而又基本稳定的消费，如旅游住宿、饮食、交通游览等方面的消费；非基本旅游消费是指并非每次旅游活动都需要的并具有较大弹性的消费，如旅游购物、医疗、通信消费等。

4. 按旅游目的地和客源国等进行综合分类

对旅游消费结构进行分析时，通常把上述分类有机结合，并根据不同的旅游目的地、不同国家或地区的旅游者、不同的旅游类别以及不同的旅游季节的旅游开支分配进行综合分类，从而为旅游市场研究提供科学的依据。

六、旅游者对旅游线路选择规律

旅游者对旅游线路的选择集中体现在一定时期内，在流向和流量方面呈现出一定的规律。研究旅游者流动规律，有助于搞好旅游规划、开拓旅游市场。世界旅游发展的历史表明，旅游者在不同国家和地区间的流动具有以下规律：

1. 近距离流动多，远距离流动少

欧洲是世界旅游业最发达的地区，每年接待的国际旅游者约占全世界国际旅游总人数的70%，而大部分是本地区产生的旅游者，约占72%；从日本出国旅游的传统目的地看，主要是与其相邻的夏威夷以及中国、韩国、中国香港、中国台湾、泰国等东亚、东南亚国家和地区；另外美国是一个主要的旅游生产国，每年去加拿大和南美的邻国旅游人数占其出国旅游总人数的 2/3 以上。

2. 流向风景名胜区

风景名胜区对旅游者是种很具有吸引力的旅游目的物,因此,旅游者总是从世界各地(包括其他风最名胜区和非风景名胜区)流向风景名胜区,这是旅游者最普遍的流动规律。

3. 气候差异的反方向流动

气候对旅游者有重要的影响。在寒冷的冬季,人们为了避寒,往往要到温暖的国家和地区去旅游。而在炎热的夏天,旅游者为了消暑,则又选择天气凉爽的国家和地区作为目的地。以夏威夷为例,每年的 12 月至翌年的 4 月,正是夏威夷的旅游旺季,而此时,北美正是冰天雪地、寒风刺骨,因此,北美地区的旅游者就大批向这里移动。与此相反,位于大洋洲地区的澳大利亚人、新西兰人则为了避暑,在每年的 12 月至翌年 2 月,纷纷从炎热的南半球来到北半球凉爽的夏威夷。另外,西班牙接待的很多旅游者都来自欧洲,这些旅游者的目的是去温暖的西班牙寻求阳光和沙滩。而我国的哈尔滨在隆冬时节,则依靠其"千里冰封,万里雪飘"的北国风光和迷人的冰灯游园会吸引着大批来自香港等温暖地区和国家的游客。因此,旅游者在严寒地区和温暖地区的流向是可逆的。

4. 发达国家流向经济落后国家或相互流动

经济发达的国家和地区人民的平均收入水平较高,从而为人们外出旅游提供了必要的经济条件。因此,发达国家和地区就自然而然成为旅游输出国和地区。而在经济不发达国家和地区,除去基本是食宿需求外,人们能够用于旅游活动的可自由支配的收入非常有限,所以外出旅游很难成行,而这些国家和地区在世界旅游业中只充当着旅游接待国(或地区)的角色,凭借其美丽的山川湖泊、海洋、沙滩和阳光以及独特悠久而又丰富多彩的文化资源吸引经济发达国家和地区的人们前来观光、游览,从而导致旅游者从经济发达的国家和地区流向不发达的国家和地区。另外经济发达的国家和地区在其经济发展中,往往伴随着严重的工业污染和生态环境的破坏,面不发达国家和地区在这个方面的问题则不是很突出。因此,旅游者就从经济发达国家和地区流向经济不发达国家和地区,以摆脱嘈杂的环境,投身于大自然,呼吸新鲜的空气。很多人去非洲就是这种旅游动机,比如:坦桑尼亚凭借广阔的原始森林,肯尼亚则是以其巨大的自然动物园吸引着成千上万的欧洲旅游者前去观光、游览和休闲。

发达国家和地区本身也有着其独特而丰富的旅游资源。不仅如此,经济发达的国家和地区之间,经济联系较为密切,商业往来频繁。因此,商务旅游者人数非常多,这就使得旅游者在经济发达的国家和地区之间的流动成为现实。

5. 从某些发展中国家流向发达国家

美丽的乡村景观,现代化的城市风貌,有数百年的历史文化遗产,以及代表当今社会发展水平的各种现代文明,构成发达国家独特而富有吸引力的旅游资源,是广大发展中国家的人们所想去的旅游目的地。但是由于经济条件有限使他们难以成行,一旦条件成熟,这些发达国家就会成为他们的首选旅游目的地。近年来,一些发展中国家,特别是位于亚洲的中国、泰国、菲律宾等国的经济发展很快,很多居民已经具备了出国旅游的能力,在政策允许的情况下,纷纷赴欧美等发达国家观光旅游。近年来,中国的出境旅游人数剧增,在德国、法国等欧盟国家,到处可以看到中国旅游团的身影。

6. 流向大都市

一个国家的首都往往是一个国家政治、经济、文化中心,在经济发展水平、城市建筑和现代化程度方面具有较高水平,代表着该国家在政治、经济、文化等方面的总体发展水平。从某种意义上说,一个国家的首都就是这个国家的缩影。旅游者希望通过首都这个窗口来了解这个国家;其次,首都往往集中着大量能够吸引旅游者的人文旅游资源。以北京为例,除了在城市方面取得的成就以外,它还是很多历史事件的发生地,是许多封建王朝建都的地方,留下了丰富的人文景观。首都是一个国家的象征,旅游者往往有这样的认识,即不到首都就等于没去过这个国家。换句话说"不到北京,就等于没来过中国"。

第二节 旅游市场调研

一、旅游市场细分

由于年龄、性别、收入、职业、受教育程度,生活方式等因素的影响,不同的消费者有不同的需求。这些不同的需求成为旅游市场细分的依据。细分市场不存在统一的标准变量,每个旅游企业必须选择适合自身资源的可变因素。而在市场细分中常用的四个依据是:地理变量,人口统计变量,心理变量和行为变量。

(一) 地理位置变量

旅游企业依据消费者所在地的地理位置、地形气候、人口密度等变量细分市场。由于地理因素是消费者的生存环境,它与消费者的需求有较大的相关性。因而消费者的需求因地理位置不同而有较大的差异。按地理变量细分市场,对于分析研究不同地区消费者的需求特点,需求数量及其发展变化趋势具有一定价值。

1. 地理区域变量

它是细分旅游市场最基本的变量。具体又可分为洲别、国别和地区等变量。例如,世界旅游组织(WTO)根据地区间在自然、经济、文化、交通,以及旅游者流向流量等方面的联系,将世界旅游市场细分为六大旅游区域,即欧洲市场、美洲市场、东亚及太平洋地区市场、南亚市场、中东市场和非洲市场。

不同地理区域地理位置、自然环境、经济环境与人文环境的综合差异,深刻影响制约着其消费者旅游需求的综合差异。一般而言,客源地与目的地在自然风光和人文风貌上差异越大,其旅游引力也越大;而两地间生活条件、生活方式以及价值观差异越大,其旅游障碍就越大。以此细分旅游市场有利于旅游目的地针对不同客源市场设计特色旅游产品与分销促销策略。按国别细分旅游市场是旅游目的地国家或地区细分国际旅游市场最常用的形式。由于国界因素的强化,一国内部的消费需求往往有更多的相似性,而国与国之间则往往出现较多的差异性。

按地理区域细分旅游市场,可分别根据其自然、经济、人文三大方面因素对旅游需求特征的不同影响来加以考虑。如我们可根据各国各地区的人均 GNP 值细分国际旅游市场;又如,根据宗教信仰对旅游需求的影响,我们可区分中东市场、南亚市场、东南亚市场旅游者的不同宗教信仰,分别开发相应的旅游产品和设计相应的营销方式。

国际上还通行按不同客源国或地区的旅游者流向某一目的地所占该目的地总接待人数的比例来细分市场。在一个旅游目的地国家或地区的总接待人数中,来访者占最大比例的两、三个客源国或地区(一般共计可占40%—60%)可划为一级市场;来访者占相当比例的一些客源国或地区,可划为二级市场;来本目的地的人数很少,而出游人数日见增长的国家或地区,可划为机会市场(也叫边缘市场)。

2. 气候变量

根据潜在客源地与旅游目的地之间自然环境的差异,尤其是气候环境的差异细分旅游市场,也是极其有意义的。地形、气候、水体、生物等都是构成自然旅游资源的重要因素,其中起主导作用的是地形和气候两方面因素。气候对生物和水体的状态影响最大、最直接,且气候类型分布的规律较明显,以地质地貌为基础的旅游资源也往往需要与一定的气候条件相配合才更富有吸引力。因此,以气候为主导因素的自然旅游资源往往是很有利的旅游吸引物,尤其对于度假旅游是最重要的吸引物。如以"3S"(sands、sea、sun)著称的地中海风光每年吸引欧洲80%以上的度假者前往该地,尤以与法国气候差异较大的北欧各国旅游者为盛。

3. 空间位置变量

各地旅游者的旅游需求特征不仅与自身所在地理环境和目的地地理环境之间的差异大小有关,而且还与所在地相对目的地的空间位置有关。两地的空间距离是旅游活动的自然障碍因素,而两地间的交通条件又起着跨越这种障碍的作用。但无论如何旅游者所在地与目的地之间空间位置的差异,从旅行时间上和费用上都会构成旅游的障碍性因素,以此可将旅游市场细分为远程、中程、近程等旅游细分市场。远程旅游者数量虽然相对较小,但其多属中上层生活条件的游客,在目的地一般停留时间较长,消费水平高,其旅游支出往往高出邻近市场旅游者的几倍以上。随着现代交通工具的发展,远程旅游者有发展趋势。近程旅游市场,尤其是相邻地区旅游市场,不仅因为距离近消耗小,而且也因为生活方式容易接近,邻国之间在入境手续上还可能提供方便,对于目的地国家而言,其客源挖掘潜力大,应是开拓国际旅游市场的重点对象。在全球旅游业发展最兴盛的欧洲旅游区,其区内旅游就占绝对优势。近年我国也加强了对周边国家旅游市场的开发;同时,也有针对性地发展远程旅游市场(如欧美旅游市场)。

(二) 人口统计变量

人口统计细分是将市场按年龄、性别、职业、家庭规模、婚姻状况、收入、教育、信仰、种族、国别等为依据划分不同的群体。由于人口统计变量较其他变量更容易衡量和区分,它与消费者的欲望、偏好、文化习惯及产品使用率等都有密切联系,因此成为区分消费者群体常用的依据。综合考虑,可形成如下基本标准:

1. 年龄、性别与家庭生命周期

建立在人口最基本自然属性基础上的年龄性别与家庭生命周期三个变量因素,不仅能从生命活动过程与生理上直接影响旅游需求,而且还能通过影响旅游者的收入和社会角色等因素间接影响旅游需求。

人口年龄变量是细分旅游市场最主要的变量之一。据美国研究,20岁—64岁之间的人出游率最高,其中35岁—44岁之间的人最富有旅游的活力。按照人口年龄段,旅游市场可细分为老年人、中年人、青年人、少儿四个细分市场。

以年龄为例,可将市场细分为青少年市场、中年市场和老年市场。中年人旅游市场是当今人数最多,潜力最大的旅游市场。中年人年富力强,收入往往不菲,较讲究食宿和享乐条件,以观光、会议、商务旅游者居多,携家度假旅游的也不少,较看重与自己年龄与身份相称的游乐项目,是旅游业较理想的目标市场。

老年人旅游市场也是比较引人注目的。老年人一般有经济积累,又很少有子女负担,闲暇时间充裕(尤其退休者),无工作压力或压力小,旅游兴趣较浓,以观光休养、探亲访友者居多。随着世界人口老龄化趋向的发展,如何进一步开发老年人旅游市场已成为世界旅游业广泛关注的课题。

案例拓展

老年旅游市场细分势在必行

随着时代的发展和生活水平的提高,外出旅游的老年人越来越多。专家指出,老年人旅游热只是一个开端,重要的是我国老年旅游市场广阔,前景看好。然而简单地将老年人组织起来出游,并不是真正意义上的老年旅游。老年旅游在旅行线路、时间等安排上,要符合老年人的特点、承受能力和喜好。

一位经常旅游的老年人对老年旅游有了更为深刻的认识,他总结出老年人出游的一些特点。例如"行要慢"体力有限,容易疲劳;"吃要软"——牙齿不再坚固,肠胃功能较弱;"购要少"——老年人出门不是去买东西。这就要求老年旅游较一般旅游在景点安排、食宿车辆、休息间隔等方面更为细心和专业。此外,老年人经历丰富,生活积淀厚重,对精神需求和内心感受要求比较高,旅行行程安排要留够他们睹物"思情"的时间和空间。

然而,与日趋高涨的老年旅游需求相比,我国现有的旅游产品远远不能满足老年人多样化的需求。特别是随着老年人各种收入的变化,老年旅游消费的差异化明显,甚至有相当一部分老年人已经产生了参加出国旅游、飞机旅行、度假旅游和各种专题旅游的强烈愿望。而目前可供选择的旅游产品绝大多数还是千篇一律、千人一面的团队观光,显然无法满足老年人的需求。

许多老年人都说,他们出行最大的顾虑是安全。老年人或多或少有一些疾病,旅途劳累使得他们的身体很容易出问题。一般旅行社又没有医护人员随行,这让老年人想出门又不敢轻易出门。此外,目前的旅行线路大多是为年轻人设计的,景点多、节奏快,常有漂流、登高等较刺激的项目,不适合老年人。

在老年旅游更趋理性和体现个性的现在,老年旅游市场细分势在必行。为老年游客量身定做"点菜式"服务肯定会受到欢迎。

资料来源:旅游市场营销学(赵西萍)

青年人旅游市场虽然总体消费水平不高,但仍是一个人数众多,不容忽视的市场。青年人精力、体力都处于最佳状态,无论时间和金钱上的障碍几乎都不能遏制其旅游的激情。

少儿旅游市场也有其自身特点需要旅游营销者加以注意。少儿旅游一般须由学校组织或成人带领,通常选择具有教育性、游乐性的旅游项目,注重安全、卫生、近便等条件。

旅游需求的性别差异也是明显的。一般而言,男性游客独立性较强,更倾向知识性、运动性、刺激性较强的旅游活动,公务、体育旅游者较多,喜欢康乐消费等;而女性游客更注重旅游目的地的选择,较喜欢结伴出游,注重自尊和人身与财产安全因素,喜好购物,对价格较敏感。近年随着妇女社会地位的提高,无论从工作需要、心理需求、经济能力等方面都为女性旅游市场注入了极大的活力,使包括公务旅游在内的女性游客人数迅速扩张,单身旅游也变得时髦。女性旅游市场的开发已受到旅游企业的关注。

家庭是消费的基本单位。家庭结构、规模和总收入等状况都会直接影响旅游需求。这些状况又随着家庭生命周期阶段不同而变化。其中家庭子女情况对旅游消费需求制约较大。

2. 收入、职业、受教育程度与社会阶层

由于家庭可自由支配收入是实现旅游活动最重要的限制性客观条件之一,而且其水平的高低直接影响旅游消费水平和消费构成;因此,以消费者收入水平细分旅游市场,具有较为普遍的意义。据调查,美国经常旅游的人家庭年收入大于 25 000 美元,经常进行远距离旅游的人,家庭年收至少人均 50 000 美元。

由于旅游是具有审美性质的高层次消费活动,因此消费者受教育程度与职业特征,直接影响到旅游需求的程度、层次、类型与内容。一般受教育程度越高,旅游需求层次越高、品味越高。职业特征对旅游需求的时机、类型影响较大,教师、学生一般只能利用寒暑假旅游,管理人员、技术人员和商务人员多公务旅游和商务旅游的需求。

收入职业与受教育程度往往是相互关联的,尤其是在发达国家。管理人员大多受过高等教育,收入也较高,喜欢旅游,且具有较多的公务旅游机会;其旅游开支较大,要求也较高。综合收入、职业与受教育程度三方面因素,往往造成社会地位的差异,产生社会阶层的概念。社会阶层的划分,多以收入为基础,职业为代表,受教育程度做参考。每一阶层的成员具有相似的价值观、兴趣爱好和行为方式。社会阶层变量有时可代替人口属性变量作为细分旅游市场的标准。

3. 生活方式与性格气质

实现旅游活动的主观条件,根本上还在于旅游动机;而个人的心理特征在形成旅游动机上起着首要作用。

(三) 心理变量

可以根据消费者的生活方式、性格特征、态度、兴趣、心理变量和动机等心理特征细分市场。消费者对旅游产品需求的产生总是心理活动的结果,因而,能更准确地区分细分的市场特征。即使同一细分的消费者群体,由于不是同心理特征的结果,对同类产品的偏好和态度也会各异。

(四) 行为变量

行为细分指旅游企业按消费者不同的购买动机、偏好程度、使用频率及消费行为特征细分市场。由于消费者的行为导致消费的最终实现与否,因而成为旅游细分市场至关重要的出发点。

根据旅游者购买过程中比较关键的行为特征,可细分出一些需求各异、具有综合性特征的重要旅游细分市场。

购买形式是指旅游者购买旅游产品过程的组织形式和所通过的渠道形式。以此变量细分旅游市场,最有利于分析出因购买组织形式和购买渠道不同的重要旅游者群体对营销因素的综合反应特征和旅游需求特征。

依据购买组织形式变量可将旅游市场细分为团体市场和散客市场,是旅游市场最基本的细分形式之一。团体旅游具有省心、省事、省时,甚至节省费用,众人结伴旅游热情高,旅行安全系数大,语言障碍小等优点;但同时存在着个体适应性和过程灵活性较差的突出缺点。近年散客市场在世界范围内得到很大的发展,已成为世界旅游市场的主体。在这一市场中,游客的旅游形式发展也日益复杂多样,独自旅游、结伴同游、家庭旅游、小组旅游、驾车旅游、徒步旅游等,不一而足。

旅游活动的时间性、季节性非常突出,根据购买时机变量不仅可将旅游市场划分出旺季、淡季及平季等二至三个细分市场,而且还可细分出寒暑假市场,春节、五一、国庆、双休日等节假日市场。

根据消费者购买旅游产品的数量与频率特征,可将其分为少量购买者和大量购买者,或称较少旅游者、多次旅游者和经常旅游者这样的细分市场。以此为起点,很有利于深入探析描述不同购买数量特征的旅游者群体在人口属性与心理方面的不同特征;从而也有利于分析形成旅游者购买数量需求差异的深层原因。经常性旅游者通常在整体市场上所占的比重很小,但往往他们的旅游消费支出在整体市场上却占有很大的比重。

二、旅游市场调查的类型

划分旅游市场调查的类型有助于选择最好的调查途径。一般情况可以按照调查目的、调查对象和调查时间对旅游市场调查类型进行划分。

(一)按调查目的分类

1. 探测性调查

不能肯定问题性质时,可用探测性调查。这种调查特别有助于把大而模糊的问题转化为小而准确的子问题,并识别出需要进一步调研的信息。如对旅游市场上发生的某种原因不明或趋势不明的问题,为了找出其症结,并明确进一步深入调查的具体内容和重点而进行的非正式初步调查。

2. 描述性调查

描述性调查通常是指对需要调查研究的客观事实资料进行收集、记录及分析的正式调查,可以描述不同旅游消费群体在需要、态度、行为等方面的差异。其描述结果,尽管不能对"为什么"给出回答,但对解决营销问题有益。

3. 因果性调查

需要对问题严格定义时可使用因果性调查,它是指为了弄清有关市场变量之间的关系而进行的专题调查,目的是识别变量之间的因果关系。例如,关于旅游线路的预期价格、广告营销费用等对旅游线路销售额影响的调查。

(二) 按调查对象分类

1. 全面调查

全面调查也叫详查,是指对调查对象的所有单元全部进行调查,通过这种调查方法能够全面了解市场的状况。但是全面调查费时、费力,在调查对象非常多的情况下,这种方法不适用。

2. 非全面调查

非全面调查也叫概查,是指对调查对象的一部分单元所进行的调查,但所调查的单元应具有代表性。

(三) 按调查时间的连续性分类

1. 经常性调查

经常性调查是指随着时间的发展变化而连续不断地进行的调查,通过这种调查所获取的资料和数据记录,对于周期发生和长时间序列的趋势预测具有重要作用。

2. 阶段性调查

阶段性调查是指不以时间长短为转移,而以事物发展阶段为依据的调查,以大体了解调查对象发展变化的情况。

3. 一次性调查

一次性调查是指为了某一特定目的而组织的定期或不定期的调查。

三、旅游市场调查方法

(一) 定性调查方法

定性调查是指以少量的样本作为调查对象,听取调查对象的直接声音,直接地观察和感受调查对象的反应。这类方法适合详细地把握人的心理、意识、行为等,这些特质也正符合旅游市场调查中对旅游者或潜在旅游者调查的需要。定性旅游市场调查主要包括深度访谈法、焦点小组法、案例研究法和定性观察法等。

定性调查是否能反映总体的情况,还需要通过定量调查来验证。通过定性调查对假说和提问项目进行探讨之后,再通过问卷调查法来进一步确认最理想的组合调查方式。

1. 深度访谈法

深度访谈有明确的主题,研究者对访谈结构有一定的控制,具有一定的导向,并且会事先准备好大致的访谈提纲,研究者根据事先的访谈提纲向受访者提问,因此(有别于问卷调查中全部设计好的访问法,即结构式访谈)被称为半结构式访谈。

深度访谈法中,以访谈提纲作为提示,访问者与受访者一对一地实行深入的详细交流。深度访谈法的持续时间一般在30分钟到1小时之间。深度访谈法特别适合一些特殊环境下的调查,如对比较敏感和尴尬的问题的调查,对某些特殊行为的研究,对某些特殊人物的访谈。比如,了解旅游者的收入或花费等问题,不可能找一大群人要他们当众谈,即使能够从中获得一些信息也可能不真实,所以最好采用深度访谈法。

在访谈过程中,访谈提纲只是一种提示,访问者在提出问题时,鼓励受访者积极参与交流,并根据谈话过程灵活地调整访问的程序和谈话的内容,或根据受访者的谈话作出合理的反应,提出需要进一步了解的问题。

2. 焦点小组法

焦点小组法或称为小组座谈会法,是一种无结构式访谈,通常由一名组织者邀请一些人自然和无约束地讨论某个话题。采用焦点小组法的目的,在于发现和归纳一些在常规的提问调研中所不能获得的意见、感受、经历。采取小组的形式可以使被访问者处于宽松、舒适的氛围中。称其为焦点小组,是因为组织者将保持对某特定话题的讨论,并防止人们将话题扯开。焦点小组法已越来越广泛地在调研领域使用。

在小组座谈中,一般避免直接询问,鼓励间接询问、自由激发,某个小组成员的想法往往能启发其他人,从而以较小的成本很快获得丰富的、有价值的信息。

焦点小组法是定性研究中最重要的方法,在实践中很受重视,应用广泛。它经常被市场研究人员作为大规模调研的事先调查,帮助确定调研范围,产生调研假设,为结构式访问发现诸如与特定讨论话题有关的旅游者使用的术语、词汇之类的有用的信息。

3. 案例研究法

案例研究法就是通过倾听、观察和二手资料收集等方式,对某案例进行详细调查。其目的在于从个人和组织的历史、事业和措施的实施事例,调查成功或失败的原因,以从中得出一些可以借鉴的结论。

4. 定性观察法

有些信息,与其去"问"不如去"看",这样了解起来效率更高、更透彻。比如某地是否适宜规划到旅游线路产品中?适宜选择哪一区域投放旅游线路广告?等等。类似这样的问题最适合的调查方式便是定性观察法,即通过参与观察和实地考察等方法,了解当地的资源类型、布局、特色、多寡等情况,以得出观察结论。

5. 游客投诉调查法

游客投诉调查法就是根据各类游客投诉渠道所能获取的各类游客投诉信息,进行关键词提取、分类、归纳和总结,从而对某类旅游业的相关情况得到一些定性的认识,而这种认识是基于游客自发的投诉信息(为非引导型信息)所取得的。其中游客投诉调查法是通过调查公开的旅游投诉平台、315网站、各级电台及电视台的投诉情况等进行的。

6. 自由列举法

自由列举法作为一种非引导型的调查方式,在对休闲及旅游的相关态度量表发展方面具有其独到的应用价值。自由列举法是人们在实践中总结出来的,开展创造活动普遍适用的、程序化、规范化的方法与技法。人为地按某种规则列举出创造对象的要素分别加以分析研究,以探求创造的落点和方案,这类技法叫作自由列举法。

自由列举法的实质是一种借助某一具体事物的特定对象(如特性、缺点等),从逻辑上进行分析并将其本质内容罗列出来,经过批评、比较、选优等手段,挖掘创造主题新意的创造技法。因而,自由列举法具有科学性、程序化、实用性等特点。

自由列举法的主要功能在于其在探索性研究、创新性研究中的应用。比如在产品创新研究中，往往可以通过希望点列举、缺点列举等方法激发和改进成功新产品。

（二）定量调查方法

早期的管理推崇经验科学的研究方法，把观测、实验、对比、抽样、案例、访谈调查等方法当作主要方法。20世纪40年代以后，开始引入运筹学、控制论、系统工程、统计分析、计算机模拟等定量分析方法。2004年前，定性调查研究方法是中国旅游调查研究的主导范式。近年来定量调查研究方法盛行，尤其以问卷调查应用最为广泛。

问卷调查是为了把握调查对象的现状、意识和行为等，按照一定的规则选取调查对象（或者募集回答者），征求大量受访者的回答，在特定的期间内，收集对模式化问题的答案，并进行统计。因而，它也是一种典型的引导型的结构式调查方法。问卷原本指为了统计或调查而使用的问题表格，是在社会调查中用来收集资料的一种工具。从现实的意义上讲，是指按照特定的理论假设设计出来的，由一系列变量、指标所组成的一种收集资料的工具。

问卷调查包括抽样调查和非抽样调查。抽样问卷调查是基于统计学理论从想了解的群体中抽出一部分进行调查，调查结果反映调查总体的情况，适于进行有关国民、消费者和顾客总体意识和行为的调查。非抽样调查不进行样本抽样来募集，以想要了解的群体的一部分人作为调查对象，受访者因对调查内容或对参与调查的附赠礼品感兴趣而自愿回答问题。这类调查不能也无须推断总体情况。

（三）基于互联网信息的旅游市场调查方法

中国互联网络信息中心（CNNIC）发布的第47次《中国互联网络发展状况统计报告》显示，截至2020年12月底，我国网民规模达到9.89亿，互联网普及率为70.4%；手机网民数量达到9.86亿，网民使用手机上网的比例达99.7%；网络购物用户规模达到7.82亿，占网民整体的79.1%。近年来，越来越多的人通过计算机或手机，运用网络搜索选择旅游目的地，这种与互联网结合的搜索行为同旅游选择密切相关。此外，手机移动数据作为新数据源，会使针对旅游者的调查更加精准。因此，现代信息技术在不断地应用于旅游调查之中。

1. 网络评论调查法

网络评论调查法是基于用户创建信息 UGC（User Generated Content，用户生成内容）的旅游者调查，是基于旅游者主动意愿表达的非引导型调查。

从种类来看，主要包括社交网络、即时通信，如微信、QQ、Instagram、Facebook、LINE、TalkKakao等；博客，如旅游博客等；微博；论坛与社区；照片及视频共享，如Flicker和优酷等；点评，如大众点评网、美团评论、携程评论等；志愿地理信息，如VGI（volunteered geographic information）-WikiGIS、Google Earth、Openstretmap等。从特点来看，UGC提供了数量空前的信息，UGC信息已形成一个浩渺的知识海洋，其类型越来越多，并且这些信息在不断增加；UGC使调查者能足不出户接触世界各地的人群，对他们进行调查；UGC信息包括历史的数据，可以形成对某问题的动态跟踪研究；UGC可能改变科学研究格局，在某些领域，民间的、草根的调查将更多地出现，甚至挑战传统的权威。

从调查数据质量来看，基于互联网的调查，一方面使信息更加公开、透明，且正常情况下属于主动意愿表达、自然流露，但另一方面存在信息质量问题，比如对其调查数据的真实性、有效性的把控，存在难度。

案例拓展

常用的旅游大数据分析方法

大数据为旅游发展和旅游研究带来了巨大的机遇。随着数字技术、网络技术的飞速发展,大数据种类和规模的不断扩大,旅游大数据被应用于游客画像、游客满意度调查、舆情监测、客流统计、旅游推荐等场景中,而关于旅游大数据理论的探讨则主要集中在大数据下旅游管理模式、旅游流时空行为、游客情感体验和旅游舆情分析等领域的研究上。

无论是产业应用还是理论研究,都需要面对大数据数量,速度,多样性等不断增长的复杂性,并从海量、不完全的、有噪声的、模糊的、随机的大型数据库中发现隐含在其中有价值的、潜在有用的信息和知识。大数据的分析主要基于人工智能,机器学习,模式学习,统计学等。那么旅游大数据常用的分析方法有哪些呢? 一起来看看吧!

Classification(分类)

分类是找出数据库中的一组数据对象的共同特点并按照分类模式将其划分为不同的类,其目的是通过分类模型,将数据库中的数据项映射到某个给定的类别中。可以应用到涉及应用分类、趋势预测中,如OTA根据用户在一段时间内的购买、评价等情况划分成不同的类,根据情况向用户推荐关联类的旅游线路、目的地或酒店,从而增加销量。决策树是一种简单的机器学习算法,也是目前最流行的分类方法,决策树算法基于特征对样本进行分类,构成一棵包含一系列 if-then 规则的树,在数学上可以将这棵树解释为定义在特征空间与类空间上的条件概率分布。决策树的主要优点是分类速度快、健壮性好(训练数据可包含错误)、模型具有可读性,目前已被成功应用到旅行社 CRM 系统开发、旅游线路推荐等。

Regression(回归分析)

回归分析反映了数据库中数据的属性值的特性,通过函数表达数据映射的关系来发现属性值之间的依赖关系。它可以应用到对数据序列的预测及相关关系的研究中去。在旅游市场营销中,回归分析可以被应用到各个方面。如游客消费意愿;旅游消费及营销策划等。回归分析在统计学的基础理论上非常容易理解,能给出简单易于使用的数学方程,能够测算因变量是否适合,同时预测的结论更为强势;因变量可以根据实际情况而变多,当因变量越多,精确度通常来说也会越高;也更具说服力。同时也有较为明显的缺点,比如回归方程不能解决数据质量不高的问题,若是前期的数据质量不高,模型的精确度将会大大下降,回归方程不能解决因变量之间的共性问题。

Cluster Analysis(聚类分析)

聚类分析法也是常见的一种,简单来说,是自然地去分辨各种事物的组合,将类似的数据归类的一个集合的分析方法。但是,聚类分析是不可监控的方法,也就是说没有任何的因变量去判断测试每一个类别的内容是否正确,一个数据库应该有多少个类别,以及每个类别的定义也是无法确定的。

Association rules(关联规则法)

关联规则是隐藏在数据项之间的关联或相互关系,即可以根据一个数据项的出现推导出其他数据项的出现。关联规则的挖掘过程主要包括两个阶段:第一阶段为从海量原始数据中找出所有的高频项目组;第二阶段为从这些高频项目组产生关联规则。关联规则分析最常见是在商业领域,商家可以使用此方法去鉴别购物中心每个商品的角色。比如著名的沃尔玛"啤酒与尿布"案例,理论上,这两种商品是毫无关联的,但是实际情况却是买尿布的多为男性,而男性在买尿布的同时30—40%的概率会同时选择自己心仪的啤酒。在金融行业企业中关联规则用以预测客户的需求,各银行在自己的ATM机上通过捆绑客户可能感兴趣的信息供用户了解并获取相应信息来改善自身的营销。

ANN(Artificial Neural Networks)(人工神经网络)

神经网络作为一种先进的人工智能技术,因其自身自行处理、分布存储和高度容错等特性非常适合处理非线性的以及那些以模糊、不完整、不严密的知识或数据,它的这一特点十分适合解决数据挖掘的问题。

人工神经网络的特点和优越性,主要表现在三个方面:

第一,具有自学习功能。例如实现图像识别时,只要先把许多不同的图像样板和对应的应识别的结果输入人工神经网络,网络就会通过自学习功能,慢慢学会识别类似的图像。自学习功能对于预测有特别重要的意义。预期未来的人工神经网络计算机将为人类提供经济预测、市场预测、效益预测,其应用前途是很远大的。

第二,具有联想存储功能。用人工神经网络的反馈网络就可以实现这种联想。

第三,具有高速寻找优化解的能力。寻找一个复杂问题的优化解,往往需要很大的计算量,利用一个针对某问题而设计的反馈型人工神经网络,发挥计算机的高速运算能力,可能很快找到优化解人工神经网络的主要研究方向,同时ANN时常被定义为"黑匣子式"的解决方案,缺乏解释的定义,为什么神经网络会分类输出这样的结果,人们无法解释;输出结果不满意,也无法找到原因,只能不断尝试。

资料来源:海鳗云

2. 后台数据调查法

基于互联网、手机、GPS(全球定位系统)、银行卡、各类收银机、交通卡等,旅游者在进行查询、订购、交通出行、购买及支付等行为过程中,都会在前述各类现代信息技术设备后台产生海量信息,通过对这些信息的数据挖掘,可以得到有关旅游者消费能力、兴趣、行为偏好以及旅游出行轨迹等相关结论。随着互联网的发展与普及,越来越多的人旅游出行前先上网搜索与旅游相关的食、宿、行、游、购、娱等信息。由于关键词搜索是网民的主动搜索表达,既不会掩饰自己的真实意图,也不会受第三方的引导和干预,这样使用这些搜索指数数据将具有更强的真实性,使得对现实的预测更加精准。由于调查不受时间、空间的限制,相对快速和低成本,可以寻找符合特定条件的受访者,调查中可以使用多媒体,受访者可以自由填写等优势,应用IT(互联网技术)的调查正在增多。然而,在向非特定多数调查对象发送问卷,以获得收信者自愿回答的调查中,不能确保样本的代表性,比如不使用互联网的人就被排除在外了。

另外,数据的可信性难以核实。比如无法判断受访者的真实性别、年龄等信息,也有人是为了获得报酬或奖品而重复作答等。包括在进行非引导型调查中,尽管是旅游者的主动表达,但由于互联网上的信息过于庞杂、良莠不齐,因此,信息的可信性应特别注意判别。其得与失是需要根据实际情况加以权衡的。

调查实践表明,在使用互联网进行调查时,如果追求较快的调查速度,可能会增加成本或损失代表性与可信度。然而,如果希望在快速的同时,又保证调查具有较高的代表性与可信度,那么就得付出更大的成本。此种状况下,与传统的现场问卷调查相比,基于互联网的调查优势就不那么突出了。

四、旅游市场调研步骤

旅游市场调研的主要步骤包括确定调研目标、收集和评估调研资料、设计调研方案、实施调研方案、分析调研资料、分析调研结论。旅游市场调研步骤如下。

(一) 确定调研目标

旅游市场调研的第一步,就是要求旅游市场调研人员必须认真地确定本次调研应弄清楚的问题,并根据其确定调研的目标。同时,管理者和市场调研人员从一开始就要对调研目标有一致的认识,这样才能保证调研的效果。如果旅游市场调研人员没有对调研目标有清楚的认识,那么在收集信息时就极有可能盲目行事,最终耗费了大量的时间和费用,却收集了大量毫无价值的信息。

(二) 制定调研计划

旅游市场调研的第二个步骤,就是制定调研计划。市场调研计划是旅游企业进行市场调研的行动纲领,主要内容包括确定调研方法、划分调研步骤、安排调研人员和进行调研费用预算等。

(三) 收集信息

旅游市场调研的第三个步骤就是收集信息。对于大多数旅游市场调研人员来说,收集信息通常是耗时最长、花费最大,而且是最容易出错的过程。其主要工作包括两个方面。

(1) 进行实地调查,获得第一手资料。大多数市场调研项目都要收集第一手资料。第一手资料指本次调研中观察和记录下来的资料,或是直接询问对象收集到的资料。在旅游企业的营销实践活动中,为了明确本企业营销活动中存在的问题和完善决策过程所需要的重要资料,都必须通过实地调研以获得原始资料,这些原始资料是进行市场调研的基础。

(2) 收集现有的第二手资料。第二手资料指并非本次调研专门汇编的,包括旅游企业内部储存的各种资料和旅游企业外部公开发表的各种资料,例如:统计机构提供的各种统计数据、前人的研究成果,以及任何可以利用的数据和资料。第二手资料是调查的起点,其优点是成本低,可立即使用。运用第二手资料可以在清楚了解历史背景的同时节省收集资料的时间和成本,并且还能进行与第一手调查资料的对比性分析。

在收集第一手资料之前,应先收集第二手资料。若第二手资料非常充分,就不必再设计原始资料(第一手资料)收集的方案。若市场调研人员需要的资料不存在,或现有的资料可能已过时、不准确、不完整、不可靠,这时市场调研人员就必须去收集更切题和准确的第一手资料。进行原始调查比收集第二手资料需要更多的时间和资金,但往往也能得到更加准确的信息。

(四) 分析信息

资料收集完毕后,市场调研进入第四个步骤:分析信息。在这个阶段中,市场调研人员应对所有的信息加以整理、筛选,保证其系统性和真实性,并从中提取适当的调查结果。市场调研人员应运用恰当的统计分析方法，以便提出更多的研究结果，并得出全面的符合逻辑的结论。

（五）撰写调研报告

旅游市场调研的第五个步骤是撰写调研报告。旅游市场调研报告是旅游市场调研活动对面临的问题进行调查研究后，将调研结果进行及时的跟踪与反馈。旅游企业市场营销人员应当将分析的结果以书面的形式详细写成调研报告。调研报告是调研成果的体现。

撰写调研报告时，应注意以阅读者为导向进行编写。市场调研人员在调研报告中必须明确回答旅游市场调研之初所确定的问题。无论是文字说明还是以数据或数学方式表达，必须直观、清晰、准确。报告引用的数据均应加以复核，力求准确无误。

旅游市场调查报告一般由"导言""正文""结论"和"附件"四部分组成。

（1）导言部分：主要介绍市场调研的项目，对调查目的进行简单说明。

（2）正文部分：这是调研报告的主体部分，主要内容包括市场调研的必要性、调研的内容、运用的方法以及对调研过程和分析结果的详细说明。

（3）调研结论：即本次调研中得到的结论，并对旅游企业的营销决策提出参考性的建议。

（4）附件部分：主要包括用来论证和说明正文有关情况的资料，如资料汇总统计表、原始资料来源以及调研结果局限性的说明等。

通过对旅游市场调研全过程的介绍，我们可以看出，一次良好的旅游市场调研应符合以下标准：明确的思路，深入的分析和准确的结果，以及时间、经费的相对最小化。有效的旅游市场调研必须具有清晰明确的思路，市场调研人员应力求明确问题并确立调研目标，然后依据调研目标设计资料收集的对象和方法。当收集了可靠的资料后，市场分析的准确性才能得到保证。面对同样的统计结果和资料，不同水平的旅游研究人员对问题的分析可能相差很大，只有对统计资料进行多种方法、多种角度的分析，旅游市场调研人员才能对市场问题的成因进行准确解释。市场调研人员必须关注市场调研结果的价值与时间和经费的比较，在保证调研结果有效性的同时，要使调研的时间成本和费用成本降到最低。

第三节　定制旅游发展分析

改革开放四十年来，中国经济社会发展突飞猛进，各项事业发展过程中出现了许多的新形势、新趋势。当前，我国社会主要矛盾已经转化为人民日益增长的美好生活需要和不平衡不充分的发展之间的矛盾。人们对于美好生活的追求日益迫切，特别是对于个性化、差异化、品质化的需求也逐渐增强。

中国旅游业在这一时期也实现了快速发展，各类旅游形式不断涌现。近年来，传统旅游形式在整体旅游业务中所占比重呈逐年递减趋势，旅游市场正逐步由卖方市场转变为买方市场，但传统旅游仍然占据主导地位。然而，由于旅游供给者与消费者对于旅游产品或服务的理解不尽相同，导致供需之间的矛盾仍较为突出。随着我国人民消费水平、受教育程度的不断提高，加之各类旅游设施、条件的不断完善，休闲旅游观念日渐深入人心，旅游者愈加注重旅游的品质、深度和体验,更加追求个性化和独特性,传统的跟团游等旅游方式已然无法满足旅游者更高层次的需求。定制旅游的出现恰好符合追求个性化且自主性较强的旅游者。当前,定制旅游成为一个热门话题,就目前发展来看,定制旅游在整个旅游产品和服务体系中所占比重相对偏低,仍具备较大的发展潜力,其发展前景可期。但与此同时,定制旅游在发展过程中也存在着对其内涵和外延的理解分歧,其在整个旅游产品和服务中的定位、模式创新困境、市场发展速度偏慢等诸多问题。

一、定制旅游的概念

(一) 我国定制旅游的发展历程

伴随我国经济社会的持续快速发展以及旅游活动的广泛推广普及,旅游市场群体的规模日益扩大,旅游在人民日常生活中的地位不断提升,并且旅游者对于旅游的认知也趋于成熟,旅游者更加追求多样化、个性化的旅游方式,越来越注重在旅游过程中获得文化层面、精神层面的体验,上述变化促使旅游企业不断创新旅游产品或服务,催生新的旅游模式和业态,为定制旅游的兴起提供了良好的环境。

从历史进程来看,1990—2000年,我国人民旅游消费意愿持续增长,跟团游是这一时期最主要的旅游方式;2001—2013年,中国经济高速发展,高收入人群数量逐年增长,高端定制旅游机构开始萌芽并逐步探索;及至2016年,随着高收入群体的日益壮大,跟团游和自助游已无法完全满足这部分群体的个性化需求,于是定制旅游开始不断成长和壮大;及至2016年之后,定制旅游相关机构大量涌现,旅游者对于定制旅游的认知度也不断提高,定制旅游进入快速发展期。

(二) 有关定制旅游的界定

目前,有关定制旅游的系统性研究相对较少,对于定制旅游的界定还未在学术层面形成统一的认知。通常而言,定制指的是生产者依据消费者的不同需求,生产或设计符合其个性需求的产品或服务,而且往往需要消费者参与到产品或服务生产的进程中。

有关定制旅游的界定呈现百家争鸣的态势。有研究者提出,定制旅游是一种以旅游者为主导的高端旅游方式,旅游企业根据旅游者的个性化需求,由旅游者参与设计,生产出符合旅游者需求的旅游产品或服务。有研究者持类似观点,认为定制旅游是由专业旅游咨询人士根据旅游者具体的旅游意愿,从食、宿、行、游、购、娱等方面设计并提供个性化的旅游方案,给出完全符合旅游者个性需求的高端旅游产品或服务。也有研究者认为,定制旅游是旅游企业根据旅游者的需求安排旅游行程中的各类要素,让旅游者参与到旅游产品或服务设计过程中,以满足旅游者对旅游体验的个性化追求,最终实现旅游价值的一种旅游方式。定制旅游模式弱化或者去除了中间商,可以为旅游者提供更加个性化的产品或服务。

以上对于定制旅游的界定,具有相同之处。一是认为定制旅游是以旅游者为中心的一种旅游形式;二是强调旅游者的参与。展开来讲,强调以旅游者及其个性化需求为中心,这是定制旅游的首要特征,在定制旅游企业视野中,每一位旅游者都是一个细分的目标市场,旅游企业致力于满足旅游者的个性化需求,将旅游者的需求作为第一要务;强调旅游者的参与,这是以旅游者为中心的延续,也是从旅游者角度进一步突出定制旅游有别于传统旅游的特征,即定制旅游中旅游者的参与度远远大于传统旅游,旅游产品或服务的整体设计过程中,每一个重要的环节都有旅游者参与的身影。

其他多数研究者在界定定制旅游时,也大多强调旅游企业与旅游者的沟通、尊重旅游者的个性需求、注重旅游者在旅游产品或服务中的参与等,但有的偏重于模块化设计或生产,有的更关注旅游者的预算,有的则突出旅游周边产品或体验等。由此可见,总体上国内对于定制旅游的界定形成了一定的共识,但在产品或服务的细节设计、流程再造等方面还存在某些差异,因而在实际运行过程中,许多定制旅游企业表现出不同的风格和侧重点。

(三) 定制旅游的类型和形式

根据渠道性质不同可划分为线下定制旅游和在线定制旅游。线下定制旅游主要包括针对团体和针对个人(家庭)的定制旅游模式,针对团体的定制旅游由旅游者或由相关组织组团,以团队为单位与旅游企业确定旅游线路等具体内容,旅游企业根据其要求提供符合要求的产品或服务;针对个人(家庭)的定制旅游以个人(家庭)为单位向旅游企业提出诉求,由旅游企业一对一给出专业的定制旅游方案。在线定制旅游根据其不同的运营模式分为 B2B、B2C、C2C 等形式(见表 3-1)。在线定制旅游已成为定制旅游新的增长点,在整个定制旅游业务中的比重正逐步上升。

表 3-1 在线定制旅游运营模式分类

类型	运营模式
B2C 模式	由在线定制旅游企业所属的定制师将包括机票、酒店、门票等在内的各种细分旅游产品及服务提供给旅游者供其选择
B2B 模式	在线定制旅游企业为线下旅行社提供定制旅游供应商服务或工具类产品
C2C 模式	由个人定制师或旅游达人通过定制旅游平台向旅游者提供定制旅游产品及服务

根据服务群体不同可划分为高端定制旅游和大众定制旅游。高端定制旅游以独具优势的旅游资源服务于高收入群体的需求,其单笔订单的利润率相对较高,但产能相对较低;大众定制旅游因其掌握的优势资源偏少,一般是整合现有旅游资源,为中低收入群体提供相关的定制旅游产品或服务,通过不断增加订单数量等方式实现盈利(见表 3-2)。

表 3-2 以服务群体不同划分的定制旅游类型

类型	特 点
高端定制旅游	以高收入人群需求为主,利润率相对较高、产能相对较低
大众定制旅游	以追求消费升级的中低收入群体为主,性价比相对较高

依据旅游者的参与程度,可以将定制旅游划分为需方型定制、平衡型定制、供方型定制三种类型(见表 3-3)。需方型定制主要由需方即旅游者主导,旅游者提出产品或服务设计要求并深度参与其中,最终成型的产品或服务完全或绝大部分符合旅游者的个性需求,此种类型下旅游者的参与程度最高;平衡型定制类型下,旅游者虽然具有个性化的需求,但目标不够明确,旅游者在产品或服务的选择上难以决策,要求供需双方即定制旅游企业与旅游者进行多次沟通,在此基础上由定制旅游企业给出多种柔性定制方案,引导旅游者做出决策,此种类型下旅游者的参与程度较高;供方型定制是旅游企业根据旅游者不甚明确的个性化要求,对标准化产品进行调整和重构后提交给旅游者供其选择,此种类型下旅游者的参与程

度较低。

表3-3 以旅游者参与程度划分的定制旅游类型

类型	特点
需方型定制	由需方即旅游者主导,旅游者提出产品或服务设计要求并深度参与其中,此种类型下旅游者的参与程度最高
平衡型定制	供需双方即定制旅游企业与旅游者进行多次沟通,在此基础上由定制旅游企业给出多种柔性定制方案,引导旅游者做出决策,此种类型下旅游者的参与程度较高
供方型定制	旅游企业根据旅游者不甚明确的个性化要求,对标准化产品进行调整和重构后交给旅游者供其选择,此种类型下旅游者的参与程度较低

定制旅游的类型还可以根据不同的人群和主题细分为亲子定制游、家庭定制游、情侣定制游等,或者根据不同的区域分为北美游、欧洲游、东亚游等。总之,定制旅游可以依据不同的标准、从不同的视角出发,细分出多种不同的类型或形式,这正是定制旅游以旅游者为中心的重要体现,由于旅游者的个性化需求千差万别,且处于不同的层面,或分属于不同的领域,因此对于定制旅游产品或服务类型的划分相对比较灵活,定制旅游企业可根据自身的业务特点和业务重心打造不同的产品或服务类型,以满足旅游者多样化、个性化的需求。

二、中国定制旅游的发展现状

(一)对定制旅游认识的几个误区

1. 定制旅游等于高端旅游

有不少旅游者认为定制旅游是一种高端旅游,将其等同于豪华游、奢侈游。诚然,在中国定制旅游发展的早期阶段,定制旅游的形式以高端定制为主,但随着经济社会的不断发展,定制旅游已呈现多种发展形式,高端定制形式依然存在,但并不是唯一的形式。因此,不应将高端定制所呈现的"高端"价格等无限放大,此处的高端应当理解为相对高端。实际上,定制旅游的高端应当更多体现在它是以旅游者的需求为中心,体现对于旅游者的重视,旅游者在旅游产品或服务中具备了更多的主动权、选择权,相较于传统旅游方式中旅游者的角色,其所处的地位更高,发挥的作用更大,得到的体验也更好,这才是真正体现定制旅游高端的一面。并且,目前定制旅游产品或服务的价格与发展初期时相比已经大幅下降,其与传统旅游产品或服务的价格差距也在逐渐缩小,加上人民收入水平的提高以及对旅游消费支出的扩大,都使得定制旅游正走向大众化,已经不是专属于某些高收入人群,而是有可能成为人人皆可参与的大众旅游产品或服务。

2. 定制旅游无法实现规模化

部分定制旅游企业经营者认为,定制旅游由于其注重个性化、差异性,导致其产品或服务难以批量设计或生产,这就造成定制旅游企业无法实现规模化经营。实际上,随着互联网等新技术的不断应用,定制旅游企业在收集、分析旅游者信息等各类数据时更加便利化,故企业建立了强大的数据库,可以利用数据库并结合旅游者的需求快速生成个性化的旅游产品或服务。实现规模化的重点和难点在于如何紧紧抓住旅游者的消费需求,增加其返游率,这也是提升定制旅游企业利润所面临的重要问题。

3. 定制旅游等同于"完全定制"

许多旅游者认为定制旅游的产品或服务一定是符合自己需求、独一无二的,与其他旅游者定制的产品或服务完全不同。应当承认,定制旅游企业提供给旅游者的产品或服务是个性化的,具备独特性,但定制旅游企业如果没有标准化或模块化的产品或服务素材储备,那么每一次的定制都将耗费大量的人力物力、付出高昂的开发成本,这不符合定制旅游企业的经营规律和盈利模式。因此,当前的定制旅游一定是标准化与个性化的结合,旅游者的个性化需求,可以通过对标准化的模块进行变更或调整,形成符合旅游者需求的个性化产品或服务。

(二)中国定制旅游的发展现状——以在线定制旅游为例

当前,在线定制旅游已成为中国定制旅游的重要新生力量,代表了未来定制旅游的发展方向。因此,考察中国定制旅游的发展现状必然绕不开在线定制旅游,与其他类型的定制旅游模式相比,在线定制旅游的数据更易获得,更具典型性,能够体现中国定制旅游发展的现状。

从现有的交易规模和在线化率来看,中国在线定制旅游仍处于发展的初期阶段,产品或服务形式等方面还有较大的发展空间。考虑到在线定制旅游未来经营模式的不断创新、所涵盖群体的逐步扩大以及线上线下数据间的互通呈现出的一体化发展趋势,本报告认为中国定制旅游的交易规模将继续大幅增长,在线化率也将随之持续走高。

1. B2C 模式的定制旅游发展现状

就目前的发展态势来看,自营类 B2C 模式可以较为有效地掌控产品及服务的质量,并可为定制师的职业发展提供良好的空间,有利于定制旅游企业的长远发展,但因其线下人工成本相对较高导致难以快速实现规模化发展;相对而言,平台类 B2C 模式则存在产品及服务质量较难把控的情形,但其可以较容易地实现规模扩张。

2. B2B 模式的定制旅游发展现状

随着客户端市场竞争日益激烈,定制旅游企业将业务拓展至同业企业,目前这一模式发展迅速。但定制旅游分销平台的推广仍然存在不少困难,行业标准的建立和统一仍需要不断探索。

3. C2C 模式的定制旅游发展现状

由于相当一部分个人定制师或旅游达人的定制能力水平参差不齐,同时对于旅游者的相关服务配套不够系统,造成 C2C 模式定制旅游的二次消费率相对较低。

可以看出,当前,我国的定制旅游正处于快速发展期,但快速发展并非意味着定制旅游市场已经发展成熟,只是表明定制旅游正步入快速发展通道,其仍会遇到一些发展瓶颈和不确定性,定制旅游市场在发展过程中还面临很多问题。比如,许多旅游者对定制旅游的模式等依旧认识不足,加上当前定制旅游企业在整个旅游产业中所占比重相对偏低等因素,因此中国定制旅游的发展空间巨大。

三、中国定制旅游发展存在的问题

(一) 定制意识不足

从目前国内旅游业的发展来看,旅游需求旺盛且旅游要求越来越高,旅游者除了关注旅游产品的价格之外,更加关注自身在旅游活动中的个性化、参与感和获得感,旅游者的这些需求为定制旅游发展提供了有利条件。然而,由于定制旅游的市场环境、技术条件等还不够成熟,定制旅游参与主体对定制旅游的认识仍显不足,"定制"的本质和精髓还远未形成旅游供需双方的自觉意识,这导致了定制旅游的市场认可度依然偏低。

一方面,有一部分旅游者无法完全理解和把握定制旅游的确切含义,缺乏"定制"的意识,未形成对定制旅游的消费习惯,依然将传统旅游作为自己出行的首选形式;而部分旅游者对定制旅游存有一定的误解,认为定制旅游等同于高端旅游,并不适合普通旅游者,即使有的旅游者计划选择定制旅游产品,但无法准确表达自己的需求和意愿,旅游者无法深度参与定制旅游的过程,导致供需双方沟通不畅,无法达成最终的合作意向,影响了定制旅游产品在更大范围内的成长。

另一方面,由于我国定制旅游的发展还处于初期阶段,定制旅游的受众群体仍然相对较少,许多旅游企业还未真正意识到定制旅游的发展前景,或者虽有一些旅游企业已经意识到定制旅游的广阔需求,但因各种原因无法完全进入该领域。另外,由于定制旅游企业推广定制旅游产品的有效性和针对性不足,因此在营销受众的选择上,有的定制旅游企业没有明确的受众群体,其面对的是所有的潜在旅游者,由于该类企业营销受众群体的不确定性造成订单成交的概率偏低;有的定制旅游企业虽有明确的受众群体,但其受众群体的选择过于小众,无法形成规模效应。这其实都与旅游企业对于"定制"的认识不足有关,"定制"的本质在于有效调研和把握旅游者的个性需求,但这并不等同于满足所有旅游者的各类需求,也并不等同于仅仅满足极其小众人群的特殊需求。

(二) 创新能力有限

随着旅游业的快速发展,旅游市场竞争变得愈加激烈,特别是当定制旅游成为市场热点之后,对于定制旅游市场的争夺成为很多旅游企业的工作重心。对于大多涉足或专业从事定制旅游的企业而言,其一直致力于旅游产品或服务方面的创新,无论是对旅游资源的挖掘、旅游线路的设计,还是旅游体验的规划等,都进行了大量的探索。但从实际效果来看,仍然与旅游者的需求之间存在差距。这一方面源于旅游企业在掌控和整合旅游资源的能力还需要增强,另一方面也源于旅游企业对旅游者需求的识别和研判还有所欠缺。一些定制旅游企业在开发和设计定制旅游产品时,仍然沿用传统旅游的思维模式,将传统旅游线路的相关元素拆分之后再进行整合,其实质上是身披定制旅游外衣的传统旅游,它的体验度难以满足旅游者的预期。同时,传统旅游产品也在不断融入更多的可替换项目,增加其灵活性和多元性,这与一部分中低端定制旅游企业的产品形成竞争态势,因此,从事定制旅游的企业必须更加突出其创新和特色才能在竞争中立足。

因此,定制旅游并不是仅仅局限于对旅游行程的设计,而更多地是透过这些行程让旅游者获得深层次的体验,这也是旅游者选择定制旅游产品的初衷。定制旅游企业在设计定制旅游产品时,不但要认知和满足旅游者的基本需求,而且要更加注重对旅游者的深度需求或潜在需求进行挖掘,加入更多的创新元素,使其个性化需求得以最大化满足。

(三) 开发成本偏高

传统旅游企业在产品开发和营利模式上,通常依靠获取大量订单和分摊成本的"团购"方式,有时甚至会通过增加自费项目等拓展利润空间,营利方式有赖于规模化,因此,旅游者数量的多寡、各类相关服务的成本、旅游线路的整体性价比,都会成为传统旅游企业考虑的重要因素。

与传统旅游相比,定制旅游偏重于为旅游者提供个性化服务,面对的客户群体是小型团体或个人,因此,每一个小型团体或单一的旅游者都被视为独立的细分市场中的一员,以此满足每一位旅游消费者的不同需求,为旅游者提供差异化的、专属的旅游体验。但与此同时,由于旅游者很多个性化的需求无法完全复制到另外的旅游者需求之上,很多时候为某一旅游者定制的旅游产品成为"一次性"产品,重复利用率低,难以实现批量开发和规模化营销,加之定制旅游企业专业人才付出的时间和知识,以及旅游过程中可能出现的行程变动等,都造成定制旅游产品的开发成本水涨船高,成为定制旅游亟待破解的难题之一。

(四) 专业人才匮乏

定制旅游是生产或提供个性化旅游产品或服务的,与传统旅游从业者进行简单的咨询回复、预订机票门票和酒店等相比,定制旅游从业者需要理解和分析旅游者的个性需求,并按其需求进行设计与开发,这对于旅游从业者的专业要求较高。这些从业者包括旅游产品或服务定制师、规划师、咨询师、资深导游等,就目前的情形来看,上述专业人才的数量缺口仍然巨大,现有人才的质量状况也需继续提升。

定制旅游从业者除了具备传统旅游从业者最基本的旅游常识和技能之外,还需要真正理解定制旅游的本质,对定制旅游有深入的把握,具备良好的创新意识和创新能力,广博的知识储备和专业素养,以及优秀的组织协调沟通技能。另外,随着定制旅游不断与新技术融合,定制旅游产品或服务在开发过程中的信息收集与研判、信息交互平台的开发与维护、对旅游产品或服务的全过程监控等,需要定制旅游从业者具备相关的专业背景,这都为定制旅游从业者提出了更高的要求。

四、中国定制旅游优化发展的路径

(一) 提升定制意识

对于定制旅游企业而言,要注重研究和判断定制旅游的发展态势,通过与相关高校、研究机构等建立合作关系,共同探讨定制旅游的发展规律。在定制旅游的推广和普及方面,定制旅游企业要切实担负起相应的责任,通过各类媒体形式让旅游者了解定制旅游的概念、特点和优势,以吸引更多的旅游者认识并参与到定制旅游业之中。

对于旅游者而言,需要更新旅游消费理念。要意识到,跟团游、自助游、定制游是目前旅游市场上三种主要的旅游模式,旅游者在选择旅游产品或服务时,不要仅仅局限于传统模式,自助游、半自助游、定制游等都是可以选择的旅游方式,尤其是定制游,因其能够更好地满足旅游者的个性化需求,受到越来越多旅游者的青睐。同时还要意识到,定制旅游并不等同于高价旅游或奢侈旅游,虽然由于定制旅游的相对特殊性,旅游者需要付出的成本要高于传统旅游,但因其能够享受更加个性化的服务,其高出的成本与旅游者在旅游过程中获得的深度体验和精神满足是成正比的。

（二）加大创新力度

创新是永恒的话题。对于定制旅游来讲，创新意味着可以在激烈的市场竞争中获得比较优势，形成自己的特色。在当前条件下，随着互联网等新技术的广泛应用，定制旅游领域的创新一般包括发展模式创新和技术平台创新。

1. 发展模式创新

改变传统的以旅游企业为主导的形式，转向以旅游者及其个性化需求为主导的形式。除此之外，还要密切关注并充分利用新技术，以新技术为依托不断升级和改造现有的运营模式，形成多种发展模式并存的良性局面。

2. 技术平台创新

利用互联网等新技术，构建适用于定制旅游企业和旅游者的便捷定制操作系统，供需双方可以通过操作系统快速对接，不断提升定制的效率，从而实现规模化发展。

（三）降低开发成本

通过将定制化生产模式和规模化生产模式有机融合的方式，将非标准化的产品或服务进行模块化开发，在旅游者提出定制需求时，对模块化的元素进行组合和建构，生成符合旅游者需求的产品或服务，这样可以在一定的程度上降低定制的时间成本和人力成本，同时也可以提高效率。换言之，定制旅游企业通过标准化和模块化方式提供不同的单体元素或组合方案，旅游者可根据自身需求进行组合，如果多个旅游者的需求产生重叠，则可实现规模化生产和设计，这样既能最大化满足旅游者的个性化需求，又可降低成本和高效运作，有利于定制旅游的可持续发展。另外，定制旅游企业要降低成本并提高盈利水平，还需要通过技术创新和人才成长等制定高效的运作流程，以实现效益最大化。

（四）引育专业人才

通过加强国际交流合作，引进具有海外学习、研究或从业背景的高层次定制旅游人才，同时加大对现有从业人员的培训和培养，不断提升国内定制旅游人才队伍的整体水平；另外，可考虑建立专兼职结合的定制旅游人才队伍。定制旅游企业在人才队伍建设过程中，需要考虑年龄结构、知识结构等因素，以打造结构合理的专职人员梯队。除此之外，定制旅游企业还可以吸收一部分有意愿参与定制旅游企业运营的旅游达人、旅游爱好者等，作为储备人才或兼职人员，参与定制旅游产品的开发和营销之中，不断扩大定制旅游产品的影响力。

五、中国定制旅游发展趋势展望

（一）以"互联网＋"为基础的在线定制旅游将成为主流模式

互联网及大数据、云计算、物联网等新技术的更新和应用，将进一步促进定制旅游的渠道升级，旅游企业在宣传营销方面有了更便捷、更有效的交互平台，同时旅游者依靠多种形式的移动终端设备通过网络获取大量的旅游信息，并可以实现在线定制与支付，将极大地提高定制的效率，而定制旅游企业也可以更高效地收集和分析旅游者的需求。新技术的应用也将进一步促使定制旅游的内容升级。部分定制旅游平台增加了攻略分享、交流互动等社交功能，并且旅游者还可以随时随地通过微信、QQ、微博等方式分享个人的旅游经历与感受,进一步丰富旅游内容和可体验性,有利于定制旅游的快速传播和推广,这成为许多定制旅游企业进行产品或服务营销的重要手段。

(二) 旅游者的需求边界与旅游产品或服务的博弈仍将继续

随着经济社会的不断发展,旅游者将会有更高层次的追求或需求,加上旅游者的个性化需求具有不确定性,且其需求很有可能远远超过目前旅游企业提供的产品或服务所能涵盖的范围。因此,对于定制旅游企业来说,要更加注重研究旅游者的个性需求,并根据经济社会发展的趋势对相关需求做出预判,提出产品或服务解决预案。下一步,旅游者个性需求的扩张与定制旅游产品或服务之间的博弈仍将继续,需求的边界越来越模糊,必然要求定制旅游产品或服务要更具针对性和特质化,若非如此,有可能导致旅游者需求无法得以满足,而定制旅游企业也无法有效运行,所以,这种博弈的结果会推动定制旅游业向更高层次发展。

(三) 更多新的运营模式和产品或服务形式将大量涌现

源于各类新技术的不断应用,以及旅游者个性化需求的持续升级,未来定制旅游将会出现更多新的运营模式以适应这种新的变化。新的运营模式可能基于现有的互联网,也有可能依赖于未来的其他新技术,未来的定制旅游,将以技术为引领,覆盖更大范围内的旅游者,定制旅游将有望成为大众旅游方式;而新的消费习惯也将不断涌现,新的产品或服务形式也不再拘泥于现有的类型,旅游者不断升级的个性需求以及定制旅游企业不断进行产品或服务创新,将形成一种合力,共同推动新的产品或服务形式的出现,进一步丰富定制旅游产品或服务的体系。

课后思考

1. 查阅相关资料,剖析新冠肺炎疫情冲击下,旅游消费者行为有何变化特征。
2. 自行设计一套问卷并进行发放调研,剖析你所在城市的红色旅游者、生态旅游者、乡村旅游者、博物馆旅游者、节事活动旅游者、体育赛事旅游者等任一类旅游者有何消费行为。
3. 旅游大数据分析能够完全取代问卷调查、专家访谈等传统方法吗,为什么?
4. 思考旅游需求调研的必要性和意义。

拓展阅读

微信扫码
相关资源 & 拓展阅读

第四章
旅游线路设计中要素设计

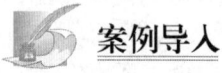 案例导入

穿越【浪漫六朝】寻梦【风雅国潮】

金陵小城规划总面积3.8平方千米,用地面积0.52平方千米,位于牛首山文化旅游区西部,牛首大道以东,秣周路以北,景区以"一街、一水、一堂、一馆、两湖"为脉络,通过移步易景的场景变化,追忆金陵盛景,生动再现游宴雅集、名士风雅的千年金陵风华。

燕集里是金陵小城"八里"之一,也是整个项目的样板和精华。作为金陵小城的先导示范区,这里为游客提供游、居、商、参、乐五大体验方式,集中呈现金陵小城"皇家之气、风雅之魂、艺术之美、山林之幽、沧桑之韵"的独特气质。

(1) 五大景观意境

穿越浩瀚风雅时代,燕集里以蒙太奇式的飘逸手法创构了五大景观意境,穿越倒叙回浩瀚唯美的风雅时代。

桃蹊之"幽":离尘入画,秘径通幽,一眼穿越千年,觅燕集里之真容。桃林深处,曲径通幽,涓涓细流,竹韵松风,盛装佳人,翩然指引,如同走入一幅山水长卷,将自己化身为画境中的寻梦人,一路探寻追随,乐哉悠哉,恍然未觉时已换了人间。

文心馆之"俊":千载文化,化育天下,最具六朝气质的建筑艺术,一眼惊艳,再见倾心。文心馆汇聚了文旅、建筑、影视、美学等各界大家的智慧,独创属于当代的极致唯美的建筑艺术。探访文心馆,品六朝文学之盛,化身六朝雅士,寻觅独属自己的诗心文脉,领悟投身风雅生活的无限风姿。

邻曲巷之"淳":燕集里最具人文特色的风雅生活主题街。携三五友人漫游其间,穿梭列肆客舍,邂逅六朝名士贤媛,与他们一起描摹花钿,绘制团扇,制作香馔……将风雅艺术美学融入起居饮食和生活图景里,感受魏晋名士潇洒风流,任性乐淘的生活态度。

凌霄台之"玄":仁者乐山,智者乐水,山水大美第一境,人天对话第一台六朝风流最爱登高赋,于山水之间,感受天地大美带来的精神洗礼与心灵升华。高台巍巍,俊逸脱俗,简约而不失层次,从不同角度望去将收获不同的视觉效果。登楼而上,独揽金陵气象,饱览牛首烟岚的风光秀色,通达"乐山乐水,玄思妙悟"的精神境界!

绿筱园之"丽":白云抱幽石,绿筱媚清涟。绿筱园取六朝名士流连山水之意趣,山为水峙,水为山映,亭为花掩,树为泉漱,远望凌霄台,山池楼影,充满江南园林景致隽永的特色。

(2) 三十二间主题苑邸

邂逅满庭芳菲时光,作为苑邸型风雅美学客栈,满庭芳拥有32间豪华客房,设有独立的

接待厅、共享书房、宴芳全日制餐厅及包房、月露茶吧,并配有小型会议室、小型健身房、儿童活动室和棋牌室,为客人提供休闲、商务、娱乐和亲子服务。入住满庭芳,临水闻花而居,抚靠花格轩窗,听风枕花而眠,收获一房一景、清绮明丽的人生趣味。

(3) 十二金陵商铺

潇洒再现六朝繁华,金陵十二商铺坐落于燕集里最具人文特色的风雅生活主题街——邻曲巷。穿梭列肆,邂逅六味珍馐美馔和六绝美学文创,金陵十二商铺将六朝风雅艺术美学融入了起居饮食和生活图景里,在这里不妨感受魏晋名士潇洒风流、任性乐淘的生活场景。

(4) 六大非遗雅集

品味多样金陵生活,文心馆依循金陵风雅文化之魂,兼具六朝风雅之艺、金陵非遗文化和民间工艺特色,专为游客提供了六大艺术鉴赏与风雅生活共存的雅集体验。这里,让燕集里关于六朝古都的手工记忆更加生动。

(5) 日夜两大风格

国风大秀移步换景,一条主线牵引、六大节点贯穿,《满园尽芳菲》以行进式串联兼具艺术感染力和文化震撼力的场景,再现金陵戏曲、传统技艺、江南盛景、文人字画、云锦礼仪、丝竹和鸣的风雅金陵国韵博览。那些尘封于六朝时代的文明记忆,那被世界所认同和向往的文化腔调就在这一步一景、一景一情的演出中被悄然唤醒。

现代美学家、哲学家宗白华曾说,汉末魏晋六朝是"最富有艺术精神的一个时代""人格的唯美主义时代"。燕集里汲取六朝风雅之韵,采撷金陵古都之魂,创国潮大美妙境,集中呈现了六朝时代的风流气质和浪漫精神。在这里游赏、栖居、雅集、起舞、生活,与千年前的金陵名士贤媛一起慕风流、习风度、参风雅……感受中华优秀传统文化在美好生活新时代的新风采,新魅力!

资料来源:南京金陵小城

思考:金陵小城在打造时,考虑的旅游要素有哪些?

第一节 旅游线路中的餐饮设计

一、旅游餐饮游客决策

"食、宿、行、游、购、娱",在旅行的六大要素中,"食"当仁不让排在第一位。民以食为天。中华美食博大精深。每个地方都有其特色,不同的地理环境、文化特色造就了不一样的风味美食。随着人民生活水平和消费需求的不断提升,对于饮食的需求也不再局限于饱腹,而是追求更高层次的味蕾享受和精神文化享受。美食之旅,既是一场大快朵颐的味觉盛宴,又是一次酣畅淋漓的文化大餐。

美食是游客体验感知目的地文化的重要途径。美食代表的是目的地城市最真实的烟火气息,透露着城市的独特魅力。旅游与美食的结合,不仅可以让游客在欣赏美景的同时满足口腹之欲,又可让游客通过品尝地方的风味食物更好地了解目的地文化,拉近游客与目的地的情感。

在某种程度上,美食已成为影响旅游行为决策的关键因素。据相关的调查数据显示,近四成的消费者会因为美食而开始一段旅行。为了一顿美食,便赴一座城的事,并不少见。比如为了吃火锅去重庆,为了喝早茶去广州,美食之旅,带着说走就走的豪气与爽快,更具风格。

美食对于城市旅游如此重要,那么我们要如何利用美食打造城市独特的旅游品牌呢?

一是赋予美食文化灵魂。美食文化与旅游的融合从来就是密不可分,文化底蕴才是美食旅游发展中最持久和最核心的竞争优势。美食旅游本来就具有较强的文化属性,国内菜系发展往往有着深厚的历史渊源,本地的风俗特色、生产特色、生活方式赋予美食文化内涵,将美食、文化遗产、生活方式整合起来,旅游就不仅仅是品尝美食,更是一种完整的生活体验和精神享受。

发展美食旅游,需要深挖美食背后的文化,将美食与文化深度融合,以饮食文化为主轴,把器皿、食材、口味、环境与美食背后的历史和故事紧密结合,使美食旅游更加多元,有效地吸引游客的文化探索动机,最大限度地发挥美食对游客的吸引力,提高旅游活动的参与性、体验度,增加消费深度。

二是以品牌打造旅游吸引力。美食的品牌化不仅是提升美食知名度、美誉度的重要方式,也是提升其服务质量和产品标准化程度的重要路径,有助于最大化美食的吸引力。以美食为媒介,将旅游目的地景点、历史文化和乡土食材结合起来,注重游客体验,增强游客在目的地的仪式感、文化感、互动感,创造情境化旅游,实现美食旅游目的地差异化,以美食品牌效应催生人气集聚效应,共同推动具有地方特色的美食旅游品牌的建设。

三是关注美食与多元素的融合。美食与当地的文化、民俗、自然风光等结合,可以丰富游客的旅游体验,增强旅游目的地的吸引力。美食旅游发展还处于初级阶段,它的发展需要其他形式的旅游来带动。比如可以依靠已经相对成熟的观光旅游、会展旅游、民俗旅游,以及滨海旅游等旅游形式,逐步展现自身特色,成为其他旅游必不可少的伙伴。这种与其他旅游资源相结合的发展方式,能够在完善常规旅游的同时,为美食旅游的发展奠定一个良好的基础,形成美食旅游与其他旅游的良性互动。

四是联合其他城市推出美食旅游线路。旅游目的地可以凭借独特的美食资源,开发美食旅游线,将美食发源地、美食村基地、历史文化、名人名店等元素结合起来,开发深度美食旅游产品。同时还可以联合不同饮食特色的城市进行美食游线串联,将各大菜系相结合,由点成线,由线成片,开发形成专题美食旅游线。

五是通过节庆来扩大知名度。任何一个美食旅游节庆活动项目的开展都应围绕当地特色饮食文化而设定。特色鲜明的美食旅游节庆的活动主题是吸引游客前往体验的关键,是节庆活动的核心和灵魂。美食旅游目的地可以通过举办节事活动创造新的旅游吸引点,借助活动举办前的大规模新闻、广告等多元化的宣传,举办时的焦点效应和举办后的余波效应提高旅游目的地的知名度,低成本、高效率地吸引游客,塑造美食旅游目的地的品牌形象,打造"美食+文旅"餐饮盛会,增强游客的消费体验。

二、美食旅游发展策略

1. 产品创新,保持美食的新鲜感与原真性

美食最抓住人心的就是其原有的新鲜感与趣味性,"食"是"食、宿、行、游、购、娱"旅游六

要素之一,"食"作为首要因素,必须做到吃饱、吃好、吃干净。不仅要从饮食的原生态生产入手,还需要不断从菜品、菜式、营销、包装等多环节入手,重视饮食文化的传承与创新,自主挖掘并创造美食的独特性,避开同质化竞争陷阱。

日本在美食创新方面就很有建树,很多地方都是通过美食树立起目的地形象。大分县本匠村"雪子寿司"就是其中的典型代表。

一个香菇种植者提出利用当地产的香菇制作食品,一位农妇就用萝卜、大叶和香菇混合制作成寿司饭,取名"雪子寿司",并参加了林业厅的食品竞赛,夺得第一名,后又被选送代表大分县参加全国竞赛,又夺得第一名,立即引起了媒体关注。

从此,毫不知名的一种寿司便成为本匠村乃至大分县的名牌产品,被摆放到高速公路休息区、铁路站点和高级百货店作为知名特产销售,还吸引了很多旅游者慕名前来当地旅游观光,不仅增加了村民的收入,同时也增加了就业岗位。

2. 场景体验,情景化营销实现旅游目的地差异化

旅游目的地可以通过消费场景的打造,营造美食店铺的话题性与流量价值。以美食为媒介,将旅游目的地景点、历史文化和乡土食材结合起来,注重游客体验,增强游客在目的地的仪式感、文化感、互动感,创造情境化旅游,实现美食旅游目的地差异化。

只有在场景内,人们才会更容易为服务和附加值付费。没有场景化,也就缺少了完整的价值反馈。不论是老风格还是新装修,这些从新到旧、从旧到新的过程,都是让消费者完成场景化的体验,保证符合其内心价值观输出。

比如全世界 24 000 家星巴克,虽然口味相同,但门店风格特别是在旅游目的地的风格却大相径庭,每一家门店设计都与当地文化完美相融,这让每一位当地人看见星巴克就油然而生出一种归属感。对于消费者来说,星巴克带来的不仅是一杯咖啡,更多的是对当地的记忆。

3. 活动营销,节庆活动为美食旅游赋能增色

旅游目的地可以通过创造节会活动来激发旅游者的消费心理,创造旅游新吸引点,提高城市美食旅游热度,同时也增强旅游者在美食旅游体验中的体验性和参与感,让节庆活动成为城市美食旅游推广的一种重要方式。

美食节庆在欧洲不少地方都已经有了百年传统,百年后的今年依旧会有很多游客慕名而来。

比如法国芒顿柠檬节始于1896年,每年2月和3月在法国里维埃拉的曼顿举行。这是里维埃拉仅次于尼斯狂欢节的第二大盛事,它每年都会吸引20多万游客。每年根据新的主题,会布置不同的装饰物,比如在雕塑和花车上装饰140吨的柑橘类水果。

4. 文化基因,文化成为美食旅游的持久动力

美食文化与旅游的融合从来都是密不可分,基于文化的优势是商业发展中最持久和最核心的竞争优势。"有灵魂的东西,总是能让人跟着走的。"本地的风俗特色、生产特色、生活方式赋予美食文化内涵,产品中蕴含的深刻文化内涵和创意性的表达展现的是对文化的敬畏,也是对消费者的尊重。旅游不仅仅是品尝美食,更是一种完整的生活体验和精神享受。

5. 内容宣传,短视频开辟美食旅游营销新模式

视频和内容营销是指在美食旅游目的地创建一个与美食消费者相关的、有价值的、有吸

引力的内容,并把这些内容通过社交媒体等平台分享给目标受众,吸引美食旅游者购买,增加消费者回游率,主要包括直播、vlog、短视频、IP化和名人营销等方式。2018年初,曾有一款坐标为意大利五渔村的海鲜罐料理在视频社交软件上风靡一时:海边半山的餐厅,服务员拿着陶罐把海鲜料理倒入一口大碗之中。短短十几秒的简单视频,就有了220多万的点赞量,其传播度之高让不少人专程前往五渔村尝鲜打卡,也让更多的人开始关注这个美丽的海边小镇。

在原创内容和热点话题的带动下,借助抖音、快手等短视频平台进行模仿和二度创作,将美食旅游目的地的特色风味、文化、历史等通过网络直播的方式展示给观众,寻找与消费者的情感共鸣点引起自发传播,进而形成"病毒式"传播,促成极佳的营销效果,推动美食旅游目的地粉丝流量转化。

6. 产业联合,内外产业链实现美食营销效果最大

一个城市美食旅游品牌的建立需要多个行业、多个部门、多个组织和多个企业的共同努力。

通过对不同利益相关者的关系协调和资源整合,挖掘民间大厨、非遗传人、美食文化、美食达人、传统美食、老字号、历史街区、居民社区等利益相关者,梳理他们的优势资源和利益诉求,发挥行业协会的作用,根据地区的发展规划和产业布局战略,整合大众媒体平台和自媒体传播渠道,与OTA等专业销售机构合作,共同推动地方美食旅游品牌。

说到这里就不得不提一下日本的"地场产业"了,地场产业是指在一定的地域范围内,由某个特定业种的当地资本中小企业集群形成的产业。从历史的演变来看,食品加工和观光业等产业,是地场产业里最重要的门类。地场产业的形成往往少不了几家核心的领头企业,其中不乏创业百年甚至千年历史传承的老铺名店。老铺名店的集聚,自然而然地形成了众多的"老铺街"。

与此同时,在促进地域经济发展、保护传统既有品牌、培育和打造新品牌和新竞争优势方面,日本政府可谓下足了功夫。早在2006年4月,日本就创设了地域团体商标制度,这是为了"地域标杆"的品牌而确立的第一步,以适当保护地域品牌、通过维护信用提升竞争力和地域经济活性化为目的。

 **案例拓展**

游客在餐饮方面个别要求的处理

一、对特殊饮食要求的处理

若所提要求在旅游协议书有明文规定,接待方旅行社须早作安排,地陪在接团前应检查落实情况,不折不扣地兑现。若旅游团抵达后或到定点餐厅后临时提出要求,则需视情况而定。一般情况下,地陪应立即与餐厅联系,在可能的情况下尽量满足其要求;如情况复杂,确实有困难满足不了其特殊要求,地陪则应说明情况,协助游客自行解决。

二、要求换餐

首先要看是否有充足的时间换餐。在用餐前3个小时提出换餐要求,应尽量与餐厅联系,但需事先向游客讲清楚,如能换妥,差价由游客自付。

三、要求单独用餐

导游人员要耐心解释,并告诉领队请其调解;如游客坚持,导游人员可协助与餐厅联系,但餐费自理,并告知综合服务费不退。由于游客外出自由活动、访友、疲劳等原因不随团用餐,导游人员应同意其要求,但要说明餐费不退。

四、要求在客房内用餐

若游客生病,导游人员或饭店服务员应主动将饭菜端进房间以示关怀。若是健康的游客希望在客房用餐,应视情况办理;如果餐厅能提供此项服务,可满足游客的要求,但须告知服务费标准。

五、要求自费品尝风味

旅游团要求外出自费品尝风味,导游人员应予以协助,可由旅行社出面,也可由游客自行与有关餐厅联系订餐;风味餐订妥后旅游团又不想去时,导游人员应劝他们在约定时间前往餐厅,并说明若不去用餐须赔偿餐厅的损失。

六、要求推迟就餐时间

一般情况下,导游人员要向旅游团说明餐厅有固定的用餐时间,劝其入乡随俗,过时用餐需另付服务费。若餐厅不提供过时服务,最好按时就餐。

资料来源:导游资格考试

第二节 旅游线路中的住宿设计

从旅游学的研究范围来说,狭义上的饭店,英文叫 Hotel,是指向旅游者提供住宿、餐饮、购物和娱乐等服务项目的建筑设施和相应机构;广义上的饭店,英文叫 Hospitality,是指向旅游者和公众提供以旅游、商务服务为中心的产品及服务的经营性企业,不仅包括饭店和餐馆,还包括其他服务(如野外露营场所、游轮、疗养院、高尔夫俱乐部等)。

在我国,旅游饭店是指向各类旅游者提供食、宿、行、娱、购等综合性服务,具有涉外性质的商业性公共场所。旅游饭店是旅游业的重要支柱之一,也是发展旅游业的必要物质条件。

一、饭店的发展

饭店的产生和发展过程源远流长,已有几千年的历史。现代饭店是在传统的饮食和住宿产业基础上发展起来的,它的发展进程大体上可分为四个时期。

(一) 古代客栈时期(12—18世纪)

客栈是随着商品生产和商品交换的出现逐步发展起来的。最早期的客栈,可以追溯到人类原始社会末期和奴隶社会初期,是为适应古代国家的外交交往、宗教和商业旅行等活动的开展而产生的。

(1)规模小、设备简易、价格低廉。

(2)仅提供最简单的食宿服务,是饭店最早的雏形。

(二) 豪华饭店时期(18世纪末—19世纪中叶)

豪华饭店时期又称大饭店时期。随着资本主义经济和旅游业的发展,旅游开始成为一种经济活动,专为上层统治阶级服务的豪华饭店应运而生。在欧洲大陆出现了许多以"饭店"命名的住宿设施,这些住宿设施具有豪华的建筑外形、奢华的内部装饰、规范的服务流程,以满足王公贵族等上层社会的需求。

豪华饭店的特点有:

(1) 规模宏大、建筑与设施豪华、装饰讲究,许多豪华饭店还成为当时乃至世界建筑艺术的珍品。

(2) 饭店服务对象基本上局限于皇室贵族和资产阶级新贵,最重要的功能是满足上流社会顾客的自尊心和虚荣心。

(3) 饭店内部分工协作明确,讲究服务质量,对服务人员要求十分严格。

(4) 饭店内部出现了专门的管理机构,促进了饭店管理及其理论的发展。

(三) 商业饭店时期(19世纪末—20世纪50年代)

19世纪末20世纪初,随着资本主义经济向全球扩张,世界各地的经济、文化交流变得更加密切,人们的商务旅行愈加频繁,这些因素促使了商业饭店的产生。与过去的豪华饭店相比,商业饭店的目的不再是追求奢华、彰显身份,而是追求经济利益为主;饭店业的服务对象不再仅仅是上流社会,也包括普通民众。

商业饭店的特点有:

(1) 服务对象主要是商务旅行者。

(2) 服务设施与服务项目讲究舒适、方便、安全,而不刻意追求豪华奢侈。

(3) 价格合理,讲究物有所值。

(4) 经营管理注重科学化、标准化,强调成本控制。

商业饭店是饭店发展史上最为重要的阶段,它从各个方面奠定了现代饭店业的基础。

(四) 现代新型饭店时期(20世纪50年代以后)

第二次世界大战后,一方面,随着世界范围内的经济复苏,人们收入水平不断提高,世界上出现了大众化旅游的时代风潮;另一方面,科学技术的进步使交通条件大为改善,为外出旅游创造了条件。这些因素使饭店业进入了现代新型饭店时期。

现代新型饭店的特点有:

(1) 一般位于城市的中心、机场附近、高速公路沿线或旅游胜地等处。

(2) 规模更大,服务更规范,类型更为多样,如商务饭店、会议饭店、度假饭店、汽车饭店等。

(3) 饭店设施更为现代化,除了提供餐饮和住宿外,还可以提供会议、展览、购物、娱乐、商务等各项服务。

(4) 饭店产业的高利润加剧了市场竞争,使许多饭店或与其他行业联合,或走向了连锁经营、集团化经营的道路。

(5) 现代科学技术和科学管理理论的发展,使现代饭店管理日益科学化、现代化。

二、饭店的分类

由于世界各国的历史文化背景、地理位置和气候条件的差异,人们对饭店的划分并无统一的标准,目前常用的划分方式有以下几种。

（一）按服务对象分类

1. 商务型饭店

商务型饭店是指那些为从事商务活动的客人提供所需设施、服务的饭店，多建于人口流动较大的大、中城市的中心地区。商务型饭店的主要特点有：

（1）在地理位置、饭店设施、服务项目等方面都以商务为出发点，尽可能地为商务客人提供便利。

（2）设施设备齐全，服务功能完善。

（3）客流量受季节的影响较小。

2. 度假型饭店

度假型饭店是指为宾客旅游、休假、疗养等提供食宿及娱乐活动的一种饭店类型，多建在海边、湖畔、山林、温泉或风景区等，远离繁华的城市中心和大都市，度假型饭店的主要特点有：

（1）对周围环境的要求较高。

（2）旅游度假的季节性导致度假型饭店经营的季节性较强。

（3）度假型饭店除了提供一般饭店所应有的服务设施和项目外，通常还具备满足客人健康保健需要的康体娱乐设施。

3. 会议型饭店

会议型饭店是指以接待会议旅客为主的饭店，有些业界人士甚至认为，作为会议型饭店，其接待会议的直接收入至少应占到主营收入一半以上的份额。

会议型饭店的主要特点有：

（1）除了食宿、娱乐等基本服务外，通常还为参会人员提供接送站、会议资料打印、录像摄像等服务。

（2）通常有较为完善的会议服务设施，如大小会议室、投影仪、同声传译设备等。

4. 长住型饭店

长住型饭店也称公寓型饭店，是指以常住或长期居住的商务客人、度假客人和家庭为主要接待对象的饭店，一般多建于大中城市的商业中心。

长住型饭店的主要特点有：

（1）在客房布局上，多采用家庭式结构，以套房为主，配备适合客人长住的家具和设备。

（2）服务上亲切周到，追求家庭式氛围。

（二）按建筑规模分类

按饭店建筑规模的不同，饭店可以划分为大、中、小型饭店。规模划分的主要指标是饭店拥有的客房数量。

国际上采用的客房数量标准是：客房数量大于 600 间的，属于大型饭店（客房数量大于 1 000 间属于超大型饭店）；客房数量介于 300—600 的，属于中型饭店；客房数量为 300 间以下的，属于小型饭店。

（三）按经营方式分类

按经营方式不同，饭店可分为集团经营饭店、独立经营饭店和联合经营饭店。

(1) 集团经营饭店：又称连锁饭店，是指由旅游饭店集团以较为统一的管理方式经营的饭店。

(2) 独立经营饭店：是指由投资者独立经营的单个饭店，目前我国多数中小型饭店都属于这种类型。

(3) 联合经营饭店：是指由多家独立经营饭店联合组成的饭店企业，一般是借联合的力量来对抗集团经营饭店的竞争。

（四）按地理位置分类

按所处地理位置的不同，饭店可分为中心城市饭店、风景区饭店、公路饭店和机场饭店。

(1) 中心城市饭店：是指位于城市中心或商业区等繁华地带，地理位置优越，一般以接待商务游客为主的饭店。

(2) 风景区饭店：是指位于旅游风景区、海滨、湖滨、森林等地，环境优美，空气质量较好，一般以接待度假游客为主的饭店。

(3) 公路饭店：又称汽车旅馆，是指位于公路沿线，为驾车旅游的人及长途驱车的司机提供住宿和餐饮服务的饭店，因服务简单、消费方便、价格低廉而广受欢迎。

(4) 机场饭店：是指位于机场附近，为乘坐飞机的旅客提供住宿、餐饮及其他所需服务的饭店。

案例拓展

文旅住宿作为文旅产业下细分行业之一，指围绕住宿为中心，结合周边吃喝、旅游、购物、娱乐、人文体验等场景共同打造的非标住宿服务综合体。文旅住宿在满足消费者住宿基本功能诉求之余，结合当地或主题特色，整合周边资源，给消费者提供综合性、定制化、沉浸式的消费体验。

Hotel(旅馆、饭店、酒店)：这个单词最常见，通常会有柜台接待，在提供住宿外，也通常还会有餐厅、客房送餐、行李寄放、叫车等服务。而根据不同饭店等级（一星至五星），可能还有游泳池、健身房、会议中心、SPA等。

Inn(小旅馆)：相对于Hotel，小旅馆的规模通常较小，位在郊区，有些则以餐厅、酒吧为主要收入，只是兼做住宿。但由于Inn比较没有像Hotel那样生硬的感觉，有些大饭店也会以此命名。例如Holiday Inn，其实都是全球大型连锁，位置也常在闹区。

Motel(汽车旅馆)：源自美国，汽车旅馆通常住在高速公路沿线，是长途旅行的中继点，相当方便停车休息再上路，外围常有加油站、快餐餐厅等。但由于位置偏离市区，如果不打算租车，最好先确认大众交通的便利性。

Youth Hostel(青年旅社)：Youth Hostel或Hostel的共同特点，就是房价便宜，适合穷游。不过，即使有Youth这个字，却很少限制入住年龄。要注意的是，青年旅社常以床为订购单位，需要共享房间、浴室等设备。而为了不吵到同房的人，也常有门禁，在晚上会锁上大门。

B&B/Guesthouse(民宿)：依各地有不同的惯用字，但大致都指房东提供家里多余的房间,给世界各地的旅人暂宿。由于规模不大,接待、打扫、准备早餐可能都是房东,设备、服务也不像饭店那么制式,但因此让人有机会体验当地生活。

Resort(度假村):度假村通常不仅有住宿的房间,还会包含附属的海滩、农场、高尔夫球场等大范围的度假区。许多赌场酒店也会因为附有赌场、购物商场、会展中心而称作度假村。度假村让人有放松之感,但服务及价位也会更高一等,在入住时也常会加收服务费。

Villa(别墅):Villa 强调独立空间,可能会有私人泳池、专属管家,甚至用餐也有人到府料理。对于想要拥有隐私、完全放松的旅客,这是首选。

Love Hotel(情人旅馆):在日本的都会区最常见,比较适合情人入住,因为房内的设备、设计都为了营造两人甜蜜空间,例如浴室可能完全透明。朋友、家人入住除了会有些尴尬之外,有些不接待未成年住客,入住时间一般也有严格限制,超时会加收费用。

Capsule hotel/汗蒸幕/三温暖:日、韩常见的便宜住宿,以使用时间计费(一般12小时),有烤箱、蒸气室等设备,而休息、入睡的地方常是大通铺或半开放的隔间。由于男、女空间分开,不适合家庭入住。

Apartment/Rental(公寓、短租公寓):一般由物业管理公司经营,将闲置的公寓出租给旅客。旅客凭入住前收到的密码,自行进入大楼、房间。由于一切旅客自理,省下服务人员的费用,定价常比酒店便宜,但有急事则需通过电话联络,在预订前也最好确定符合当地法规。

资料来源:英语教育

三、文旅住宿行业现状及竞争格局

1. 旅游行业整体市场

从旅游行业整体市场来看,2021年至今,旅游人次已恢复至疫情前8成,收入恢复至6成。2021年五一旅游人次已恢复至2019年水平,但后续呈现下降;2022年端午小长假,旅游人次逐渐上扬。

2. 在线住宿预订规模

从全球在线住宿预要规模来看,2020年受疫情影响,BOOKING、EXPEDIA 预定规模大幅度下降,分别跌至27亿美元、23亿美元。2021年第一季度以来,住宿预订量有所回升,截至2022年第二季度,总预订量为345亿美元和261亿美元。

从中国在线住宿交易规模来看,2020年国内住宿也受到疫情影响,规模有所下降。随着疫情的好转,国内在线住宿市场将逐步恢复。

3. 主题公园游客量

就主题公园游客量来看,2018—2019年游客数量相近,增长趋势不明显;同样由于新冠疫情的影响,2020年全球 TOP5 主题公园的游客数量大幅度下降。随着各国防疫政策放开,游客数量也逐步恢复。

4. 消费者画像

从文旅住宿消费者类型来看(表4-1),主要分为观光旅游型、周末短途旅行型、休闲度假型和娱乐放松型这四种类型,不同类型的消费者都有其各自的特点。

表 4-1 文旅住宿消费者主要分类

类型	阐述
观光旅游型消费者	观光旅游型消费者以外出观赏异地的自然风景、历史古迹、体验当地特有的人文为主要出行目的。在文旅住宿产品的选择上,对交通便捷、接近景点或交通枢纽的住宿产品有偏好,对住宿产品的档次要求较低,但是要求住宿环境卫生、舒适、安全,并对价格较为敏感
周末短途旅行型消费者	周末短途旅行型消费者主要以上班族为主,可支配空闲时间少,通常选择近郊和周边游的形式。在苏州、常州、厦门等地,此类周末短途旅行消费者居多,一般与朋友结伴出行或者家庭小单位出游,倾向于选择精品酒店或富有当地特色的民宿和公寓
休闲度假型消费者	国内休闲度假出行的季节性极强,在海南体现尤为明显,每年冬季三亚都是旅游旺季,大批量北方消费者和高端度假消费者聚集三亚,并且海南也以度假型酒店为主要文旅住宿业态。由于休闲度假型消费者的选择自由度高,文旅住宿产品的口碑和服务质量格外重要,复购率是运营的关键因素之一。IP 运营和口碑打造也需要引起以此类消费者为主要目标客源的文旅住宿供应商的重视
娱乐放松型消费者	娱乐放松型消费者与前三种消费者有一些相似之处,但是季节性不强,此类消费者对文旅住宿提供的健身房、美容馆、酒吧、泳池等配套服务设施有所偏好,在这些方面有所侧重的文旅住宿提供商能增加此类消费者对产品的黏性

从消费者获取信息的渠道来看,根据中国旅游研究院发布的《2022 年中国旅游度假发展报告》,2022 年消费者文旅住宿信息的主要获取渠道是微信、小红书、微博等各大社交平台,占比 58.13%,其次是亲友推荐,占比 46.62%。

5. 文旅住宿产业区域竞争格局

从文旅产业的地区分布来看,主要分布在海南地区、长三角地区和环渤海地区,近年来西北地区文旅产业也有所发展。随着海南旅游、免税行业的繁荣发展,疫情结束后有广阔的市场发展空间。

第三节　旅游线路中的交通设计

一、旅游交通类型

旅游交通是指因为旅游需求而伴随着旅游全过程的交通线路、工具、设施以及服务的总和。旅游和交通是相互制约、相互促进的。旅游交通可实现旅游者(包括行李)空间上的转移,对旅游业的发展至关重要。

1. 旅游交通的主要方式与基本常识

(1) 航空旅游

民航的运输飞行主要有三种形式,即班期飞行、加班飞行和包机飞行,其中,班期飞行是按照班期时刻表和规定的航线,定机型、定日期、定时刻的飞行,加班飞行是根据临时需要在班期飞行以外增加的飞行,包机飞行则是按照包机单位的要求,在现有航线上或以外进行的专用飞行。

航班分为定期航班和不定期航班,前者是指飞机定期自始发站起飞,按照规定的航线经过经停站至终点站,或直接到达终点站的飞行;后者是指航空承运人或航空运营人不以取酬或出租为目的,未通过本人或者其他代理人以广告或者其他形式提前向公众公布的,包括起飞地点、起飞时间、到达地点和到达时间在内的任何载客运行。在国际航线上飞行的航班称为国际航班,在国内航线上飞行的航班称为国内航班。航班又分为去程航班与回程航班。班次是指在单位时间内飞行的航班数。班次是根据运量需求与运能来确定的。

目前国内航班的编号是由执行任务的航空公司的二字英文代码和四个阿拉伯数字组成。其中,第一个数字表示执行该航班任务的航空公司的数字代码,如1表示中国国际航空公司,2表示西北航空公司,3表示南方航空公司,4表示西南航空公司,5表示东方航空公司,6表示北方航空公司。第二个数字表示该航班的终点站所属的管理局或航空公司所在地的数字代码,第三个和第四个数字表示该航班的具体编号,并且,第四个数字若为单数表示去程航班,双数则为回程航班。如SZ4301是西南航空公司自成都至广州的航班,CA1501是中国国际航空公司自北京至上海的航班。

我国国际航班的航班号是由执行该航班任务的航空公司的二字英文代码和三个阿拉伯数字组成。其中,中国国际航空公司的第一个数字为9,其他航空公司第一个数字以执行航班任务的航空公司的数字代码表示。前者如中国国际航空公司北京至新加坡的航班号为CA977,至东京的航班号为CA919;后者如中国东方航空公司上海至新加坡的航班号为MU545,至大阪的航班号为MU515。目前,我国航空运输飞国际航线的航空公司有中国国际航空公司、中国东方航空公司、中国南方航空公司、中国北方航空公司和中国新疆航空公司。

(2) 铁路交通

旅客列车分为国际旅客列车和国内旅客列车两种。按车次前冠有英文字母的不同分为:高速列车,车次前冠有G,共6对,从G1/2—65/66;准高速列车;车次前冠有Z,共20对,从Z23/24—Z67/68;快速列车,车次前冠有K,共48对,从K1/2—K251/252;旅游列车,车次前冠有Y,共70对,从Y5/6—Y271/272;广深公司旅客快车,车次前冠有S,共17对,从S115/116—S147/148;上海局管内特种豪华列车,车次前冠有T,共4对,从T1/2—T5/16。车次前未冠有英文字母的列车分为:特别快车,包括局管内特别快车,从3/4—297/298;直通旅客快车,包括管内旅客快车,从301/302—697/698;直通旅客列车,从701/702—742/743。除高速与准高速列车外,客运列车一般由软卧车厢、硬卧车厢、软座车厢、硬座车厢、餐车、行李车厢和邮车组成。

车票是旅客乘车的凭证,同时也是旅客加入铁路意外伤害强制保险的凭证。车票分为两种:客票和附加票。

每位旅客在乘坐铁路交通工具时可以免费携带物品的重量和体积是:儿童10千克,外交人员35千克,其他旅客20千克。携带品的长度和体积要适于放在行李架上或座位下边,并不妨碍其他旅客乘坐和通行,携带品的外部尺寸最大不得超过160厘米,杆状物品的长度不得过超过200厘米,重量不得超过20千克。凡是危险品(如雷管、炸药、鞭炮、汽油、煤油、电石、液化气等易爆、易燃、自燃物品和杀伤性剧毒物品),国家限制运输物品,妨碍公共卫生的物品,动物以及可能损坏或污染车辆的物品都不能带入车内。

(3) 水路交通

中国的水路交通分为沿海航运和内河航运两大类。海外旅游者在中国水上旅游时大多乘坐豪华游轮,航行在沿海和江湖上的客轮大小不等,船上的设备差异很大。大型客轮的舱室一般分五等:一等舱(软卧1—2人),二等舱(软卧2—4人),三等舱(4—8人),四等舱(8—24人),五等舱(硬卧),还有散席。豪华客轮设有特等舱(由软卧卧室、休息室、卫生间等组成)。

水路交通的船票一般分为普通船票和加快船票,也可划分为成人票、儿童票和残疾军人优待票等。

乘坐沿海和长江客轮,持全价票的旅客可免费携带行李30千克,持半价票者和免票童可免费携带行李15千克,每件行李的体积不得超过0.2立方米,长度不超过1.5米,乘坐其他内河客轮,可免费携带的行李分别为20千克和10千克。下列物品不准携带上船:法令限制运输的物品,有臭味、恶腥味的物品,能损坏、污染船舶和妨碍其他旅客的物品,炸品、易燃品、自燃品、腐蚀物品、有毒物品、杀伤性物品以及放射性物质。

案例拓展

南京首条滨江游轮

"长江传奇"是由南京旅游集团打造的南京第一艘豪华滨江游轮,拥有四层内部空间,共399个客位。船上娱乐设施一应俱全,一楼多功能厅适合举办公司团建、小型商务会议等;二层为休闲观光厅、茶水吧、包房,全通透落地式玻璃可360度观景;三层为阳光吧、阳光甲板、休闲小吃吧;四层为贵宾观景台和豪华包房,游客可在顶层观景台感受江风观赏江景。作为南京第一艘本土滨江游轮,船上包间分别取名为"永济江流""燕矶夕照""一苇渡江"……均是古金陵48景中和长江相关的景致。

南京是长江沿岸历史悠久的大型港口城市,文化旅游资源极为丰富,沿江有3A级以上的旅游景区达10余处。为推进全域旅游、加快发展入境旅游、打造夜之金陵品牌,南京旅游集团经过多方调研、论证,历时一年半时间,最终与湖北宜昌交运集团共同组建南京长江行游轮有限公司,引进南京第一艘豪华滨江游轮"长江传奇",此次试航将开启南京滨江游的崭新时代。

"长江传奇"试航从五马渡码头出发,途经幕燕滨江风貌区、燕子矶公园、燕子矶古镇、长江二桥、南京长江大桥、浦口火车站、浦口轮渡码头、八卦洲洲头、渡江胜利纪念碑/滨江广场、中山码头、阅江楼(远眺)、南京下关历史陈列馆、铁路轮渡栈桥旧址、大桥公园、江豚观赏地等沿江知名人文及自然景观点,整个航程涵盖南京鼓楼区、栖霞区、建邺区、浦口区,总长约两小时。

"长江传奇"将带着大家体验长江、观赏南京,自江面穿行南京长江大桥、长江二桥,更有机会近距离观赏到江豚出没,是一条前所未有的旅游线路,让游客近距离欣赏南京滨江风貌,感受南京长江文化。

据悉,"五一"小长假期间,游轮将每天安排两个航次,分别是10:00至12:00,15:00至17:00。试航期间南京市民特惠价128元,成人优惠价198元,儿童半价118元。试航恰逢假期,目前船票销售火爆,游客可通过"幕燕"官方公众号、美团、"硬腿子"公众号等渠道进行购票。

近年来,南京秉持"生态优先、绿色发展"理念,推动长江经济带高质量发展。游轮旅游具有低碳、绿色、时尚等特点。此次"长江传奇"游轮正式试航,将真正意义上实现南京滨江旅游"零的突破",依托长江这条"黄金水道",发展游轮观光旅游,促进"黄金水岸"的生态保护和合理利用,将拉动南京市沿江地区新一轮高质量发展。

资料来源:江北新时空

（4）公路交通

公路旅游交通具有灵活性大、行驶自由、短程速度快等特点,是较近距离旅游的主要交通方式。其类型有客运汽车、出租汽车、旅游汽车和私人汽车等。

旅游汽车的类型有出租车、观光游览车、轿车等,其中观光游览车座位间距离大,可以自由调节坐卧,乘坐舒适,视野广阔,装有通讯、取暖和制冷设备,置有带色玻璃窗,设有自动开门、自动升降玻璃窗以及隔音、防尘等设备。有的长途游览观光车还有卧铺、卫生间、厨房、文娱室等。目前,私人轿车已逐渐成为旅游的交通工具,国外一些旅游用的私人轿车还带有挂车,备有可折叠的野营帐篷、小汽艇、舢板等游乐设施以及食品、饮料和盥洗设备等。

（5）特殊交通

特种旅游交通方式很多,可分为自然力特种交通、畜力特种交通、人力特种交通、机械动力特种交通四种类型。

自然力特种交通是指借助风力、水力、下坡重力等自然力量来推动或滑行的运输方式,它包括帆船、漂流艇、滑雪板、滑沙板等。这类交通工具的使用受环境地形等条件的限制,通常应用于特定地区,在一定程度上反映了区域自然文化特色,可以满足旅游者增长见识、追求新奇、锻炼身体等需求。

畜力特种交通是指以牲畜为动力的交通,它包括马、驴、骆驼、大象、牛及其他牲畜。这类交通具有原始性、地方性,多用于现代交通工具无法到达的地区。乘坐这些交通工具,本身就是一项非常有趣的旅游体验,如在草原上骑马驰骋、在沙漠中骑骆驼、在雪地里乘坐狗拉雪橇等,能给人以亲切感,满足人们休闲、接近自然、回归自然的心理需求。

人力特种交通包括自行车、三轮车、人力车、独木舟、人力轿、竹筏、乌篷船等。这类交通具有很强的地域性和传统文化性,是一些地区传统的交通形式,反映了当地民族文化特色。在现代旅游活动中,利用这种交通工具开展专项旅游,可使旅游者在娱乐中了解并吸取旅游目的地民俗文化。

机械动力特种交通主要是指以燃油、电等能源为动力的交通工具,包括索道、观光电梯、电瓶车、潜艇等多种形式。这种交通既能寓游于乐,满足人们省时、省力、新奇、刺激的需要,又可减轻旅游者的徒步之劳、登山之苦,尤为老、幼、病、残者提供了方便。对于提高客运量、吸引游客,具有十分重要的意义。

索道是特种旅游交通方式中主要的类型之一,它是由驱动机带动钢索牵引车厢在空中运行的交通方式。索道的优点在于它对地形的适应能力强、爬坡角度大、建设速度快、资金消耗小、距离短、运行安全等。它是地形复杂景区内被广泛利用的特种旅游交通方式,对扩大客源市场,改变风景区旅游交通条件有不可低估的作用。

2. 旅游交通对旅游业发展的重要作用

（1）旅游交通本身就是旅游活动的一部分

如旅游区内观光巴士、观光索道、游艇,上海的磁悬浮列车,北京胡同游的人力车等本身就是游客体验的重要对象。

（2）旅游交通促进旅游发展

如云南的旅游以前受交通的制约，而现在却是旅游带动了交通，特别是促进了航空业的发展。

（3）旅游交通是旅游收入的重要来源

旅游交通支出是旅游者旅游支出中的最大部分，其次为旅游者的住宿和购物。如美国国内旅游中交通收入占全部旅游业收入的55%，我国国内旅游中交通收入占全部收入的30%。

（4）旅游交通是区域旅游线路发展的命脉

旅游交通的性质，决定了要在交通设施方面增加数量和提高质量，要求兴建和扩建机场、车站、码头、港口、高速公路等交通设施，配备相应数量的飞机、汽车、火车、轮船等交通工具，以满足旅游者对交通运输的需求。这些交通设施的兴建和增加，会给旅游城市和地区带来美观、宏伟和现代化的改变，创造区域旅游线路发展的社会和经济条件。

二、旅游交通游客决策

旅游交通服务的对象是旅游者。旅游者对旅游交通的要求日益提高，已经从初级的"通"，中级的"快"，发展到现在的快捷、舒适、方便等。因此，在旅游线路设计中，首先要了解旅游者对旅游交通的要求，然后对旅游交通方式做出合理的组织和安排，以最大限度地满足他们的需求。总体来看，旅游者在对旅游线路中各种交通方式做出选择时，往往会受下列因素的影响。

（一）旅行目的

旅行目的的不同选择的交通方式往往不同。如果游客是以度假为目的，他将希望尽快赶往旅游目的地，把更多的时间用于悠闲、安逸地度假。这类游客对旅途不感兴趣，会选择飞机、特快列车或直达车等，尽可能缩短旅途，不让旅途多占用度假时间。

（二）运输价格

旅游交通价格或旅游费用是选择交通方式的影响因素。例如，经济型旅游者对价格比较敏感，价格高低通常对他们会起决定性作用，因而他们选择的交通方式往往是经济实惠的水路或铁路交通。

（三）旅行距离

旅行距离影响交通方式的选择。受旅游目的地距离和旅行时间的限制，人们常会追求"快捷、安全、高效"的航空或铁路交通方式，公务繁忙的商务旅游者更是如此。

（四）旅游者的偏好和经验

旅游者的偏好和经验以及收入影响交通方式的选择。旅游者根据自身的实际情况，量入为出。当然，享受型旅游者相对来说比较注重游览价值以及舒适程度，因而更愿意选择航空或特种旅游交通方式。

三、旅游线路对旅游交通的基本要求

（一）安全、快捷、舒适、经济

"安全、快捷、舒适、经济"是旅游者选择旅游线路与旅游交通工具时首先考虑到的问题，因而，在旅游线路设计时必须对旅游目的地交通的现状进行深入调查，选择最适宜的交通方式和交通工具，并制订详细具体的线路计划，使旅游交通线路合理、形式多样、衔接方便，例如，乘坐夜行卧铺列车、轮船等，既可节省住宿费用，又能节省时间。

1. 安全

安全是人们最基本的需要之一，虽然现代交通的安全性日益提高，但由于旅游过程中不可预测的因素太多，因而游客对旅游交通安全的关注度更高。"安全第一"，当安全受到威胁时，旅游者会考虑改变行程。所以，交通安全是旅游线路设计对旅游交通的最基本要求，也是最重要的要求。

例如，在成都到九寨沟的旅游公路中，以松潘到平武的旅游公路最便捷，使成都至黄龙、九寨沟的游客可减少200多千米的旅途，但为了增加旅行中的安全性（公路交通中可能会遇到"泥石流"等自然灾害），进一步缩短旅游交通时间，又设计并修建了九寨沟旅游机场。

2. 快捷

旅游交通状况在很大程度上决定了旅游目的地、景点的可进入性。一般情况下，旅游线路中的时间安排是非常紧凑的。旅游者无不希望"旅"少"游"多，在有限的时间内，快捷地到达目的地，从而能有更多的时间用于景区游览。在旅游线路设计中对于旅游交通的安排必须注意下面的两大原则。

（1）直达原则

旅游交通服务需考虑旅游者对到达目的地的高度渴望心理，尽量安排快捷直达的交通工具，以避免过多地更换交通工具增加旅游者经济、体力上的消耗。而且直达可以更好地确保旅游者财物和人身安全，使旅游者获得美好的第一印象，为后续旅游活动的开展奠定一个良好的开端。

（2）省时原则

旅游交通服务应尽量减少旅游者的在途时间，以增加游览时间，在旅游线路的选择中，人们不仅考虑金钱花费，也关注时间耗费，往往会青睐耗时少的交通工具。此外，旅游线路设计中还应注意各种交通方式的衔接紧凑、方便，使旅游者能方便地从家门口或附近的集合点起程，尽量减少候车（机、船）时间。

3. 舒适

旅游者在旅游活动中的一个重要的心理诉求就是消除紧张感，获得轻松、解放感。特别是人在旅途，只有消除了紧张感，才能全身心地投入旅游，充分享受旅游的乐趣。因此，舒适是旅游者所追求的目标之一。旅游线路设计应尽可能提供舒适的交通环境，减少疲劳、危机感（如不安全感、不可靠等），以便旅游者能够精力充沛地开始游览活动。尤其是利用夜间完成交通过程，降低费用与时间消耗的安排，不能单以速度为主要选择指标，舒适度是第一位质量标准。

(1) 内部交通环境

旅游从乘坐上交通工具后就已开始了，人们常用"旅途愉快"作为对整个旅游活动的祝愿。交通工具的内部环境噪声大、颠簸动荡、空气浑浊、空间狭小、座位不合适、卫生设施不齐备等，都会给旅游者带来不便，导致不愉快。现在，许多旅游车、船、飞机等交通工具上都安装了影视音响设备，提供报纸、杂志，努力营造富有家庭化、人情味的交通服务，给人以平和、亲切、真诚、温馨之感，使旅游者有居家的感觉，从而身心得到放松。

(2) 外部交通环境

单调的环境易使人疲劳，旅游线路设计不仅要保证交通畅通，还应重视与线路配套的外部环境。例如，在高速公路两旁多种植一些花草树木，且注意品种和色彩的搭配与变化，再加之沿途的田园风光、姿态各异的地形地貌，不仅能增加旅游者视觉上的新鲜感、美感，减少和消除单调所造成的视觉疲劳，也有利于司机安全驾驶。

4. 经济

许多旅游者之所以选择火车旅游线路，仅仅是因为其费用较乘飞机低得多，毕竟是否"经济"仍是大多数旅游者和旅行社必须考虑和面对的共同问题。旅游线路的"经济"反映在旅游交通工具的选择上，就是要求旅途费用较小，这是旅游线路设计时必须考虑的问题。而"安全、快捷、舒适"等方面的要求必然会与"经济"要求相矛盾，不可能"又要马儿跑，又要马儿不吃草"，因而旅游线路设计应协调好上述因素，尽量使旅游者感到在享受"安全、快捷、舒适"交通的前提下，自己的花费还是"值得"的，甚至是"便宜"的。

（二）旅游交通多样化

旅游过程中交通耗时长、费用高、影响度大，故而将交通融入旅游是"压缩"交通时间，"降低"交通费用，"减少"交通负面影响度的有力措施。旅游交通除了解决游客旅游中"旅"的问题外，还可以增加"游"的交通设计。在可能的情况下，把旅游交通变成旅游者的目的，丰富旅途内容，增添游兴。这就需要从旅游线路的主题出发，根据旅游交通的实际情况，尽可能安排一些丰富多彩的节目，以满足旅游者求新求异的心理，如骑马、骑骆驼、乘船、坐马车、乘索道和缆车等，并将它们作为旅游项目有机地组织到旅游线路中去，起到调节游客情绪的作用。

（三）旅游交通网络化

旅游交通网络不仅是指一定密度的交通线路网，而且包括不同交通形式的相互组合和配合，实行优势互补，协调发展。其目的是使旅游线路可有多种路线形式和交通选择。例如由旅行社推出的"华东五市游"（南京、苏州、无锡、上海、杭州）旅游线路由于该地区经济发达，区域内的"水、陆、空"交通已形成网络，旅游者可自由选择火车、汽车、轮船和飞机等交通方式。

一般来说，旅游者用于旅游的时间是非常有限的。在有限的时间中，旅游者无不希望能快捷地到达目的地，从而游览到更多的景点，因而建立区域旅游交通网络，提高外部交通的通达性，内部交通的便捷性，是旅游线路设计的重要问题。可以说，旅游交通网络化是实现旅游线路多层次化和多样化的前提和保证。所以在旅游线路设计中要以旅游目的地现有的航空、公路、铁路、水路等交通路网和工具为依据，合理组织设计旅游线路，尽量安排快捷直达的交通工具，以减少旅游者的在途时间。并且要根据旅游目的地旅游发展规模、结构与趋势，完善交通网络和工具，加大投入，使旅游交通配套化、高质量化和等级化。

第四节　旅游线路中的景区设计

一、旅游景区类型的划分标准

随着旅游景区的发展,景区的规模、功能和特征日益显得多样化。由于不同规模、不同功能和特征的景区管理方式和经营目标不同,因此,需要对旅游景区的类型进行划分,以便确定景区发展的战略目标和经营方向,选择合适的投资方式、开发时机和管理手段。

旅游景区的类型有不同的划分标准,可以从功能、性质、主管部门、资源特征、规模、等级等诸方面进行划分。

按照资源的性质,可划分为自然风景型、历史文化型、人工型。自然景区包括山、河、湖、海等自然风景区、自然保护区、森林公园等,例如,世界自然遗产九寨沟、黄龙和张家界,具有优美的自然景观,是大自然的杰作,自然景观型旅游景区又可以按照其地貌类型分为山岳型、海滨型、内湖(河)型、泉水型、瀑布型、沙漠型、草原型等旅游景区。历史文化型景区是人类社会经济发展的产物,不是为旅游的目的而特意建造的,如北京故宫是明清两代的皇城。人工型旅游景区,包括主题公园和游乐园等。但大多数景区很难是纯自然的,自然景区中,不乏人文建筑和设施,是自然景观和人文景观混合型旅游景区。

按照行政管理归属不同,旅游景区的类型有：归属建设部的风景名胜区,归属文化部门的文物保护单位,归属林业部的森林公园、自然保护区,归属园林部门的城市公园、植物园、动物园,归属商业部门的旅游休闲街等,归属宗教部门的寺院等。这些景区中,有的是事业单位,有的是企业,管理体制也不尽相同。

按照旅游景区的旅游活动功能,可以划分为6类。观光型景区,以观光游览为主要活动方式。度假型景区,以气候、矿泉、温泉、海水为条件,开展健身疗养活动。例如,避暑胜地、海滨胜地和温泉疗养地等。科学考察型景区,这类景区的旅游资源具有科学研究价值,例如古人类遗址、地质公园、动植物自然保护区、化石保护区等。运动型旅游景区,以开展健身活动为主的旅游景区,例如,滑雪运动景区、水上运动中心等。探险型旅游景区,指能够开展探险活动的景区,例如沙漠、峡谷和漂流旅游景区等。宗教型旅游景区,主要是开展宗教朝拜和宗教圣地观光旅游活动,例如,佛教圣地、道教圣地、伊斯兰教圣地等。

从所有制形式上看,景区有国有、私有和民营的,所有制形式不同,经营管理的目的不同。国有景区一般是科学和历史文化价值极高,并需要特别保护和研究的自然环境区、古代遗址、古建筑等景区,由国家建设部、林业部、文旅部的专门机构进行管理,保护文化和自然遗产。在我国鼓励国家、地方、集体、个人等一起上的旅游开发政策下,民营景区发展迅速。例如,浙江民营企业力量雄厚,宋城集团是目前中国最大的民营旅游投资集团,自1996年开始,宋城集团投资开发浙江省第一个主题公园——宋城景区后,迅速向多元化旅游产品开发发展,相继成功开发杭州乐园、山里人家、中国渔村、龙泉山等旅游休闲项目,该集团还是2006年杭州世界休闲博览园的承建单位。私人投资的景区主要有民族地区的风情园、农家乐和私人收藏博物馆等。

根据规模划分,小的景区只占地几百平方米,例如,博物馆、名人故居、私家园林等,甚至称不上景区,常常被称为景点。小型景点功能单一,仅提供人们游览的空间环境,一般不具备完备的或配套齐全的旅游设施。大型景区是指有较大的旅游空间环境,占地面积可以几百千米,例如,大型风景区、国家公园、度假区和主题公园等,大型景区设施完备,接待能力强,其内部甚至还可以进一步划分为若干片区。规模不同,景区的管理模式有很大差异。

从开发和保护的关系上,可划分为:经济开发型和资源保护型景区。经济开发型旅游景区完全以营利为目的,基本上采用了现代企业管理模式,正在朝"产权明晰、责权明确、政企分开、管理科学"的现代企业制度发展。主要包括主题公园和度假区。

旅游景区根据位置不同而具有差异,可划分为乡村型、城市型、山地型、海滨型等,而城市又可以根据特点划分为古城、山水城、商业城等,此外,还可以分为室内景区和室外景区,如博物馆、科技馆、展览馆、宫殿、城堡等,属于室内景区;而风景区、游乐场、园林和动物园等,属于室外景区。

当地人的娱乐游玩之地,外来游客很少光顾的为地区型景区,例如,城市小型公园和绿地。地区型景区对省内游客具有吸引力,是省内居民周末休闲和度假之地;全国型的景区是对国内所有游客具有吸引力,客源绝大多数来自国内,甚至国内偏远地区的长途旅行游客。国际型的景区具有世界知名度,是国际游客的目的地,国际游客的比例比较高。

从消费方式看,可分为收费和免费景区。绝大多数景区是收费的景区,但也有一些城市标志区和旅游街区是免费的旅游景区,例如,上海著名的外滩景区、人民广场以及南京路步行街等。随着社会福利的提高,城市公园和博物馆越来越倾向于免费开放,例如杭州西湖风景区已向公众免费开放。

从景区内容反映的行业来看,有农业旅游景区、渔业旅游景区、工业旅游景区和军事类旅游景区等。

二、旅游景区的等级划分及管理

旅游景区可以根据不同的标准划分为若干类别,而同一类别的景区又可以根据不同的标准划分成若干等级。等级不同,其管理体系也不同。

为规范全国旅游市场的管理,保障旅游者的合法权益,根据国家质量技术监督局发布的《旅游区(点)质量等级的划分与评定》(GB/T17775—1999),将旅游区(点)质量等级划分为四级,从高到低依次为 AAAA、AAA、AA、A 级旅游区(点)。划分的依据是通过"服务质量与环境质量评价体系"和"游客意见评价体系"对旅游景区进行评价,在评价的基础上,划分出不同级别的旅游景区。2004 年在 GB/T1775—1999 的基础上,对标准做了修改,发布《旅游区(点)质量等级的划分与评定》(GB/T17775—2003),在划分等级中增加了 AAAAA 级旅游区(点)。新增的 AAAAA 级主要从细节方面、景区的文化性和特色性等方面做更高要求,强化以人为本的服务宗旨。

三、旅游景区的特征

无论是以自然吸引物为主的风景名胜区,还是以文化遗址为主的文物保护单位,作为旅游景区,它们通常都具有下列特征:

（一）有一定的空间范围

旅游景区的规模大小不同，有的只是一幢建筑或一个庭院，有的是绵延几十千米的风景区，但无论其规模大小，都有一个相对明确的空间范围。例如，河南登封的嵩岳寺塔只是一个单体佛教建筑，而四川北部的九寨沟风景名胜区，纵深40多千米，总面积达600多平方千米。

（二）有供游客参观游览的景物（即吸引物）

旅游景区以一定的自然地理条件为基础，而景点、景物及其他相关设施分布其中，其景点和景物特色构成了一个旅游景区景观资源的基本特征。而以观光为主的旅游景区，其本身就是景点或景物。

（三）不同类型的景区，具有不同的吸引物

风景名胜区主要以山清水秀的自然景观来吸引游客，古迹型旅游景区以其历史、艺术和科学价值为吸引因素，博物馆的吸引力在于其丰富的馆藏文物，自然保护区则以野趣和珍稀的动植物为主要吸引物，各类景区都具有独特的吸引因素。吸引物是旅游景区构成要素中的核心要素，也是旅游者旅游动机萌发的刺激因素。

（四）可进入性较强

旅游是一种独特的异地体验。有的旅游景区坐落在人们生活区的周围，可进入性较强，往往成为旅游热点。而有些景区则位于距离偏远、人烟稀少，甚至是人类一般的生产和生活未曾触及的地区。这样的地区，如果没有先期的交通等基础设施建设，即使是非常有价值的旅游景观，也难以成为旅游景区。

（五）具有多种旅游功能

不同类型的景区具有差异化的旅游功能，例如，博物馆、植物园等主要功能是教育和求知，度假区的主要功能是休闲和康乐，而风景名胜区则具有参观、游览、休闲等多种旅游功能。旅游功能是旅游景区吸引力的主要体现，是旅游景区作为一种旅游产品的价值基础。

（六）具有一定的旅游服务设施

这些设施，包括为旅游者提供游览服务的设施，如旅游线路标志、景点解说牌、娱乐设施、休息亭等；也包括游览活动的辅助设施，如餐厅、茶室、厕所等。必要的旅游服务设施是游客完美旅游体验的有力支持和基本保证。

（七）有完善的基础设施

除了上述旅游服务设施外，旅游景区还必须有完善的基础设施以保证旅游活动的正常进行和旅游服务设施的有效运转，主要包括出入交通、内部交通、停车场、给排水、垃圾处理、电力能源、邮政电信等设施。

（八）有专门的管理机构

我国的旅游景区，有的是事业单位，有的是企业，有的属于国有资产，有的是中外合资或民营资本。但无论属于哪种类型，作为一个相对独立的单位，旅游景区设有专门的管理机构，以保证本区域旅游资源得到有效保护，保证旅游活动得以正常进行。

四、旅游景区的性质

(一) 旅游景区是休闲娱乐的活动空间

休闲娱乐是人类的一种重要生活方式。无论是每日闲暇,还是双休日或节假日,人们需要从工作中摆脱出来,从事各种娱乐活动,旅游就是一种重要的选择。随着人们收入水平的提高和闲暇时间的增多,越来越多的人将旅游作为休闲的重要方式,成为生活中不可缺少的组成部分。旅游景区以其优美的自然环境和丰富的文化内涵,满足人们观光欣赏、文化娱乐、科普博览、艺术欣赏、健康锻炼、购买商品、特色餐饮等各种需要,成为人们休闲娱乐的重要场所。

(二) 旅游景区是自然和文化遗产的保护地

许多景区,在没有用于旅游之前,是自然和考古遗迹的重要保护地。另一方面,不少国家和地区,为了保护自然资源不至于被工农业生产破坏,开辟了国家公园进行保护。被联合国教科文组织列为世界自然或文化遗产的项目,更是全人类共同的宝贵财产。与其他开发相比,旅游资源开发对环境的影响相对来说是较小的。

(三) 旅游景区是一种特定的旅游消费场所

旅游景区作为一种产品形态,是环境—设施—活动—服务—管理的综合体。旅游景区是资源从自然形态转化为经济品的载体,使自然状态进入了流通领域,从而成为产品供旅游者消费。对旅游景区产品的消费与其他产品消费不同,交换的不是所有权,而是使用权,因此,旅游景区的消费活动和价格制定都具有自己的特殊性。

(四) 旅游景区是文化、社会双重事业

尽管景区是旅游消费的特定场所,但经济目标并不是景区唯一的发展目标,旅游者的消费也是一种文化消费,它能够陶冶人的情操,推动人和社会的全面发展,不少国家和地区的旅游景区,都具有旅游休闲、科学研究、科学知识普及、历史文化研究等多重任务。

五、旅游景区的选择与组合

旅行社选择旅游景区(点),旅游景区(点)的资源品位高、环境氛围好、游览设施齐全、可进入性好、安全保障强、配套设施齐全等是必备条件,还应充分考虑旅游者的审美趣味和消费心理,需尊重旅游者的身心规律。

旅行社需了解景区(点)的特殊性,避免旅游线路中景区(点)的雷同,还需了解景区(点)的各种限制,如有些景区(点)有开放时间的限制、人数的限制、交通的限制、交通工具的限制、季节性的限制,受到自然或人为破坏关闭维修、例行性保养维修或必须事先预订等限制,都会影响旅游线路的安排。

一般来讲,旅行社选择景区(点)要遵循以下原则。

1. 数量适中

同类旅游资源中只宜选择最具代表性的某一资源,以降低成本,避免重复。

2. 深度适当

景区(点)风格宜雅俗共赏,视觉效果好,内容丰富鲜活,易于体验和感受。景区(点)如

果内容过于集中、专业性太强的话，会使大多数旅游者失去游览的兴趣。

3. 选择该景区(点)的最佳观赏时间

一条旅游线路上串联着若干个景区(点)，各个景区(点)尤其是自然风景区因自身的构景特征不同而各有其最佳观赏时间，旅游者若能在最佳观景时间游览，能大大提升游览价值。

4. 充分考虑交通的顺畅性，避免走回头路

旅游者心理需求是物有所值，整个旅途看到不同的风景和不同的体验。因此要注意线路规划中避免走回头路，这样既可以节省路途中的时间，又可以使旅游者欣赏到不同美景。

5. 旅游节奏适度，动静结合，劳逸结合

因为旅游活动的日程一般都安排得比较紧凑，每天早出晚宿，有时夜晚还有游娱活动，活动量是相当大的，而且各个旅游景区(点)的游览，所需游人付出的体力也不一样。有的景区(点)游人主要是通过乘游船、坐缆车或坐下来观看各种表演等方式游览，其自身处于相对静止的状态中；而有些景区(点)的游览则要全靠游人自己行走，或是划船、登山、滑雪、参与跳民族舞蹈等一些参与性的体验项目。对于这两类景区(点)，尽量交错安排。

6. 旅游者体验逐级递进

不同旅游者在质量、文化水平、品位等方面总有差异，不会是同等的水平。如果游线设计是把质量品位最高的景区(点)串联安排在前，相对较差的景区(点)安排在后，那么，游人在对这条游线进行游览时，虽然获得的第一印象颇好，但随后他在旅游的过程中不断地付出了更多的时间、体力和经费，却因有前面的高质量的景区(点)做参照，而感到后面游览的景区(点)不如最初的景区(点)，就会产生一种得不偿失的"失望感"，进而对整条游线的游览不满意。

倘若游线对景区(点)的串联组合，是把越好的景区(点)越放在后面，那么游人在其旅游进程中，随着游客时间、体力和金钱的不断付出，就能看到一个比一个更好的景区(点)，这在其旅游心理上，就会产生一种选择该次旅游的成功感，确认这条游线是值得花钱花时花体力不断深入游览的。并且会形成对这条游线的好印象，认为它是一条内容丰富多彩的高质量的游线。由此可见，同样的景区(点)由于串联组合的方式方法不同，最后给游人形成的游览感受是大相径庭的。

第五节 旅游线路中的购物设计

一、旅游购物类型

旅游购物既是旅游经济活动的重要组成部分，又是旅游资源的一种表现形式，甚至是某些旅游目的地最具吸引力的内容之一。例如，坐落在欧洲九大知名城市附近的时尚精品购物村因满足了各国游客购买名牌奢侈品的心理需求而被越来越多的旅行社纳入旅游线路中。由于旅游购物具有较大的消费弹性，因而购物项目成为很多景区为提高经济效益而优

先发展的项目。旅游购物主要包括三个方面的内容:购物场所、购物方式和旅游商品。

1. 购物场所

旅游购物场所的主要类型有:旅游纪念品店、国际名品店、特色专营店、土特产店、工艺美术店、画店、玩具店、古董店、手工艺品店、旅游购物中心等。这些场所集中在一起构成旅游购物区或旅游购物一条街。

2. 购物方式

购物方式主要包括免费赠送和主动购买等,某些景区还存在强制购物的现象。强制购物是违反有关规定的,应加以取缔。旅游者主动购买是最主要的购物方式,当然加强销售服务是必要的。免费赠送以及捆绑销售的方式有时能够起到很好的效果,特别是对于带有宣传促销性质的商品。

3. 旅游商品

旅游商品是指旅游者在旅游活动过程中购买的物品,也可称作旅游购物品。旅游商品主要包括:旅游纪念品、旅游工艺品、旅游服饰、旅游食品、旅游营养保健品、旅游活动用品及土特产等。纪念性、艺术性、实用性、收藏性等是旅游商品应具备的基本特征。旅游商品承载了满足旅游者购物需求和传播旅游地形象的双重价值。一件精美的旅游商品能激发旅游者的美好回忆,记录旅游者的生活经历,可供旅游者长期保存或赠送亲友。旅游商品有助于旅游地形象的传播,有助于扩大旅游地的知名度。

(1) 旅游纪念品

旅游纪念品有地方旅游工艺品、民间手工艺品、宗教旅游商品、旅游收藏品。

(2) 旅游食品

老字号食品、地方特产、航空食品、旅游休闲食品、旅游保健食品、旅游保健药品。

(3) 旅游装备

旅游户外用品、旅游汽车装备品、探险与生态旅游用品、定位导航器具、高尔夫用品、徒步旅游用品、滑雪设备、冲浪滑板、潜水器具、滑翔器具、蹦极设备、漂流设备、救援设备、攀岩设备、登山设备、温泉设备、SPA 设备、营地建筑。

(4) 旅游交通工具

房车、滑板车、摩托艇、沙滩车、水陆两栖车、电动游览车、混合动力车、景区观光车、休闲运动自行车。

(5) 游乐园艺设备

公园游乐设施、室内游乐设施、园林机械、养护机械、园艺工具、景观雕塑、景观照明、水景喷泉、景观小品设计、景区电子设备。

(6) 低碳环保产品

垃圾处理回收系统(景区、宾馆太阳能、风能)设备、低碳照明设备、生态环保厕所、环保节能建筑(材)。

(7) 酒店用品

酒店厨房设备、酒店客房用品、酒店餐厅用品、酒店智能设备、酒店安防系统、酒店康体娱乐设施、酒店纺织布艺用品、酒店装修装饰材料及设备、酒店清洁及洗衣设备、酒店家具、酒店建材。

（8）航空用品

航空配餐用品、航空服务用品、航空铝箔制品、航空清洁用品、航空器具、客舱用品。

（9）旅游时尚用品

旅游奢侈用品、旅游数码产品、旅游信息化产品、旅游电子导游设备、旅游交通电子引导设备。

（10）旅游服装

旅游职业服装、特种旅游服装、旅游休闲服装。

二、旅游商品发展趋势

旅游商品具有突飞猛进的发展，旅游商品包括景区旅游商品和景区外销商品，但对于大多数景区来说，还远未形成规模。

景区旅游商品是指游客在景区购买的商品，主要是游客在景区游览时，因景区的直接景观、物产等激发了购买欲望所购买的商品。景区外销商品是指景区销售给游客以外人群的商品，主要依据景区的自身品牌和景区的主要概念开发的、使千万里之外的人们购买的商品，包括从景区相关网店上购买的商品。

1. 向大旅游商品发展

近年来，在国内的旅游商品销售中，生活类工业品在高速增加，在旅游购物中所占的比重也在逐年上升。在一些经济发达地区旅游时，游客购买的生活类工业品在旅游购物中的比重已高达80%。

为了和过去以旅游纪念品、工艺品、农副产品为主的传统旅游商品相区别，把包含了生活类工业品等的旅游商品称为大旅游商品。事实上，在大旅游商品做得好的地区，旅游购物在旅游收入中的比重和旅游购物绝对值都是巨大的。为了满足游客的需求，向全品类的大旅游商品发展成为旅游商品发展的必然趋势。

2. 发展景区外销商品渐成趋势

在旅游商品发展中最容易忽略的是景区外销商品，很多景区开发的旅游商品仅仅集中在景区旅游商品方面，由于景区旅游商品的销售额受到景区人数的限制，很难使旅游商品形成产业规模，景区的资源得不到充分发挥，更没有使景区成为产业的孵化器或平台。

各类景区的资源价值不同，尤其高等级景区具有一定的旅游资源价值，充分发掘、利用这些资源可以使景区成为当地产业的孵化器，不仅可以带动当地的就业，还可以促进当地的产业升级、经济发展。根据景区的资源、特点和优势，发展景区外销商品逐渐成为旅游商品的发展趋势。

3. 旅游商品向生活化发展

由于不少景区游客的复游率逐年提高，旅游纪念品在景区旅游商品中的比重逐年降低。游客追求的是能够使自己生活更美好的、实用化的特色商品。一些景区巧妙地满足了游客的购买需求，例如开发了泰山玉智能手链，既有景区的文化特色，又利用当地物产，还有现代功能，深得游客的喜爱。现在越来越多的景区开发生活化的旅游商品，也是必然趋势之一。

4. 旅游商品逐渐从盲目开发走向重点开发

长期以来，不少景区追求旅游商品的开发数量。由于没有销售要求，一些设计单位短时间内要么为一个景区设计了大量"贴画式"的新品,把景区的主要景观贴在帽子、杯子、钥匙链、鼠标垫、扇子、文化衫等载体上面;要么先设计几个卡通造型,再利用这些卡通造型用在一系列常见商品上。结果只有游客看,少有游客买。

几年前,某景区在中国旅游商品大赛上获得金奖的菜刀,对很多景区产生巨大震动。现在,一些旅游商品开发的数量虽少,却以其独特性、实用性取得可观的销售业绩。旅游商品拼开发数量的观念已经过时,重点开发打造"爆款"被越来越多的景区认可,旅游商品从盲目开发逐渐走向重点开发。

5. 与"游"深度结合

长期以来,旅游商品销售主要是在专门的旅游购物店或普通商店的自然销售。大多数商店与旅游关联不大,更没有主动与旅游相结合。

现在很多商店已经开始与旅游结合来销售旅游商品,包括商店位置的选择,建设特色商业街、特色购物街,针对游客宣传促销等。这些都有力地促进了旅游商品的销售,使人们在旅游的时候得到方便轻松的购物享受。尤其是商业街和商店内外旅游吸引物的出现,使旅游购物店、旅游商业街、旅游购物街呈现景点化趋势。

6. 旅游商品开发向多品类、多品种、全系列发展

以绿茶为例:在日本,仅绿茶类的冰激凌就有百种,绿茶的烘焙类食品也有数百种,绿茶的化妆品、护肤品等的品种也非常多。海南省的椰子食品、椰子类化妆品、护肤品、首饰等也在不断开发中。利用当地特色物产资源多品类、多品种、全系列地开发特色旅游商品,已越来越受到企业和旅游者的关注。

7. 旅游商品开发逐渐脱离呆板的文化设计

曾几何时,大量的旅游商品开发者设计的文化旅游商品只是把各种文化符号、图案以贴画方式贴到现成的商品上,千篇一律、呆板无比。开始有少数旅游者购买,后来有少数旅游者拍照,再后来少有旅游者关注。市场逼迫旅游商品开发者逐渐脱离呆板的文化设计,开始关注生活化旅游商品的开发,为人们的美好、幸福生活而开发。

三、旅游购物游客决策

(一)旅游商品的选择

1. 注重旅游商品的纪念性、艺术性与实用性

旅游是一种"异地、异时、异常"的消费活动,同时,旅游也是一种心理体验,一种精神的享受。旅游者对旅游商品的期望具有纪念性、艺术性与实用性,其中纪念性比经济性重要,艺术性比实用性重要。美观大方、款式新颖、工艺精巧的旅游商品,例如,工艺精致的玉器、水晶等生肖物件;秀丽、高雅的丝绸衬衫等,再加上价格适中一点,比较容易获得游客的认可。

2. 旅游商品要具有地方特色,能体现民族文化

无锡的紫砂壶、南京的雨花石、贵州的蜡染等无不以其民族特色与地方风格吸引旅游者,特色是旅游商品与其他商品区别的最主要特征。人们在购买商品时大多会注重有文化差异的、有人情味的、能与购买者心灵沟通的商品。云南少数民族的长烟筒,经过夸张做成

一米高的烟筒;西藏的牛、羊骨经过漂白处理磨制后,挂在墙上,散发着浓厚的、原始的、古朴的气息,这样的商品颇受游客欢迎。

3. 旅游商品多样化、微型化

游客的多样性决定了旅游商品的多样性,即旅游商品在品种、花色、质地、用途、价格等方面必须具有较大选择性。旅游商品要以中、低档为主,尤其是小型纪念品价格低,又有纪念意义,往往最受游客欢迎。旅游购物场所除了要提供琳琅满目、丰富多彩、品种齐全的旅游商品供不同旅游消费者挑选外,最重要的是旅游商品还应小巧玲珑,方便携带。

4. 集参观、娱乐、销售为一体

现代都市生活的人往往会产生"回归自然""回归自我"的心理需求,如果有机会在古朴的作坊里亲自参与制作活动,自然会给人以无限快乐的享受。例如,在一家制作陶艺、泥塑、雕刻、扎染、蜡染的作坊里,教会游客怎样制作,当客人手捧自己亲手做的工艺品时,自豪感、满足感会油然而生,更乐于买下自己亲手制作的"工艺品"。

(二) 旅游购物场所的选择

一般情况下,旅游景点的级别高低和分布集聚状况决定了其周围商店数目的多少,因为高级别景点的客流量大,人口密度大,对商品的需求量也大。旅游者在旅游目的地短暂停留的时间内,匆忙地奔波于暂住地与各个景点之间;散客主要乘公共汽车沿公交线路移动;团队旅游者则不受公交线路的限制,沿主要的交通干线移动。因此,旅游商品零售店一般在各主要景点外围,沿主要交通道路呈带状分布,并且同类商店相对集聚,大多分布在公交线路停靠点到景点入口这一段道路的两侧。而以吸引团队购物为主的旅游商品零售店主要分布在前往主要景点的道路两旁,而且有些明显依托于某一景点。因为地处往来景点的主干道上可以节省旅行社的旅游交通费用以及旅游者的时间成本,对于商家来说,脱离景点商业区,商铺的房租较低,可以降低营业成本。

1. 商业街

依托自然景观或人文景观开发建设的游览型商业街,是"商""游"相互融合,相互促进,共同发展的典型代表。例如,上海号称"中华商业第一街"的南京东路,不仅有一大批中华老字号企业,商业文化氛围浓郁,还有外滩文化风景线等一大批人文景观。因而,对南京东路步行街的改造,可以说是在继承中求发展,既保持了历史情趣,又为消费者提供了多种购物活动空间。

2. 现代特大型购物中心

现代特大型购物中心,经营商品种类齐全,往往集游览、观光、娱乐、餐饮、购物、交际等功能于一体,犹如一个室内商业街区。一般多位于城郊接合部,附近有酒店、办公楼、停车场,并设有娱乐设施,从而满足消费者购物、娱乐、美食、交往等多种需求,比商业街有着更宽松、温馨的购物和消费环境,发展的空间更大。

3. 节日游览商业市场

最典型的代表是各地的"庙会"。当今社会,重要的体育比赛、各种节庆、艺术表演、经贸活动等都已被视为不可多得的社会旅游资源,它一方面给人提供了参与性、体验性相结合的生活感受,另一方面也给商业及服务业的发展提供了良机。"以节兴游""以游兴商",商业与文化融为一体,可扩大旅游市场范围。

4. 专业观光市场

越来越多的国家和地区已开始将发展"绿色农业"与推动新型的农业观光旅游结合起来,游客在"绿色农业"基地不仅可观赏农产品的培育、生产过程,还可以在各种观光农场中购买到当地出产的农产品。再如工业旅游的开发,即通过有组织地参观工业科技,手工业等各类企业,了解产品的制造过程,不仅使旅游业受益匪浅,还带动了相关的商业、服务业和娱乐业。

此外,一些专业的产品市场,也颇具吸引力。例如,号称"中国花木之乡"的斗南,距昆明市中心18千米,与南美安第斯山区的哥伦比亚、厄瓜多尔,东非高地的肯尼亚,一同被视为全球鲜切花生产气候条件最优越的宝地。斗南花市日交易鲜切花达500万枝至600万枝,为全国最大的鲜切花交易中心,主导着全国的批发价。斗南四季不断的"花潮",便捷的交通,引得各旅行社纷纷开出"花乡之旅"。除了纷至沓来的中外游客外,昆明市民还将这里当成假日休闲度假的好去处,他们在这里看花买花、参观传统的现场鲜花交易及现代化的拍卖交易,或到花农家做客,徜徉花田,观看鲜切花加工过程,品尝鲜花宴和农家饭菜等。

四、旅游购物设计细节

设计旅游购物场所时,首先要确定其是否符合旅游路线的主题。再根据下面的细节进行设计。

(一)地理位置

一般情况下,旅游购物场所都会选择在景区内部、景区附近,或者去热门景区的必经之路上。设计筛选旅游购物场所时,只需将名称与地理位置注明即可,为计调人员和导游人员的工作提供方便。

(二)购物环境

设计人员要熟悉常用旅游购物场所的购物环境,便于在旅游线路设计时筛选出能够满足不同旅游者需求的购物场所。

(三)商品与价格

设计人员应熟悉每个旅游购物场所销售的商品。旅游购物场所的筛选,在某种程度上说就是对销售的商品筛选。设计人员只需筛选旅游者对哪些旅游商品感兴趣,同样的旅游商品哪家店物美价廉即可。

(四)数量安排

在旅游活动中,购物场所安排不宜过多,每天一般不要超过3个,整个旅游过程中不要超过5个,购物场所过多会引起旅游者的反感,过少则不能满足旅游者购物的需求和旅游企业的经济利益。

(五)购物时间

一般来说,旅游者消费欲望最强烈的时间在8—9时、11时左右、15—17时以及19—21时;对于整个旅游线路而言,旅游者在准备离开某地时,消费欲望最为强烈。

(六) 联系人与联系电话

掌握旅游购物场所的联系人与联系电话,有利于设计人员了解购物场所销售的商品与购物环境的变化,便于计调人员与导游人员的工作。

 **案例拓展**

江苏文旅头条 | 好物爆款何处寻？看"非遗购物节"拉动 3.2 亿消费

连接现代生活,绽放迷人光彩,以今年的文化和自然遗产日为起点,闪亮登场的"水韵江苏·非遗购物节"吸引全省 13 市线上线下齐发力,以"一市一品牌"特色活动成功助力非遗好物"吸粉"出圈,进一步提高文旅消费对全省经济发展的贡献度。

为加快文旅市场全面复苏,早在年初,省文化和旅游厅就将举办"水韵江苏·非遗购物节"纳入助企纾困"江苏文旅 16 条"中,作为促消费、惠民生、稳经济的重要举措之一。

从今年 6 月至 12 月,全省各地线上线下同频共振,以老字号、非遗企业、大师工作室为重点,充分利用周末假日节庆,结合各市非遗特色和消费特点,组织开展非遗购物节相关活动。

据全省监测的 365 家非遗店铺统计,在为期近三周(5 月底至 6 月中旬)的非遗购物节期间,共销售非遗产品近 254 万件,销售总额高达 3.2 亿元。

其中,线下活动销售非遗产品共计 243 万件,销售额约 2.13 亿元(包含非遗产品 163 万件,销售额约 1.73 亿元;非遗衍生品 48 万件,销售额约 0.256 亿元;老字号产品 32 万件;销售额约 0.144 亿元)。线上直播带货非遗相关产品共计 11 万件,销售额约 1.07 亿元。

从大数据监测采集的"消费画像"来看,传统技艺和传统美术门类非遗产品最受群众喜爱,尤其是传统技艺中非遗美食类产品最是亮点,南京樱桃鸭、徐州羊肉、淮安茶馓、扬州富春茶点、苏式糕点、镇江恒顺香醋、常州麻糕、南通脆饼等"舌尖上的非遗",销量均呈现可喜增长。

此外,全省各地参与"水韵江苏·非遗购物节"活动的景区共有 159 家,举办非遗相关活动 325 个,销售额约 4 700 万元。通过政府搭台、各方参与、多点发力,将更多非遗产品推向市场,拓宽了销售渠道,给非遗传承人和非遗企业创造更多经济价值。

非遗购物节期间,各地组织开展非遗美食、非遗精品、非遗文创等展示展销活动,形成一批影响力大、带动力强的品牌活动。据统计,全省在非遗购物节期间共开展各类特色活动 157 场;其中,线上活动 42 个,线下活动 115 个。

南京"多彩非遗品'栀'生活",线上通过"云上非遗"交互平台,将非遗项目"云上安家";线下打造"宁听""宁看""宁赏""宁游"非遗四大亮点板块,让非遗融入现代生活,走进寻常人家。

无锡"锡韵流芳"非遗大讲堂,网络首发《留青竹刻》和《惠山泥人——两小无猜》2 个系列 14 款非遗数字藏品,受到公众追捧。

徐州各区、县组织开展 12 场特色活动,给群众带来一场别开生面的文化盛宴,徐州"非遗地图"首次亮相,连接古今,大放光彩。

"扬州·好运集"非遗市集,在线下为公众提供雕版印刷、谢馥春国妆、富春茶点等非遗技艺互动体验,"扬州非遗好物"淘宝购物平台,则在线上为大家准备了品类丰富的非遗好物。

淮安举行了别开生面的"非遗嘉年华",淮安蛋雕、烙铁画、周氏牡丹等指尖上的非遗,漕运酱牛肉、老侯野鸭、文楼汤包等舌尖上的非遗齐聚一堂,可逛可赏,有滋有味。今年非遗购物节时间跨度长、活动力度大、参与店铺多,各市在积极宣传展示非遗好物的同时,还结合景区、街区不同特点推出有奖促销、打折促销、套票促销等各类促销活动,进一步激发市场购买力。

非遗购物节期间,全省使用统一标识、主题和口号,通过不同阶段、时段,分主题、分专区加大宣传力度,不断扩大非遗购物节社会影响力。

购物节预热期间,单日相关全网信息量达3万条,其中评论信息0.67万条。相关热门话题阅读总量达120万,"江苏非遗""非遗购物节"等成为搜索热词。

购物节期间聚焦"我为家乡非遗好物代言"等话题,打造"十三侠客遇见非遗"系列活动。以携程平台为例,截至目前,率先出发的镇江"北固侠",四条"非遗购物节"相关微博共获得近700万点击量,时尚的旅行博主,传统的非遗技艺,碰撞融合出全新画卷。"水韵江苏"星球号发布非遗种草内容"江苏·非遗购物节来啦|邀你逛非遗大集",成为平台认证的优质发布稿。

截至6月中旬,全省各地充分运用融媒体进行宣传报道:先后17次在央视、江苏卫视等电视台精彩亮相;通过央视直播、我苏网、抖音、快手、淘宝等27个平台进行现场直播102场,在线观看人次突破1 000万;在哔哩哔哩、西瓜视频、小红书等平台共发布387条短视频;新华日报专版刊头条、中国文化报、中国旅游报、今日头条等各大纸媒和新媒体平台相关内容达1 287篇,浏览量高达6.6亿。

资料来源:江苏文旅

第六节 旅游线路中的娱乐设计

旅游娱乐是指旅游者在旅游活动中所观赏和参与的文娱活动。它是构成旅游活动的六大基本要素之一。游、娱是旅游者的目的性需求,而食、宿、行、购则是为达到目的所必备的日常生活性质的需求。旅游者的需求是变化的,"求乐"正在变成旅游动机的主流。旅游娱乐活动属精神产品,横跨文学、艺术、娱乐、音乐、体育诸领域。

旅游娱乐与娱乐消遣型旅游是有所区别的。娱乐消遣型旅游是指以娱乐消遣为主要动机的旅游活动,是一次独立的旅游活动;而旅游娱乐指的只是一次旅游活动中的一种旅游行为,其旅游活动并不一定以娱乐为主要动机,也可能是其他类型旅游活动过程中穿插一种文娱活动项目。两者共同之处是都注重旅游活动的娱乐性和参与性。

一、旅游娱乐的特点

旅游娱乐是社会生产发展到一定阶段的产物,在社会生产水平较低的情况下,旅游和娱乐都受到限制。20世纪以来,由于西方私人汽车的普及和野营基地的建设,旅游娱乐的范围不断扩大,并且受旅游者的推动,旅游娱乐服务走上了产业化的道路,逐步与日常休闲活动接近、融合,成为人们生活的必需内容。如今,旅游娱乐的地位越来越重要,个性化、多样化、等级化成为旅游娱乐的基本特征。

全球经济的发展,尤其是科技的高速发展,生产力的不断提高,促使旅游需求和旅游供给出现重大发展变化,而作为旅游要素之一的旅游娱乐,更显现出高速发展的态势,不仅使旅游业结构更趋合理,带来效益,更为各国旅游者带来更多的交流机会和内容,形成了一种独特的文化现象。随着高科技在旅游娱乐业中的大量运用,旅游娱乐不仅达到了寓教于乐的目的,更带来了巨大的综合性经济效益。

旅游娱乐业的总体发展趋势是主题化,树立鲜明的主题、深入挖掘主题、创造独特主题,是各国旅游娱乐业共同追求的目标。其中,深入挖掘主题,主要是挖掘民族文化,在此基础上,努力形成新的旅游吸引物。例如,美国夏威夷的波利尼西亚文化中心,即是以当地土著民族文化为主体并通过进一步深入挖掘内涵而形成的一种文化。而我国冬季的东北地区,除了以滑冰雪、泡温泉吸引各地游客外,看二人转、瞧扭秧歌、吃农家菜、放烟花爆竹,欢欢喜喜过一个具有浓郁关东风情的大年,也是旅游亮点之一。

总体来说,旅游娱乐活动的对象是旅游者,与大众化群众性文化娱乐活动相比,具有以下几个特征:更强调具有民族特色和地方特色,使旅游者耳目一新;强调欢快、热闹、幽默,为大多数人喜闻乐见;强调参与性;时间不宜过长(时间太长会影响旅游者的休息,因而要求组织安排旅游娱乐节目时必须使节目浓缩再浓缩);强调对不同旅游者安排不同娱乐节目(旅游者来自不同地区和民族,有着不同的旅游偏好,因此必须深入进行研究,要求旅游娱乐活动的安排更有针对性);强调旅游娱乐活动项目常变常新;强调高雅文化与民俗文化的结合,在满足大多数人要求的同时,反映出时代特征;强调寓教于乐,使游人在观赏、休憩、娱乐的同时,了解旅游目的地的历史文化、风土人情和科技知识,受到社会文明的熏陶,等等。

二、旅游娱乐的类型

(一)专门性娱乐场所

一般是指设置在城市或旅游区内的以提供娱乐活动为主的场所。例如,长春的和平大剧院、刘老根大舞台等。这些专门性娱乐场所不仅为旅游者提供服务,而且为当地居民服务。

(二)辅助性娱乐设施或活动

1. 设置在旅游饭店中的娱乐设施

我国的涉外饭店通常都设置一些可供游客使用的娱乐设施,尤其是三星级以上的旅游饭店一般都有比较完善的娱乐旅游服务设施,如歌舞厅、健身房、桑拿浴、美容美发中心、保龄球、桌球、壁球、游泳池、网球场等,极大地充实了国内外游客在旅游途中的娱乐活动内容。

2. 旅游景区中设置的娱乐设施及活动

一些俱乐部、度假区或度假村等作为专门的娱乐旅游活动场所,在娱乐旅游项目的设置上具有独特的优势,它们或依山临水,或地处乡间林边,有的还拥有海滨、湖滨,甚至温泉等自然旅游资源,除了具有常规娱乐旅游产品所需的设备和设施外,还可进行野营、疗养、海水浴、沙滩浴、冲浪、潜水等专项特色娱乐活动项目。

在深圳世界之窗、民俗文化村、珠海圆明新园等主题公园的专场演出活动也属于旅游娱乐。深圳世界之窗的"创世纪"、民俗文化村的"绿宝石"、圆明新园的"华夏明珠"等演出活动，运用大制作、大场面、大色块的现代广场表演理念，采用专业的演员水准和通俗的表现手法，深受游客喜爱。

文化类旅游娱乐设施：一般都是由政府支持修建的国家和地区标志性、象征性建筑或者历史文化保护遗址，举办思想性、科学性、艺术性、时代性强的精神文化性的旅游娱乐活动。

消遣类旅游娱乐设施：主要是指电影院、游乐场、游艺厅、公园等，具有参与性、趣味性的特点，消费水平适中。

体育类旅游娱乐设施：由于体育项目具有竞争性、规则性的特点，这类旅游娱乐设施及设备条件直接影响旅游者的练习、比赛效果和成绩，所以场地、设备水平比较高，并提供裁判、教练、陪练服务。

娱乐类旅游娱乐设施：主要是指歌舞厅、夜总会、KTV、组织大型娱乐或游乐节目的主题公园等，具有组织性、享乐性和国际性的特点。它们的项目更新快、产品档次高、专业技术性强，经营管理比较复杂；强调演出的组织、主持、策划，文艺节目的新颖、专业，娱乐企业服务和管理的规范化、标准化、现代化、国际化，树立娱乐品牌形象。

三、旅游娱乐的作用

（一）在旅游收入中比重较小，但增长潜力大

旅游娱乐在旅游业中创汇、创收比重并不大，但利润可观，发展前景广阔。旅游业是综合性很强的产业。它通过为旅游者提供食、住、行、游、娱、购等综合服务而取得经济收入。在这些综合性服务中，食、宿、行具有相对的稳定性，其经济收入是有限度的，而旅游娱乐在旅游需求中的弹性较大，因此其经济收入具有相对的无限性。随着人们生活水平和生活质量的提高，人们对精神性消费需求增加，因此，旅游娱乐的发展前景十分广阔。

（二）丰富了旅游产品的内容，增强了吸引力

旅游娱乐活动已渗透到旅游业各个组成部分中，它特有的文化内涵与参与性强烈地吸引着旅游者，对旅游活动起增彩的作用，提高了旅游活动的质量。由于走马观花的观光型旅游正在失去魅力，更多的旅游者希望深入地了解旅游地的社会、文化现象，更加注重参与性和心理经历。旅游娱乐融艺术性、娱乐性和参与性为一体，是一个国家或地区民族文化、艺术传统的生动反映。它不仅在专业娱乐场所出现，更多的旅游业经营者把旅游文娱引入到旅游景区景点、旅游饭店，甚至各种旅游商品交易会和展示会上，为旅游活动及其促销工作增添更多的文化娱乐色彩，满足了旅游者生理、心理及精神需要。

（三）扩大了就业渠道

旅游娱乐业的发展，需要投入相当大的人力资源，以主题公园为例，一个主题公园需要的人员相当于一个大型工厂，而这又是典型的劳动密集型行业，必然为社会提供了大量就业机会。

案例拓展

只有河南·戏剧幻城

中国最大的戏剧聚落群,现象级的旅游演艺《只有河南·戏剧幻城》位于郑开大道的中段,与电影小镇、方特、绿博园等景区为邻,是建业集团联袂王潮歌导演打造的全景式全沉浸戏剧主题公园,项目占地622亩,总投资金额60亿。开业仅10天就7次登陆央视,是中国最大的戏剧聚落群。《只有河南》以黄河文明为创作根基,以沉浸式戏剧艺术为手法,以独特的"幻城"建筑为载体,用全新的观演模式,讲述关于"土地、粮食、传承"的故事。

56个格子空间,56个不同世界,从时间到空间,从静态到动态,从景观到戏剧,全部的灯光设计通过多维度思考与创作,多次跨专业协调与融合,映射岁月在土地上的沉淀,带给大家沉浸式的光感体验,创造立体观感的戏剧效果。

项目开城首演直播,全网播放量4 160万;开业10天内,项目7次登上央视,《人民日报》、新华社等中央媒体相继发布多次专题稿件和多语种稿件;微博话题"有21个剧场的戏剧幻城",阅读量达3.7亿,累计6次登上微博同城热搜第一;抖音热度排名本地第一;抖音官方账号粉丝11.6万,POI增长至3.7亿。

资料来源:旅思马记

课后思考

1. 旅游线路设计中哪个要素最为核心?为什么?
2. 结合自己家乡或所在城市,思考有哪些特色饮食、特色交通、特色酒店、特色景区、特色商品、特色娱乐活动,能够吸引游客到访。
3. 随着科技水平的不断提高,其与文旅的融合力度越来越大,查阅相关资料或案例,剖析科技在文旅中应用的重要意义。
4. 任意选择所在城市的一家4A级以上景区或重要旅游景点,分析其文创产品的发展现状及提升策略。
5. 思考如何打造自己家乡的美食品牌,以及如何与旅游进行融合。

拓展阅读

微信扫码
相关资源 & 拓展阅读

第五章
旅游线路设计思路与步骤

第一节 旅游线路设计组织

一、旅游线路设计人员的知识要求

旅游线路设计人员的素质与构成，直接影响到旅游线路设计的质量。作为旅游企业来说，为了降低旅游线路设计人员的费用，从本企业中选择设计人员是最理想的。如果旅游企业内部人员不能满足需要，可以考虑聘请其他方面的人员，对旅游线路设计人员的主要有知识要求与经验要求等。

1. 旅游资源知识

旅游资源是旅游线路中最主要的旅游吸引物。对于自然旅游资源来说，旅游线路设计人员需要具备自然旅游资源的相关知识，如地理知识、地质知识、水文知识、气象与气候知识、生物知识、生态知识等。在设计以人文旅游资源为主要旅游吸引物的旅游线路时，设计人员需要具备一定的历史学、考古学、文学、建筑学、民族学、民俗学、宗教学等方面的知识。

2. 旅游基础设施知识

旅游基础设施虽然不直接对旅游者提供服务，但是，旅游目的地的旅游基础设施会使旅游者对旅游目的地产生比较直观的印象。因此，旅游线路设计也要掌握旅游基础设施的相关知识，如道路桥梁、供电供热、通信、排水、消防、环境卫生以及路标、停车场，尤其是道路情况、停车场、加油站、医院等信息，这些因素都会影响线路的组织和设计。

3. 旅游专业设施知识

旅游专用设施直接服务于旅游者，对旅游者的旅游体验有着非常重要的影响，因此，旅游线路设计者对旅游专用设施必须非常了解，才能在线路设计中进行最佳的选择和组合。比如旅游专用设施中的住宿、餐饮、交通及其他服务设施的类型、位置、规模、档次、价格、舒适度等等。

4. 旅游服务基本知识

旅游服务是旅游线路设计的核心。在旅游线路中，旅游者只是在餐饮等项目中消耗少量的有形物质产品，其余大部分都是对各类服务的消费。旅游线路设计要充分注意这个特点，所以旅游线路设计人员要具备基本的旅游服务知识。

5. 其他知识

除了上述相关知识外,旅游线路设计人员还要具备一些其他相关知识,如旅游美学知识、旅游政策与法规知识、旅游地理、旅游心理学知识,只有掌握这些专业相关知识,才能更好地规划、科学合理安排线路,满足旅游者的需求。

二、旅游线路设计人员的经验要求

旅游线路设计人员除了必须具备一定的理论基础知识之外,还需要具备一定的经验,才能使线路设计更加符合市场导向、旅游者需求等原则。

(一)导游经验

导游人员在导游工作中对旅游景区、旅游交通、旅游食宿、购物和娱乐场所的选择是否合理、旅游者有什么需求、旅游线路的亮点或不足等了解得比较清楚。导游人员在服务和操作过程中积累的直接感受和丰富的经验能使设计的旅游线路更贴近实际。具有导游工作经验的旅游线路设计人员设计的线路更能受到旅游者的欢迎。

(二)计调经验

旅游企业在进行旅游线路设计时,要与旅游交通、饭店、餐馆、旅游景区或景点以及其他企业加强联系,才能形成综合接待能力。旅游线路设计人员有计划调度经验,可以在线路设计时合理选择旅游景区或景点、饭店、航空铁路、市内交通、娱乐及购物场所等,在众多对象中选择最理想的合作伙伴并进行优化组合,构成一个最佳旅游线路产品的服务体系,保证旅游线路的质量。

(三)旅游线路设计经验

旅游线路设计经验对旅游线路设计是非常重要的,旅游线路设计是一项复杂的工作,在策划、创意、设计过程等环节中都有很多技术与技巧,有旅游线路设计的经验,在设计时可以更好地吸取经验教训,少走弯路,保证旅游线路设计的成功率。

三、旅游线路设计人员的综合能力

综合能力对旅游线路设计人员也是很重要的,如团队合作、组织协调、综合信息等能力,这些能力在线路设计过程中能更好地综合线路信息,协调各环节安排,保证线路设计的质量。

第二节 旅游线路设计步骤

一、策划阶段

(一)寻求创意

新产品开发过程从寻求创意开始。所谓创意,就是开发新线路的设想。虽然并不是所有的设想或创意都能变成线路产品,但尽可能多的创意却可为开发新线路产品提供更多的机会。因此，大多数企业都非常重视创意的发掘。寻求旅行线路设计创意主要有以下几种途径。

1. 投诉问题分析法

旅游消费者是产品信息的最好来源，而线路产品若被旅游者投诉则说明产品肯定存在问题，需要改进。分析这些投诉，经过综合整理，最后则可转化为创意。例如，国庆节期间某旅行社推出北京双飞四日游产品。在促销期间，一些旅游消费者要求旅行社在行程中增加参观天安门升国旗的项目。线路设计人员经过进一步调查，采纳了这个建议。结果该线路产品受到了旅游消费者的高度认同。

2. 内部人员会议法

召集旅行社相关人员，如导游、组团部工作人员等围绕某个问题，各抒己见，从中激发灵感、激发创意。

3. 旅游中间商、代理商提供法

旅游中间商、代理商与旅游消费者直接接触，他们最了解消费者的行为与心理，同时对竞争对手也比较了解，这种来源于他们的创意往往是最佳的。

4. 反向头脑风暴法

不相关的行业专家或人员召集起来，如媒体工作人员、学校教师等，围绕某一个主题没有限制地各抒己见，在思想的激荡中，寻求新线路产品设计的灵感。

（二）市场分析

线路产品的策划阶段既需要富有激情的畅想，也绝对少不得冷静的市场分析。市场分析要求产品设计人员以理性的态度对拟定的线路产品进行剖析。设计人员取得足够创意之后，要对这些创意加以评估，研究其可行性，并挑选出可行性较高的创意，这就是创意甄别。

创意甄别的目的是淘汰那些不可行或可行性较低的创意，使旅行社有限的资源集中于成功机会较大的创意上。

（三）创意选择

在收集到一定数量和质量的线路产品创意之后，就进入线路产品创意选择阶段。此时，旅行社应根据本企业的经营目标和产品创意的可行性着手对创意进行分析和筛选，从中选出符合企业经营目标的、可行度高的线路产品创意。经过甄别后保留下来的新线路产品创意还要进一步发展成为具体的线路产品。

二、产品制作阶段

在完成产品的策划后，就进入具体的线路编排、制作阶段。旅行社线路开发设计程序的第一个阶段所确定的产品策划及创意，只是一个粗略的、轮廓化的产品速写，而产品制作阶段要进行的工作，则是让产品有血有肉地鲜活起来。

（一）收集相关资料

线路产品制作阶段的首要步骤是收集相关资料。目的地概括、各类介绍及评价文章等，都可以作为线路产品设计的有用参考资料。其他旅行社的现成产品资料也十分有用，但仅能用作参考。因为对其他旅行社的现成产品全面抄袭借用,会有很大的风险隐含其中。这种风险表现为:① 无法了解产品的最初编创意图;② 无法完美体现原有产品的特色;③ 受原创产品旅行社的局限和束缚。

(二) 实地考察

在设计新的线路产品,尤其是涉及新的目的地、新的线路、新的特色时,实地考察是必需的。在考察中所发现的问题,是在办公室里无论如何也想不到的。为了达到考察的真正目的,考察人员要进行先期的资料准备并草拟考察提纲。实地考察期间,考察人员要时时以旅行社与旅游者的双重身份,从两种角度审视考察对象。

考察结束后,要形成详细的考察报告。考察报告应包含这次考察的详细记录,包括产品构想、考察的详细日程、考察笔记及相关的全部材料。在实地考察的评价表中,要至少包括这样一些内容:城市区间交通状况评价、景区(点)评价、地接旅行社评价、旅游目的地接待服务设施评价等。

(三) 分析取舍

设计人员在实地考察之后,要对收集的信息进行分析取舍。旅游线路作为产品的体现必须面对现实、面对市场。在进行分析取舍时,要注意以下三点。

① 产品内容要符合产品名称并突出主题。因为产品名称的确立,即为产品的生产树立了一个标杆,产品的主题、形式无不与产品的名称有着重要的关联。

② 要从购买者主体的欣赏角度出发。尤其是一些文化旅游产品,其所蕴含的内容能否满足旅游者的心理需求,要重点考虑。

③ 在产品制作中,应尽力避免对旅游景区(点)选择的不慎重,以及由此可能给旅游者带来的误导及隐性的伤害。

(四) 组装产品

这一过程是将分析取舍之后的旅游项目编排成条完整的线路,并确定产品名称。线路编排就像工厂中的总线装配,经过取舍之后的产品名称、交通状况、城市、旅游景区(点)、食宿、娱乐活动等各类资料,都需要在这道工作环节中进行组合装配。

经过合理编排的线路,才能变成一个完整成形的产品。产品的组装,应当在旅行社产品设计原则的指导下进行,除"探险旅游"及廉价产品外,各类产品的设计,无一例外都要考虑行程安排的科学性和旅游者的舒适性,做到有效合理。

(五) 制定市场营销组合

产品组装之后,设计人员还需要制定市场营销组合。针对不同市场需求对产品进行不同包装,制定产品价格,确立销售渠道,组织促销活动等。

三、市场试销

如果旅行社的最高管理者对某种新产品开发设计结果感到满意,就可以着手用品牌名称、包装和初步市场营销方案把新产品装扮起来,向旅游消费者推介新的线路。推介的主要方法有做广告、发宣传单、营销人员直接对潜在旅游者推介或给予低价、赠送项目等让利方式,以便尽快地吸引第一批旅游者报名参加旅行。

在这一阶段,旅行社应当密切关注旅游者在旅游过程中对活动项目的评价、旅游接待过程中各个环节的衔接状况,以及旅游目的地的接待服务水平等,并且不断地与相关接待部门进行沟通、协商,对旅游中出现的问题加以调整和改进,以提高产品质量。

四、投放市场

新产品经过一段时间的试销,如果效果良好,旅行社就应该及时地将该产品全面投放市场,运用恰当的市场营销手段,尽量扩大产品在市场上的占有份额,提高产品的销售量和利润率。

第三节 旅游线路成本核算

旅游产品的成本核算是非常重要的,关系到旅游产品的销售。核算成本比实际成本高,销售价格就会变高,导致旅游产品的销售量下降;成本核算比实际成本低,销售价格就会变低,虽然销售量增大,但旅游企业无法营利甚至亏损。这些情况都对企业不利,因此,旅游产品成本的核算要尽力做到准确。

(一)门票价格

一般情况下,只核算景区的首道大门门票价格。但要注意,套票与淡旺季的票价变化,如果有不同种类的套票,一定要说明成本的核算是按哪种套票进行计算的;如果旅游线路是长期销售的旅游产品,淡旺季的票价不同,那么旅游企业的销售政策也会不同,一定要标明淡旺季的不同票价与销售政策。要注意的是,景区门票价格对于旅游企业而言,有门市价和折扣价两种形式,核算成本时要以折扣价计入成本,也要标明景区的门市价,便于旅游企业的销售部门给旅游产品定价。

(二)交通费用

交通费用包括大交通费用、小交通费用、景区交通费用。一般情况下,旅游产品成本的核算只计算小交通的费用,大交通费用另计,而景区交通费用则在自费推荐项目里进行核算。在成本核算中,小交通的费用核算方法较为复杂,有实际公里核算法、小包车核算法、大包车核算法。

1. 实际公里核算方法

用旅游线路行程公里数总和乘以每公里的运营成本,再加上停车费、过路过桥费的总和除以计划旅游团队人数,最终得到旅游团队中每一个团员的小交通费用成本。这里指的车辆运营成本包括车辆损耗、油费、司机工资、车队运营成本、车队利润等项目。即

$$\frac{旅游线路行程公里数总和 \times 每公里的运营成本 + 停车费 + 过路过桥费}{计划旅游团队人数}$$
$$= 一个团员的小交通费用成本$$

这种计算方法较为复杂,但成本核算准确性高。要注意的是,计划团队人数不等于实际团队人数,如果实际团队人数比计划团队人数多,小交通费用的成本会降低;反之,小交通费

用的成本会增高。

2. 小包车的核算方法

(1) 用旅游线路行程公里数总和乘以每公里的运营成本,再加上停车费、过路过桥费的总和,得到旅游团队的费用成本。即

旅游线路行程公里数总和×每公里的运营成本＋停车费＋过路过桥费＝旅游团的小交通费用成本

(2) 车辆使用费加上司机的工资和旅游线路行程总体油费,再加上停车费、过路过桥费的总和,得到旅游团队小交通的费用成本。这里的车辆使用费包括车辆损耗车队运营成本、车队利润等项目。即

车辆使用费＋司机工资＋油费＋停车费＋过路过桥费＝旅游团的小交通费用成本

小包车的核算方法不用计算每个团员的小交通费用成本,而是只核算出整个旅游团队小交通费用成本。这种核算方法不会因参团人数的变化而造成成本核算的偏差,但只能用于包车、包团的旅游产品成本核算。

3. 大包车的核算方法

如果是旅游车队为某个旅游产品报出一个使用车辆的总价,作为这个旅游产品小交通费用的成本,不考虑费用中各项波动因素。如果是包车、包团的旅游产品,直接将使用车辆的总价用于成本核算;如果不是包车、包团的旅游产品,用使用车辆的总价除以计划旅游团队人数,即可得到旅游团队中每一个团员的小交通费用成本。即

使用车辆的总价/计划旅游团队人数＝每一个团员的小交通费用成本

这种计算方法较为简单,成本核算准确性高,被现今的旅游企业广泛使用。要注意的是,虽然采用这种计算方法省时省力,但一般旅游车队报出的使用车辆的总价较高,会提高旅游产品的总成本,不利于旅游产品的销售。除此之外,与实际公里核算方法相同,也存在计划团队人数与实际团队人数不同的问题。

一般情况下,旅游目的地的旅游企业需要核算小交通与景区交通的费用,而客源地的旅游企业需要核算大交通的费用。

(三) 餐费

1. 早餐费用的核算

首先确定团队的住宿房间是否包含早餐费用,如果住宿房间费用包含早餐费用,则核算餐费时不必再核算早餐费用;如果住宿房间费用没有包含早餐费用,则需要核算出每人所有早餐的总费用。

2. 正餐费用的核算

核算时必须首先明确餐厅的结算方式,餐厅的结算方式一般有:

(1) 以每桌为结算单位。一般每桌不超过 10 人,餐厅不计算旅游者人数,菜品较为固定,只按用餐多少桌来计算。这种情况大多是在用餐人数不确定但人数波动不大的情况下,无法在订餐时与餐厅确认用餐人数时采用。

(2) 以旅游者人数为结算单位。这种情况较为简单,只需要合计每次正餐的费用。

(3) 旅游者自己点餐。这种情况有三种可能性:一是旅游者自己付费,不需要核算到正

餐的费用中;二是无论餐费多少,先由旅游接待人员垫付,最终由旅游者统一支付所有的旅游活动中产生的费用;三是旅游者在一定限额内点餐,超出的部分由旅游者自行支付,限额内的费用由旅游接待人员支付。前两种情况,因无法提前知道用餐费用的额度,所以,不会计入餐费的成本中,第三种情况是有计划的,应将费用计入餐费的成本中。

（4）特色餐特色菜的费用核算。通常是核算在推荐自费项目中,如果不是推荐自费项目,旅游线路设计人员需要将特色餐、特色菜的人均费用核算出来,计入餐费成本中。

（四）住宿费

住宿费的成本核算,需要将行程中涉及的住宿资源因素的成本价格罗列出来,并且要注明不同季节的价位、不同情况下的价格政策(如免房政策)等。住宿费用的波动变化较快,旅游线路设计人员要做到及时更新。虽然住宿费用的波动变化较快,但一般同一季节,住宿费用的波动幅度较小,可以忽略,设计人员可以填写住宿费用的中间价或最高价。这种情况一定要加以说明,否则,最终核算出的成本不准确,形成旅游企业在营销和销售过程中使用价格策略产生偏差,最终造成旅游企业的经济损失。

（五）导游人员服务费

导游服务费的核算,是根据市场波动的变化而变化的,导游的服务水平不同,费用也会不同。淡旺季也会产生导游服务费的变化。旅游线路设计人员要提前掌握不同水平导游服务费的市场行情。在具体核算这一部分费用时,一般兼职导游的服务费是按天计算的,如果是包团,用每天的服务费乘以旅游产品的天数,得到导游服务的总费用,计入成本即可。如果不是包团,还要将导游服务的总费用除以计划旅游团队人数,得到旅游团队中每一个团员的人均导游服务费用。旅游企业的专职导游服务费,是根据旅游企业规定的每天出团补助的标准来计算的,计算方法与兼职导游的计算方法相同,只是因专职导游有工资,通常专职导游服务费会比兼职导游服务费低。

（六）其他费用

还有一些其他费用,也应纳入旅游产品的成本核算中,例如:人身意外保险费、签证费、办公费用等。当然,办公费用(器材折旧费用、耗材使用费用、场地租赁费用、广告费、营销费、接待费、人员工资等)的核算,应分摊计算到每一件旅游产品的成本之中,但在具体旅游线路成本核算的实际操作中,往往无法体现出来。

（七）合计总费用与销售价格

将上述的各项费用加到一起,就是旅游线路的总成本。要注意的是,上述的各项费用,有旅游者个人的旅游成本,也有包团的旅游成本,还有分淡旺季及一些旅游因素的价格波动等不确定因素。所以,一是要分清个人与包团的旅游线路成本的核算;二是要及时更新那些会产生价格波动的旅游因素的价格,使核算出的旅游线路总成本最大限度地接近实际成本,为后期销售环节的定价打下坚实的基础。

旅游线路总成本加上利润,再进行一些定价策略的包装,就是这个旅游产品的销售价格。要注意的是,同一个旅游产品的价格,应该包含三个数据,分别是旅游产品的采购成本价、针对同行的旅游产品的销售价(或者称为旅游产品的批发价)和针对旅游者的旅游产品销售价(或者称为旅游产品的零售价)。

第四节　旅游线路营销策划

旅游市场竞争越来越激烈,竞争的焦点是争夺客源,为了争夺旅游者,扩大市场占有率,各家旅行社在旅游市场上以各种手段进行激烈的竞争。旅游线路广告宣传是招徕游客、扩大市场占有率最重要的手段之一。本节介绍了旅游线路广告媒体、旅游线路广告内容和旅游线路广告实例。

一、旅游线路广告媒体

现代广告媒体众多,旅游线路设计人员或广告策划人员需要在广告媒体中选择最佳媒体工具。要注意的是,因为媒体受众的差异,可以说是没有一种媒体可以覆盖到全部受众。

1. 广告媒体的种类

现代广告媒体多种多样,既有传统广告媒体,如报纸、杂志、广播、广告牌等,也有现代广告媒体,如电视、互联网、大型街头电视墙、手机视频等。

（1）报纸。用报纸做广告具有灵活性、及时性,本地市场覆盖量大,能广泛地被接受,可信度高,成本低等优点。但保存性差,复制量小,传阅者少。

（2）杂志。地理、人口可选性强,可信并有一定的权威性,尤其是当前飞机、高铁动车上的旅游类杂志,传阅者多,受众面广。由于观看杂志都在单调的旅途中,效用也较好。

（3）电视。电视广告综合视觉、听觉和动作,富有感染力,能引起高度重视,覆盖面广,但是成本高,干扰多,瞬间即逝。

（4）广播。大众化宣传,地理和人口方面的选择性较强,成本强,但是只有声音,没有直观的视觉效果,不如电视那样引人注意,广告信息瞬间即逝,不注意听的话很难记住广告的内容。

（5）互联网。互联网做广告不受地区限制,受众广、更新快,但是可信度有一定的限制。

（6）直邮。接受者有选择性,灵活,在同一媒体内没有广告竞争,人情味较浓,但相对来说成本较高,可能造成"垃圾邮件"的印象。

（7）广告牌。户外广告牌灵活、广告展露时间长,费用低,竞争少,但是观众没有选择,缺乏创新。

（8）口头。口头广告主要是旅游者对已经购买和消费的旅游线路的口头评价,虽然口头广告传播的范围有限(主要是旅游者的亲朋好友),但对受众的影响力不可低估。

（9）新媒体。泛指利用电脑(计算及信息处理)及网络(传播及交换)等新科技,对传统媒体之形式、内容及类型所产生的质变。新媒体一词可以从产业区分、人机界面、艺术运动及其多媒体形式来诠释,不同的诠释是由于不同领域的观点(产业、科技、艺术及传媒)的出发点之不同。新媒体主要有数字杂志、数字报纸、数字广播、手机短信、微博、微信、网络、桌面视窗、数字电视、数字电影、触摸媒体等。

2. 广告媒体选择

在选择广告媒体时要考虑很多因素,包括目标市场或目标消费者媒体的习惯和态度、广告成本、广告效益、广告时效等,如互联网与电视是接近青年人的最好媒体。旅游线路的性质也影响对媒体的选择,如果线路中具有较高级别的景点或高等级的住宿、交通条件等,用彩色图片在杂志中做广告效果就比较好。

二、旅游线路广告内容

旅游者或潜在的旅游者对旅行社推出的旅游线路广告最想知道的信息,如旅行社名称、旅游线路的类型、旅游目的地(旅游景区或景点)、旅游项目、旅游服务标准、旅游线路价格及注意事项等。

就旅游企业来说,做广告的直接目的就是争取客源,因此,在广告中要以特色鲜明的主体、资源级别高(或新开发有新意)的景区或景点、新颖且参与性强的旅游项目为中心,讲明各项服务条件、公开价格,构成完整的旅游线路信息。信息的内容可根据具体选择的媒体而定。

如厦门风行天下旅行社在携程旅行网推出的"厦门+鼓浪屿4日3晚半自助游"为例,这条线路的广告就包括以下内容:

(1) 名称、目的地、游览时间、游览方式。
(2) 服务保障。
(3) 旅行社(供应商)信息。
(4) 产品特色。
(5) 酒店、景点、服务团队详细介绍。
(6) 产品概要(可选择图文模式或日历模式)。
(7) 费用。
(8) 预订须知(预订限制、预订说明、产品说明、违约条款、出行指南及法规、支付信息等)。

第五节　旅游线路设计风险预案

一、交通事故处置预案

导游人员应该具有交通安全意识和必要的交通常识,提醒司机检查车辆,发现事故隐患及时提出更换车辆的建议;协助和监督司机做好安全行车工作。交通事故发生后,导游人员应做到:

1. 立即组织抢救

发生交通事故出现伤亡时,导游人员应立即拨打120急救电话并组织现场人员迅速抢救受伤的游客,特别是抢救重伤员。如不能就地抢救,应立即将伤员送往离出事地点最近的医院救治。

2. 保护现场,立即报案

事故发生后,应尽一切努力保护现场,并尽快报案。报公安110或交通事故122报警台,请求派员赶赴现场调查处理。

3. 迅速向旅行社报告

将受伤者送往医院后,导游人员应迅速向旅行社领导报告交通事故发生及旅游者伤亡情况,按领导指令开展下一步工作。旅行社领导应在第一时间报旅游行政管理部门。

4. 做好旅游团其他人员的安抚工作

交通事故发生后,导游人员应做好团内其他旅游者的安抚工作,继续组织安排好参观游览活动。事故原因查清后,要向全团旅游者说明情况。

5. 写出书面报告

交通事故处理结束后,导游人员要写出事故报告。内容包括:事故的原因和经过;抢救经过、治疗情况;事故责任及对责任者的处理;旅游者的情绪及对处理的反映等。报告力求详细、准确、清楚。如旅游团有领队的,应请领队在报告落款处署名。

二、治安事故处置预案

在旅游活动中,遇到歹徒行凶、诈骗、偷窃、抢劫等,导致旅游者身心及财物受到损害的,统称治安事故。

旅行社提醒旅游者:不要将房间号告诉陌生人;不要让陌生人或自称饭店维修人员随便进入房间;不要与私人兑换外币;出入房间锁好房门,夜间不要贸然开门;贵重物品不要随身携带或放在房间内,可存入饭店总台保险柜;离开游览车时不要将证件或贵重物品遗留在车内。

导游人员要始终与旅游者在一起,注意观察周围环境,经常清点旅游者人数;车行途中不得随意停车让无关人员上车,若有不明身份者拦车,导游人员应提醒司机不要停车。

发生治安事故,导游人员应:

1. 保护旅游者人身及财产安全

导游人员应挺身而出保护旅游者,将当事旅游者转移到安全地点,力争追回钱物;如有旅游者受伤,应立即组织抢救。

2. 立即报警

导游人员应立即向当地公安部门报案,并积极协助破案。报案时要实事求是报告事故发生的时间、地点、案情和经过,提供犯罪嫌疑人的特征,受害者的姓名、性别、国籍、伤势及损失物品的名称、数量、型号、特征等。

3. 及时向旅行社报告

要及时向旅行社领导报告治安事故发生的情况并按领导指令开展工作,情况严重时,请领导亲临指挥、处理。

4. 安定旅游者的情绪

治安事故发生后,导游人员应采取必要的措施,安定旅游者的情绪,力争使旅游活动按行程计划进行。

5. 写出书面报告

导游人员应写出详细、准确的书面报告,除报案内容外,还应写明案件的性质、采取的应急措施、侦破情况、受害者和旅游团其他成员的情绪及有何反映、要求等。

  6. 协助领导做好善后工作

  导游人员应准备好必要的证明、资料,处理好善后事宜。

三、火灾事故处置预案

  导游人员应提醒旅游者不携带易燃、易爆物品,不乱扔烟头和火种;入住饭店后,导游人员应尽快熟悉饭店楼层的安全出口、安全楼梯的位置及安全逃生路线,并适时向旅游者介绍;导游人员应掌握领队和旅游者的房号。发生火灾事故,导游人员应:

  1. 立即报警;

  2. 迅速通知领队及全团旅游者;

  3. 配合饭店工作人员,迅速、有序地通过安全出口疏散旅游者;

  4. 引导自救:

  (1) 不使用电梯;

  (2) 若身上衣服着火,可就地打滚或用厚重衣物压灭火苗;

  (3) 必须穿过浓烟区时,用浸湿的衣物披裹身体,用湿毛巾捂着口鼻,贴近地面顺墙爬行;

  (4) 大火封门无法逃出时,用浸湿的衣物、被褥堵塞门缝或泼水降温,等待救援;

  (5) 摇动色彩鲜艳的衣物呼唤救援人员;

  5. 协助处理善后事宜。旅游者得救后,导游人员应立即组织抢救受伤者;若有重伤者应迅速送医院,有人死亡,按有关规定处理;采取各种措施安定旅游者的情绪,解决因火灾造成的生活方面的困难,设法使旅游活动继续进行;协助领导处理好善后事宜;写出翔实的书面报告。

四、食物中毒处置预案

  组团社应通过合同或协议方式,要求接待旅行社保证旅游者用餐安全。

  导游人员要提醒旅游者不在小摊贩上购买食物,团队就餐时发现食物、饮料不卫生,或有异味变质的情况,导游人员应立即要求更换,并要求餐厅负责人出面道歉,必要时向旅行社领导汇报。发现旅游者食物中毒,导游人员应:

  1. 设法催吐并让食物中毒者多喝水以加速排泄,缓解毒性;

  2. 立即将患者送医院抢救,请医生开具诊断证明;

  3. 迅速报告旅行社并追究供餐单位的责任。

五、地震应急处理预案

  导游人员应密切关注旅游目的地或途经地的天气或其他消息,每天与旅行社计调取得联系。当地震灾害发生时,导游人员应:

  1. 立即通知领队及全团旅游者,约定失散时的集合地点和联系、通讯方式;

  2. 听从当地抢险救灾指挥人员的指挥;

  3. 引导自救:

（1）为防止次生灾害的发生，首先要切断电源、气源，防止火灾发生。

（2）如当时正在楼房内，首先要保持清醒、冷静的头脑，及时判别震动状况，千万不可在慌乱中跳楼；其次，可躲避在坚实的家具下或墙角处，亦可转移到承重墙较多、开间小的厨房、厕所去暂避一时（因为这些地方结合力强，尤其是管道经过处理，具有较好的支撑力，抗震系数较大）。也可根据建筑物布局和室内状况，审时度势，寻找安全空间和通道进行躲避，减少人员伤亡。

（3）当地震时，团队正在室外，应就地选择开阔地避震，避开高大建筑物或构筑物，特别是有玻璃幕墙的建筑；姿势上选择蹲下或趴下（双手保护头部）；不要乱跑，避开人多的地方，不要随便返回室内。

避开危险物、高耸或悬挂物：变压器、电线杆、路灯等；广告牌、吊车；过街桥、立交桥；高烟囱、水塔下等。

避开其他危险场所：狭窄的街道；危旧房屋，危墙；女儿墙、高门脸、雨篷下；砖瓦、木料等物的堆放处。

（4）地震时团队正在影剧院、体育馆等公共场所时，应听从现场工作人员的指挥，不要慌乱，不要拥向出口，要避开人流，避免被挤到墙壁或栅栏处。

就地蹲下或趴在排椅下；注意避开吊灯、电扇等悬挂物；用书包等保护头部；等地震过去后，听从工作人员指挥，有组织地撤离。

在商场、书店、展览馆、地铁等处选择结实的柜台、商品（如低矮家具等）或柱子边，以及内墙角等处就地蹲下，用手或其他东西护头；避开玻璃门窗、玻璃橱窗或柜台；避开高大不稳或摆放重物、易碎品的货架；避开广告牌、吊灯等高耸后悬挂物。

在行驶的汽车（火车、地铁）内应用手牢牢抓住拉手、柱子或座席等，并注意防止行李从架上掉下伤人，面朝行车方向的人，要将胳膊靠在前座席的椅垫上，护住面部，身体倾向通道，两手护住头部；背朝行车方向的人，要两手护住后脑部，并抬膝护腹，紧缩身体，作好防御姿势。

（5）当团队正在野外时，应避开山脚、陡崖，以防山崩、地裂、滚石、滑坡、泥石流等。在躲避山崩、滑坡、泥石流时，要向垂直与滚石前进方向跑，切不可顺着滚石方向往山下跑；也可躲在结实的障碍物下，或蹲在地沟、坎下；特别要保护好头部。

六、水灾避险预案

导游人员应随时掌握旅游行程中各地的天气情况，及时向当地旅行社地陪导游了解可能影响或危及本次旅游安全的信息。当洪水发生时，导游人员应：

1. 及时通知领队和全团旅游者，约定如遇失散的集合地点及联系、通讯方式；
2. 听从当地抢险救灾指挥人员的指挥；
3. 引导自救：

（1）当洪水威胁到房屋时，应及时关上电源总开关和煤气阀，以免着火和触电伤人。

（2）为防止洪水涌入屋内，可用自制的沙袋或毛毯等塞住门窗的缝隙。

（3）如果洪水不断上涨，应留心贮备一些饮用水、食物、保暖衣物、轻便简单的炊具、打火机、火柴等。

（4）如果水灾严重，可能要躲到屋顶上暂避，或者要自制木筏逃生时，还应准备一些可发出求救信号的东西,如手电筒、应急灯、哨子、旗帜、鲜艳的床单、沾油的破布(纸或木根)、镜子等。

(5) 离开房屋前要多吃些或带些含热量较多的食品。

(6) 制作简单木筏可用木梁、箱子、木板或衣柜等任何能浮在水面上的东西;如果没有绳子,可用被单等绑扎;当水流很急时或不到最后关头都尽可能不用木筏逃生。

(7) 当需要涉水行走时,要选择水流较平缓的地方,应面向水的上游,侧身一步一步地划步横行,要先站稳一只脚后,才能抬起另一只脚来,并最好能用一根长杆探测水深及防止跌倒。

七、社会安全事件应急预案

1. 暴乱

(1) 保持冷静,沉着应对,保持与暴乱分子的距离,不与其接触或者答话,不要围观。

(2) 被暴乱分子盯上时,应向熟悉的或者人多的安全地带奔跑。

(3) 在逃跑时,要学会利用和制造障碍物阻滞暴乱分子,把身上多余的东西向后扔。

(4) 不要与暴乱分子拼命搏斗,被击倒时,双手重叠捂住后脑,双肘向内可以护住眼睛、鼻梁。要学会用眼睛"观察"和用身体"打滚",找到其薄弱环节,然后迅速地"连滚带爬"冲出去。

2. 绑架

(1) 学会保护自己,要运用自己的智慧,同坏人周旋。

(2) 在被绑架的过程中,要尽量记住沿途的地方、路名和绑匪的特征,或者留下亲人熟悉的标记。

(3) 尽可能拖延时间,寻找各种借口给绑匪制造困难,如说身体不适,或可大哭,或可扭动身体,或作出其他反常的行为,或趁绑匪不注意时制造信号以引起外界注意,或者趁机呼救。

课后思考

1. 根据本章所学知识,针对大学生群体,设计一条大运河国家文化公园为主的五日游以上文化体验线路。
2. 根据食、宿、行、游、购、娱等旅游要素,思考一条旅游线路的成本,探讨零负旅行团收入的主要来源是什么。
3. 查找资料,分析不同级别旅行社在开展旅游线路营销策划时有何差异。
4. 旅游线路设计人员应具备什么样的知识和能力。

拓展阅读

微信扫码
相关资源 & 拓展阅读

第六章
旅游线路设计实务

第一节　浙江红旅线路设计案例

彪炳千秋世，谱写新百年

一、前言

百年恰是风华正茂，2021年是中国共产党成立100周年，也是"十四五"开篇之年。落实爱国主义教育，势必固本培元、凝心铸魂。我们也将赓续创新精神，讲好大党故事。

这次的"旅程"，我们将以浙江为视域，立足"两山"理论，经略红色旅游线路"全景图"；忠实"八八"战略，铺陈述说诗画浙江"新发展"。奋勇争先的浙江气质，古韵今朝的浙江画卷将在这片大地上徐徐展开。

我们将从一面国旗开始，在南湖中探访一段遥远的记忆，穿越百年，经历共产党的诞生、成长和成熟，横贯南北东西，上山入海，最后在西子湖畔，构筑起对幸福生活的向往。

二、方案背景

（一）团队概述

1. 团队名称

浙嘉粽子不错

2. 团队口号

万水千山"粽"是情，闯进前三行不行！

（二）方案概述

1. 方案主题

彪炳千秋世，谱写新百年

2. 方案摘要

浙江省的红色旅游资源在全国占有十分重要的地位。丰富的资源不仅为发展红色旅游奠定了基础，也为浙江旅游实现更大的发展提供了千载难逢的新机遇。

本方案正是以浙江省内的红色旅游景点为依托，从党的诞生、成长、成熟三段经历出发，通过巧妙的整合与筛选,分别以"旗帜领航新时代""阔步出彩新征程""寻声携手新使命"为主题,设计了三条独具特色的红色旅游线路。在线路的行程安排中,我们将红色旅游与本地历史文化脉络相结合,展现历史文化发展的传承性和地域文化的独特性,使红色旅游跳出一般旅游产品的生命周期,以其独特的魅力和生命力获得历久弥新的发展。

3. 方案意义

(1) 有利于加强和改进新时期爱国主义教育

积极发展红色旅游,寓思想道德教育于参观游览之中,将革命历史、革命传统和革命精神通过旅游传输给广大人民群众,有利于传播先进文化,提高人们的思想道德素质,增强爱国主义教育的效果。

(2) 有利于保护和利用革命历史文化遗产

通过发展红色旅游,把这些革命历史文化遗产保护好、管理好、利用好,对于建设和巩固社会主义思想文化阵地,大力发展先进文化,支持健康有益文化,努力改造落后文化,坚决抵制腐朽文化,具有重要而深远的意义。

(3) 有利于带动革命老区经济社会协调发展

发展红色旅游,是带动老区人民脱贫致富的有效举措,可以将历史、文化和资源优势转化为经济优势,推动经济结构调整,培育特色产业,促进生态建设,扩大就业,增加收入,为革命老区经济社会发展注入新的生机。

三、SWOT 分析

运用 SWOT 分析,对浙江地区的资源禀赋、区位条件和区域经济发展等方面进行检验,了解当地资源分布状况、特色及将来的发展方向。在为线路设计提供可行性依据的同时,也将现阶段浙江红色旅游中存在的不足之处,在线路设计中进一步优化和提升,这将有助于推动浙江红色旅游更好地升级发展。具体内容如表 6-1 所示。

表 6-1 浙江 SWOT 分析表

优势(Strengths)	劣势(Weaknesses)
• 地理位置优越,交通网络便捷 • 革命遗存丰富,奠定发展基础 • 自然资源独特,文化底蕴深厚 • 体制改革领先,经济水平较高	• 区域发展失衡,保护程度不一 • 缺乏深度挖掘,融合发展较弱 • 基础设施落后,服务质量不高 • 资金力量短缺,社会参与较低
机遇(Opportunities)	威胁(Threats)
• 国家政策支持,发展空间增大 • 科技水平领先,实现技术革新 • 发展前景良好,旅游需求旺盛 • 担当时代重任,注重传统教育	• 外部资源强势,具有竞争威胁 • 内部资源独特,价值差距悬殊 • 资源损坏严重,造成发展阻碍 • 市场体制不全,资源体系欠缺

四、提出问题

(一) 发展红色旅游存在的相关问题

1. 主题特色不明

目前市场上的红色旅游产品模式单一,缺乏"亮点项目"和"精品项目"。缺少明显突出和有地域特色的主题提炼,文化内涵的深度挖掘不足,针对性较弱,游客难以从中选择合适的产品。从而导致市场界限不明,难以收获不同的客源市场。

2. 融合发展不足

当前,体验性强、文化内涵丰富的旅游产品和集观赏性、娱乐性、教育性为一体的复合型体验式旅游产品缺乏。此外,红色文化产品等深层次衍生产品开发力度较弱,缺乏与生态、文化、休闲、度假、工业、农业等各业态的深度融合发展。因此对游客的吸引力、感染力有限,难以满足游客多层次的旅游需求。

3. 育人功能欠缺

部分红色旅游景点向游客的讲述形式仅仅停留在红色建筑观光和导游讲解层面,这样的红色旅游体验显然难以激发起年轻游客的热望。

(二) 针对红色旅游发展提出的相关建议

1. 资源有效整合,明确主题特色

加强与周边省市的互动合作,推进资源共同打造红色旅游主题品牌。丰富整体内涵,强化主题形象,推动浙江红色旅游相融于长三角发展中。打造富有浙江特色的红色教育基地和针对性强的旅游线路产品。打响旅游品牌、培育红色产业。

2. 采取创新形式,提升融合发展

进一步促进红色旅游与旅游业整体发展的融合,多从创新旅游形式入手,通过红色旅游与文化旅游、生态旅游、山水旅游、研学旅游、乡村旅游等多种旅游形式和业态相结合,发挥红色旅游辐射作用,串点成线,打造精品旅游路线,这样更有助于社会的协调可持续发展,让经济、文化和生态水平的协调携同发展。

3. 增强游客体验,激发育人功能

红色旅游不同于普通旅游,其育人功能应放在第一位。不能仅仅停留在观光旅游的阶段,游客只有参与进去才能更好地受到教育和影响。因此红色旅游产品必须在注重现场体验感和时代感上做好功课,例如通过红色讲堂等活动,让游客从参观者变成"参与者",才更能激发年轻游客的兴趣,深化他们对红色旅游的认识。

五、具体方案

(一) 总体思路

通过**首轮查阅**对浙江省红色旅游资源类型及分布状况进行大致了解;根据资源特征确定线路目标群体为"初会浙江红旅"和"再会浙江红旅"两个群体;挖掘两大客户群体的特征并加以分析,确定以浙北、浙东及浙中为主要目的地设计三条红色旅游线路。然后对三大地

区资源进行**二次解读**;以国家及地方政策为引领,客户群体需求为目标,对三条线路进行主题及线路色的设定;并结合线路主题,对线路中涉及的景点进行整合及筛选,完善线路走向和景点排布。最后对入选线路景点进行**三度挖掘**,找出景点背后的含义,针对不同线路景点设计出特色红色活动;同时紧跟国家战略导向,将红色旅游与生态、文化、工业、农业等有效融合,在现有线路基础上进行创新并彰显出育人功能。主要思路如图6-1所示。

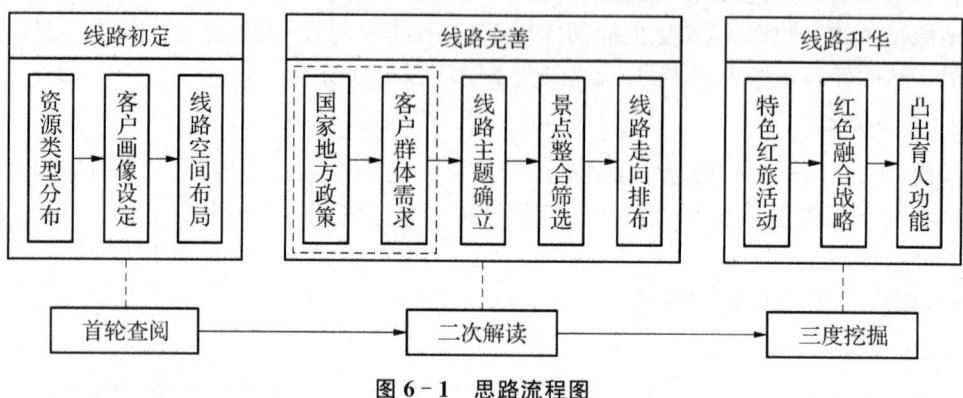

图6-1 思路流程图

根据浙江省红色旅游资源分布特点和开发现状,我们计划设计**一环**(浙江红色旅游环)、**三段**(浙北平原段、浙东沿海段、浙中山丘段)、**四节点**(杭州、宁波、温州、金华—义乌)的浙江红色旅游新通道。一举串联起杭州都市旅游圈、宁波都市旅游圈、温州都市旅游圈、金华—义乌都市旅游圈**四大都市旅游圈**。

我们将目标客户群体分为"**初会浙江红旅**"和"**再会浙江红旅**"两个群体,针对其类型的差异共设计出**三条红色旅游线路产品**,其中以"初会浙江红旅"客户为目标群体的线路一条,以"再会浙江红旅"客户为目标群体的线路两条。

三条红色旅游线路产品分别从**共产党的诞生,成长,成熟**这3个重要阶段进行设计。从南湖起航到奋楫钱塘江,从解放南麂到饮马甬江,从引领改革潮到引航中国梦,一个党,改变了一个民族的走向和亿万人的命运。

(二) 线路方案

1. 浙北红色旅游线(四日)

(1) 线路主题

旗帜领航新时代

(2) 设计思路

浙北红色旅游线以国旗上的五颗星作为灵感来源,线路标志色为"喜蛋红",寓意党的诞生是人民所欢喜的。我们选取嘉兴、湖州、杭州和宁波这四座极具代表性的城市,挖掘其城市历史文化,与五颗星所代表的共产党、工人、农民、小资产阶级和民族资产阶级进行融合,体现人民对党的向心之意。

作为三条线路中唯一以"初会浙江红旅"客户为目标群体的线路,我们充分考虑到了这一客户群体的特征,所以在线路的安排和景点的选择上我们尽力能让客户在四天之内感受到诗画浙江最具代表性的山水城林,同时在红色景点的选择上也偏向知名度高的红色旅游资源。

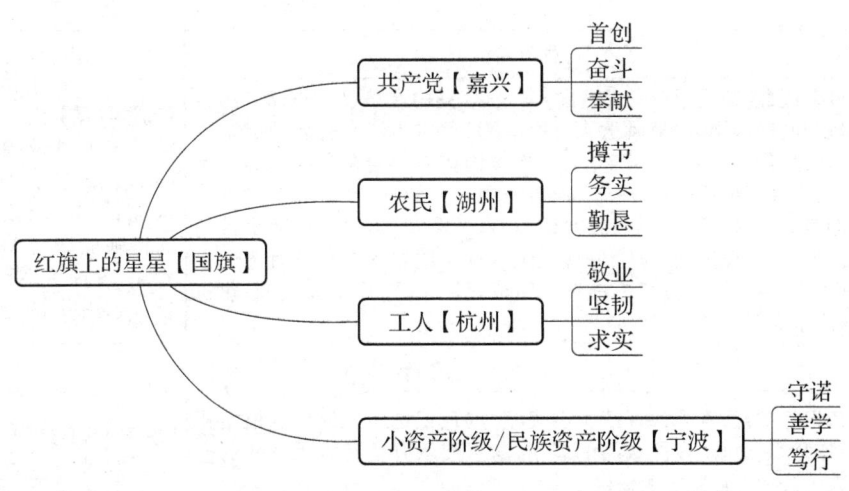

图 6-2 浙北红色旅游线设计思路图

(3) 特色优势

第一,线路途经地区经济水平高,可以满足客户多样化、多层次、人性化的消费需求;此区域民间资金较多,政府财力也有较大增强,为发展红色旅游提供了有力的资金保障;

第二,线路沿线有完善的旅游配套设施和健全旅游服务体系;让客户能够更好地体验线路魅力;

第三,依托环杭州湾区域在全省旅游发展的核心地位,线路区位优势明显,造就其可进入性强,浙北有完善的高速、高铁和航空立体交通网络,班次密集,通达度极高,发展优势高;

第四,线路内景区资源等级高,4天行程中,一共有3处5A级景区(南湖旅游区、天一阁·月湖景区、杭州西湖景区),1处4A景区(龙坞茶镇景区),1处3A景区(五四景区);

第五,路线中引入现代高科技技术,诸如印象西湖中的西湖雨,红色记忆馆中的VR体验,可以让客户浸入式体验这趟旅程;

第六,此区域改革一直走在前列,各类微观经济主体高度活跃,社会活力日益增强,形成了发展红色旅游的良好社会环境。

(4) 具体行程

表 6-2 浙北红色旅游线具体行程表

日期	行程安排	内含项目
	各地—嘉兴	
DAY 1	【月河历史街区】月河是京杭运河一条支流,其河抱城,弯曲如月故而得名。月河古镇以平行的"三河三街"为基本格局;是浙江省嘉兴市市区现存最完整,规模最大的文化特色区域之一 【粽子文化博物馆】一个以反映嘉兴粽子历史和粽子文化的专题性博物馆,也是我国目前唯一一家嘉兴粽子文化主题博物馆	【月河摇橹船】悠悠古月河,桨声灯影中,我们将乘坐摇橹船穿梭其中,在两岸灯火中,感受千年月河
	晚餐:自理　　　　住宿:嘉兴	

续表

日期	行程安排	内含项目
DAY 2	【南湖景区】南湖是浙江三大名湖,素来以"湖中有岛,岛中有湖"的独特景观和"轻烟拂渚,微风欲来"的烟雨景致成为江南著名的旅游胜地。1921年7月,中国共产党第一次全国代表大会在南湖上的一艘画舫中完成了最后议程,庄严宣告中国共产党成立了! 【南湖革命纪念馆】成立于1959年10月,是嘉兴南湖中共一大会址的宣传、保护、管理机构,属于近现代纪念性专题纪念馆。新馆选址在南湖南岸,由"一主两副"三幢建筑组成,呈"工"字形平面造型,建筑风格庄重大气	【南湖寻觅】将在讲解员带领下参观南湖革命纪念馆,在馆内重温入党誓词,践行初心使命。还将乘船在南湖的秀美风光中,重温红船的历史沧桑,感受中共的光辉诞生
	嘉兴—德清	
	【红色记忆馆】德清县钟管镇干山集镇"红色记忆馆",依托老粮站建设一座珍藏5 000多件藏品的展馆,这里展示有富有年代特征的壁画、人民公社大食堂等老物件 【五四村】浙江省德清县五四村位于国家级风景名胜区莫干山山麓,因1954年春,毛泽东同志在杭州参加新中国第一部宪法修订,会议期间赴莫干山考察途经此地,故名五四村	【农事+VR】在五四村特色农业产业基地干农活,知农事。前往红色记忆馆借助VR技术,身临其境感受红色革命精神
	德清—杭州	
	【印象·西湖】是由著名导演张艺谋、王潮歌、樊跃"铁三角"导演团队联手打造的山水实景演出。以西湖浓厚的历史人文和秀丽的自然风光为创作源泉,深入挖掘杭州的古老民间传说、神话,将西湖人文历史的代表性元素得以重现,同时借助高科技手法再造"西湖雨",从一个侧面反映雨中西湖和西湖之雨的自然神韵	【山水演出】晚上我们将在西子湖畔观看自然山水表演,感受如诗如画的江南美景和流传千古的美妙传说
	早餐:包含　午餐:嘉兴菜　晚餐:农家菜　住宿:杭州	

日期	行程安排	内含项目
DAY 3	【中国丝绸博物馆】位于杭州西子湖畔玉皇山下,是国家一级博物馆,中国最大的纺织服装类专业博物馆,也是全世界最大的丝绸专业博物馆。现占地面积42 286平方米,建筑面积22 999平方米。中国丝绸博物馆于1992年2月26日建成开放。原国家主席江泽民为该馆题词:"弘扬古蚕绢文化,开拓新丝绸之路。" 【龙坞】与之江国家旅游度假区相邻,西面主要是大斗山、小斗山森林野生区,南面和北面都是大片的茶园,茶园连绵起伏,青翠连天,呈现出一幅清新自然的茶村风光,是杭州市政府认定的西湖龙井茶保护基地,同时也是西湖区龙坞镇白龙潭风景区的重要组成部分。2005年11月被杭州市旅委授予杭州市乡村旅游示范点	【丝绸与茶】上午我们将在专业讲解员的带领下,深刻了解中国古代丝绸文化,感受丝绸的魅力和用处。下午我们将通过现场专业制茶指导、茶艺师茶文化分享、西湖龙井茶品茗、龙坞茶宴等,深刻了解龙坞茶文化
	杭州—宁波	
	【南塘老街】位于浙江省宁波古城南门外,曾经是旧宁波商贸文化聚集地的"南门三市",位列宁波八大历史街区之一,同时也是宁波市"紫线规划"保护区域。呈南北走向,以祖关山路为界,分为南、北两街。街区保留了300多米的传统街巷,拥有文保单位1处,文保点6个。宋代著名学者袁燮的后裔世居于此,区域内现存的袁氏家族住宅建筑群规模最大,类型包括居住院落、祠堂、学校等,其他还包括甬水桥、永善亭和关圣殿等文保建筑	【自由行程】此段为自由行程,建议您在南塘老街品尝地道的宁波美食,享受宁波夜文化的独特魅力
	早餐:包含　午餐:茶宴　晚餐:自理　住宿:宁波	

续表

日期	行程安排	内含项目
DAY 4	【天一阁博物院】是以天一阁藏书楼为核心、藏书文化为特色的专题性博物馆,现为全国重点文物保护单位、全国古籍重点保护单位和国家AAAAA级旅游景区。天一阁以其悠久精深的藏书文化、宛如天开的园林艺术、古朴典雅的古建风格及便捷优越的地理位置,每年吸引着来自世界各地的游客前来研学观光 【甬商文化园】甬商,是中国十大商帮之一,也被称为"中国唯一不断代的商帮",300多年来沉淀下灿烂的甬商文化和精神,在宁波市政府和海曙区政府大力支持下,由宁波市甬商发展研究会牵头,建立"甬商文化园"。选址位于月湖中心芳草洲	【红色讲堂】 今天我们将在天一阁国学堂开设红色讲堂,分享红色故事。了解300多年来沉淀下灿烂的甬商文化,充分感受甬商这一独特商帮的深厚历史文化和其背后深远的家国情怀
	宁波—各地	
	早餐:包含　　　午餐:宁波菜	

2. 浙东红色旅游线(五日)

(1) 线路主题

阔步出彩新征程

(2) 设计思路

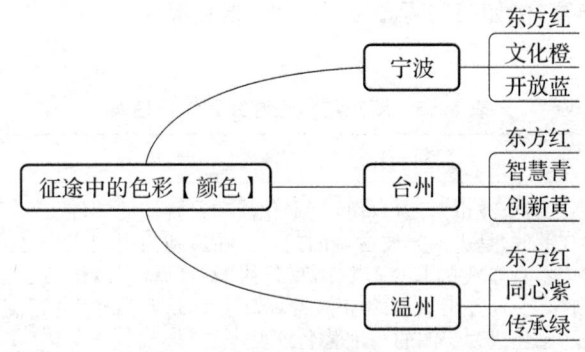

图6-3　浙东红色旅游线设计思路图

浙东红色旅游线以彩虹中的七种颜色作为灵感来源,线路标志色为**"海军蓝"**,寓意党在成长中艰苦奋斗、奋发有为,我党从苦难历史中走来、从星星之火中走来、从浴血奋战中走来,正是因为有着军队这般只争朝夕、时不我待的精神,才能在当今世界安身立命、风雨前行!

作为三条线路中以"再会浙江红旅"客户为目标群体的线路之一,浙东红色旅游线侧重于**海上浙江**,地点选择了浙江沿海的三座城市:宁波、台州和温州,讲述党成长过程中的**文化开放、智慧创新和同心传承**。

七种颜色中,**红色**是浙东丰富的红色旅游资源和红色精神,同时红色也串联起了整条浙东线路;**橙色**则是"石浦鱼灯"里的万家灯火,"石浦鱼灯亮,东门渔人归",灯火里的中国,胸怀辽阔;**蓝色**选取的是宁波三江口,作为海上丝绸之路的发祥地之一,宁波见证了海上丝路千年繁华,今天它将在建设"21世纪海上丝绸之路"的历史征程中谱写新的篇章;**青色**来自中国国家地理标志产品三门青蟹,正是新时代东海人用智慧主动转型、主动变革,才让水产养殖的"中国标准"走出国门,还为农民脱贫致富提供了可靠的途径;**黄色**别具一格,它属于中国佛教宗派天台宗的发源地——国清寺,寺若成,国即清,理具三千,无不体现出思想的创新与前进;**紫色和绿色**都源于雁荡山下,楠溪江旁的古村落,紫色是那书院中的紫墨,绿色则是那耕种的田地。"耕读传家久,诗书继世长",通过耕读激发"以天下为己任"的责任感和担当意识。这或许是耕读传家的现实意义所在。读圣贤之书,行仁义之事,修忠孝之心。耕读传家,这不仅仅是人与自然的和谐,更是一份对未来的坚守与传承!

从石浦鱼灯到三门青蟹,从理具三千到耕读传家。变化的是身份,不变的是坚定;变化的是色彩,不变的是初心!

(3) 特色优势

第一,海洋、生态和红色特色资源丰富,线路区位是重点建设的蓝色海洋旅游带,发展潜力巨大;

第二,浙东具有悠久的革命传统和抵御外来侵略的光荣历史,是中国革命和武装斗争的积极活动区域,革命遗址遗迹丰富;

第三,线路中旅游资源类型丰富,涵盖山丘型旅游地(天台山)、岸滩(石浦)、岛区(东门岛)、观光游憩河段(三江口)、宗教与祭祀活动场所(国清寺)、会馆(庆安会馆)等;

第四,地理区位优越,浙东红色旅游线途经地区均为沿海,可以连接日韩及东南亚等邮轮旅游市场;

第五,特色餐饮丰富,例如三门青蟹宴、天台山素宴等。

(4) 具体行程

表6-3 浙东红色旅游线具体行程表

日期	行程安排	内含项目
DAY 1	【老外滩】坐落于浙江省宁波市三江口(甬江、奉化江和余姚江的三江汇流之地)的北岸江北区,是进入宁波古城的门户。在唐朝为中国四大港口之一,并成为鉴真东渡的起点;当《南京条约》签订后,宁波便成为"五口通商"口岸之一,并于1844年正式开埠。于1992年后作为商业旅游项目开发,已经成为宁波的一个著名景观 【庆安会馆】位于三江口东岸。为甬埠行驶北洋的舶商所建,既是祭祀天后妈祖的殿堂,又是舶商航工娱乐聚会的场所。现改建为全国首家海事民俗博物馆,展出各个朝代的船模。建筑装饰采用砖雕、石雕和朱金木雕等宁波传统工艺,堪称宁波近代地方工艺之杰作	【三江口夜游】 将登上游船,体会宁波古今结合的文化与灿烂的商业文明
	晚餐:自理　　　　住宿:宁波	
日期	行程安排	内含项目
DAY 2	【镇海口海防历史纪念馆】位于素有"海天雄镇""全浙咽喉"之称的海防要塞镇海口招宝山南麓,占地面积2万平方米,建筑面积3 200平方米,总投资2 100万元,是介绍镇海口海防遗址的专题性纪念馆。纪念馆基本陈列分上下两层,共由六部分组成,全面展示了自明中叶以来镇海军民抗英、抗法、抗日的英勇事迹	【纪念馆讲解】 将在讲解员的带领下参观镇海口海防历史纪念馆,近距离感受先辈们的革命经历,回顾镇海军民的奋斗足迹
	宁波—象山	

续表

日期	行程安排	内含项目
	【石浦渔港古城】又名荔港,呈东北西南走向,为"月牙"状封闭型港湾,可泊万艘渔船,行万吨海轮,港内风平浪静,是东南沿海著名的避风良港,兼渔港、商港之利,系全国四大渔港之一。石浦古城沿山而筑,依山临海,人称"城在港上,山在城中" 【门头山海防古迹爱国主义教育基地】位于东门岛门头山,山顶的两门铜炮威严地正对前方的出海口,仿佛两尊守卫海疆的"钢铁战士",无时无刻不在提醒后人,这里曾经的炮火硝烟和艰难过往	【鱼灯体验】 鱼灯制作已有600多年的历史。我们将走入鱼艺馆,体验鱼灯制作,聆听鱼灯文化,感受石浦独具魅力的渔文化
	象山—三门	
	【三门·中国青蟹城】三门青蟹是浙江省三门县特产,中国国家地理标志产品。色泽光亮呈青蓝色,壳较薄且大螯较大,整体看来饱满,食用时味香浓郁肉质细嫩。2006年9月,国家原质检总局正式批准"三门青蟹"为原产地域保护产品(即地理标志保护产品)	【三门青蟹宴】 晚上我们将在三门县感受地道的三门青蟹宴
	早餐:包含 　　午餐:宁波菜 　　晚餐:青蟹宴 　　住宿:三门	

日期	行程安排	内含项目
	【亭旁起义红色遗址群】1928年5月26日,台州三门湾畔爆发了震惊全国的亭旁起义。200余名起义军带领千余群众齐聚城隍庙,当场宣布解散当地所有反动派机构,并宣告浙江第一个苏维埃政权建立。英雄们虽然已归于尘土,但那座亭旁起义纪念碑依然伫立在杨家村北山上,硝烟虽远,但记忆却将永存	【重温誓词】 重温入党誓词,践行初心使命。在互动中凝聚更大共识,在润物无声中获得精神成长
DAY 3	三门—天台	
	【天台山国清景区】天台山位于中国浙江省天台县城北,西南连仙霞岭,东北遥接舟山群岛。为曹娥江与甬江的分水岭。主峰华顶山在天台县东北,海拔1 098米,由花岗岩构成。多悬岩、峭壁、瀑布。素以"佛宗道源、山水神秀"享誉海内外;国清景区位于北天台山南麓,景区内有著名古刹国清寺,寺庙占地面积7.3万平方米。隋代高僧智越在国清寺创立天台宗,为中国佛教宗派天台宗的发源地,影响远及国内外。寺院规模宏大,殿宇雄伟。寺内建筑按"起、承、转、合"划分五条纵轴线布局,主要有弥勒殿、雨花殿、大雄宝殿等。寺内还保留着诸如王羲之、柳公权、黄庭坚朱熹等的摩崖手迹等	【天台素宴】 我们将在天台山脚下,静下心来,感悟佛陀的慈悲与智慧,参悟人生的哲理与真谛。享用特色的天台素宴
	天台—台州	
	早餐:包含 　　午餐:素宴 　　晚餐:自理 　　住宿:台州	

日期	行程安排	内含项目
DAY 4	【解放一江山岛纪念馆】位于浙江省台州市椒江城区枫山北麓,由战斗陈列馆、烈士纪念馆、纪念塔碑和墓区组成,建筑雄伟、环境幽静。1955年1月,人民解放军陆、海、空三军奉命首次联合作战,向一江山岛发起了猛烈的进攻,不出两小时,一举解放了该岛。至此浙江沿海岛屿被全部解放,人民得以安居乐业。现该馆为全国重点烈士纪念建筑单位,同时也是民政部全国爱国主义教育基地	【纪念馆讲解】 我们将在讲解员的带领下参观解放一江山岛纪念馆,感受先辈们的革命经历,回顾人民解放军的奋斗足迹
	台州—永嘉	

续表

日期	行程安排	内含项目
	【中国工农红军第十三军军部旧址】始建于清雍正六年(1728年)。1930年5月,浙南红军游击队正式组建为工农红军第十三军,军部即设于此,并以附近山区为根据地 **【芙蓉古村】**始建于唐代末年,为陈姓聚居之地。芙蓉村按照"七星八斗"的思想进行规划设计,意为天上星与地上人相对应,星筑台、斗凿池以为象征	**【红军体验】** 我们将在军部旧址身着红军服、聆听讲解员讲述红军的故事
	永嘉—温州	
	早餐:包含　　午餐:农家菜　　晚餐:自理　　住宿:温州	

日期	行程安排	内含项目
DAY 5	**【温州革命历史纪念馆】**是为了展现温州市光辉的革命历史而建设的一个纪念馆,目的是让人(特别是新一代人)牢记革命历史、弘扬革命精神。该馆位于江心屿,于2008年5月28日正式开馆。透过尘封的图片、文本、实物等,游客可以从中了解1919年到1949年间温州新民主主义革命的每一段历史进程	**【纪念馆讲解】** 在讲解员的带领下参观温州革命历史纪念馆,近距离感受先辈们的革命经历
	温州—各地	
	早餐:包含　　午餐:温州菜	

3. 浙中红色旅游线(七日)

(1) 线路主题

寻声携手新使命

(2) 设计思路

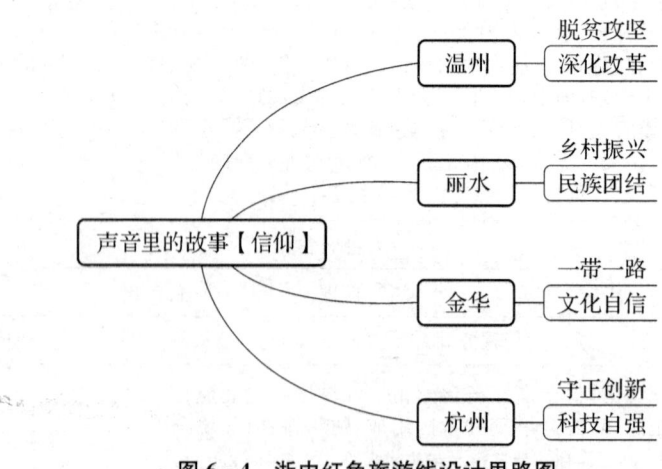

图6-4 浙中红色旅游线设计思路图

浙中红色旅游线以五感六觉中的听觉作为灵感来源,线路标志色为"油菜黄",寓意取自油菜花的花语"无私奉献",这正是党性党风之魂,更是共产党人先进性的重要体现。党是人民哺育的,根基在人民、血脉在人民、力量在人民。党坚持一切为了群众、一切依靠群众,从群众中来、到群众中去,在践行为人民服务的根本宗旨中赢得广大人民的衷心拥护。

同样作为三条线路中以"再会浙江红旅"客户为目标群体的线路之一,浙中红色旅游线不同于浙东的海上浙江,其主要侧重于**山里浙江**,地点选择了纵贯浙江中轴的四座城市:温州、丽水、金华和杭州,每座城市我们都将为其讲述一个党为中国人民谋幸福,为中华民族谋复兴的伟大故事。

温州段:我们将在南麂岛上聆听大海平缓的呼吸,面向海洋,感悟脱贫路上"一个都不能少"的坚定信念;进入南部山区,在泰顺无区域生态移民区与居民们聊一聊生活的变化。在全面深化改革下让我们一道《迈上这条更美的路》。

丽水段:在景宁畲族自治县听一曲《畲语新歌》,了解各民族之所以团结融合,是源自中华民族追求团结统一的内生动力。北上小顺村,参与一场"乡村+红色旅游"的体验,在村歌嘹亮之际;听乡村振兴破土的声音。

金华段:探寻义乌这个全球最大的小商品集散地,在这里听见来自世界的声音,这是开放的声音,这也是《共同繁荣》的声音。一带一路输出的不仅是商品,更是文化,是东阳木雕手艺人刀笔游龙间的从容、是横店影视制作中自信开放的姿态。文化是一个国家、一个民族的灵魂。文化兴则国运兴,文化强则民族强。没有高度的文化自信,没有文化的繁荣兴盛,就没有中华民族伟大复兴。

杭州段:最后这站,我们将乘云而上,前往云栖小镇和西湖大学,感受国际尖端科技思想,科技创新不是一蹴而就的,而是需要《上下求索》,一个新的时代正乘风破浪而来,让我们在新时代一起勇立潮头。

(3)特色优势

第一,山地丘陵和红色特色资源丰富,线路区位是重点提升的绿色生态旅游带,发展潜力巨大;

第二,线路串联起浙西南生态旅游带、大运河(浙江)文化带、浙中影视文化旅游带、浙北精品旅游带、海湾海岛旅游带等多条浙江省重点打造文化旅游带,资源配置丰富;

第三,浙中红色旅游线一线青山碧海"养眼"、蓝天清风"养肺"、净水美食"养胃"、崇文尚学"养脑"、诗意栖居"养心";

第四,浙中红色旅游线途经地区作为浙江新兴增长极,为省主干交通枢纽和经济发展新的发力点,前景优势大。

(4)具体行程

表 6-4 浙中红色旅游线具体行程表

日期	行程安排	内含项目
	温州—平阳	
DAY 1	【南麂岛】国家级自然保护区,为南麂列岛海洋自然保护区的主岛,别名海山,古代又写作"南己山",其位于平阳县鳌江口外30海里的东海海面上。南麂岛是南麂列岛52个岛屿中最大的岛屿,同时也是一座旅游岛屿。岸线长度32.76千米,最高点高程229.1米 【浙江全境解放纪念碑】纪念碑碑名由迟浩田上将题写。纪念碑造型为一支火炬,轮廓鲜明而又刚毅,整体凝重而挺拔,寓意为人们带来光明和希望,象征着追寻革命前辈开创的道路奋勇前进的信念	【重温誓词】 让我们在浙江全境解放纪念碑下重温入党誓词,在互动中凝聚更大的共识
	晚餐:自理 住宿:平阳	

续表

日期	行程安排	内含项目
DAY 2	平阳—泰顺	
	【中国工农红军挺进师纪念馆】纪念馆坐落在浙江省革命老区九峰乡白柯湾,于2001年6月开始动工修建,2002年落成,占地面积5 000平方米。2005年被浙江省人民政府授予省级国防教育基地 【泰顺廊桥文化园】文化园坐落于泰顺县泗溪镇,距离温州市区105公里。它以"世界最美廊桥"北涧桥、溪东桥为主体,占地1.09平方公里,被评为省首批非物质文化遗产旅游经典景点 【泰顺县无区域生态移民区】位于泰顺县罗阳镇城北组团D-09地块,项目总规划面积1.5平方公里,面积相当于五分之一的泰顺新城区,最大规模可集聚人口达1.5万人	【红歌唱响】 九曲十八弯的盘山公路,伴着一条清澈的溪水和满目的青翠,我们将进入泰顺这个红色老区,在这里我们将在廊桥边唱响红歌,歌颂红色革命和祖国发展,深刻感受红军精神
	早餐:包含　　午餐:农家菜　　晚餐:自理　　住宿:泰顺	

日期	行程安排	内含项目
DAY 3	泰顺—景宁	
	【中国畲乡之窗】国家AAAA级景区。该景区位于大均村。商贸经济较繁荣,耕读风尚也很注重,在建筑上形成具有明清风格的古朴的前店后院式山区商贸古街风貌和石板街面,有"小溪明珠""景宁最高学府""浙南芙蓉镇"之美称	【竹排寻觅】 我们将感受畲族文化,感受旖旎的自然风光与惊险的竹筏漂流
	景宁—云和	
	【小顺村】地处石塘镇以西5公里处,位于风光秀丽的瓯江之畔,三面傍山,一面临水,这里至今仍保留了抗战时期的浙江兵工厂遗址,抗战时期周恩来视察"小顺浙铁总厂"纪念碑和黄绍竑公馆等	【忆苦思甜】 在当地农业基地了解农业知识,体验观光采摘
	云和—丽水	
	早餐:包含　　午餐:丽水菜　　晚餐:自理　　住宿:丽水	

日期	行程安排	内含项目
DAY 4	【浙西南革命根据地纪念馆】位于浙江省丽水市莲都区大猷街135号,由5个单体建筑组成。2011年6月28日开馆。展厅通过大量革命斗争的史料和实物,并运用场景复原、视频望远镜、电子翻页书、电动沙盘、电动地图等现代陈列形式,生动展现了浙西南光辉的革命历史	【纪念馆讲解】 在讲解员的带领下参观浙西南革命根据地纪念馆,回顾浙西南革命历史的奋斗足迹
	丽水—东阳	
	【横店红色旅游城】横店红色旅游城由横店红军长征博览城(红军长征主题公园、横店国防科技教育园)、中国革命战争博览城等组成。内容包括了中国共产党成立以来,党及其领导的人民军队在土地革命战争、抗日战争、解放战争中的艰苦卓绝、前赴后继的战斗历程,较系统地展示了中国共产党的党史,人民军队的军史	【重走红军路】 我们将在红色旅游城"穿红军衣、听红军史、体验红军生活、弘扬红军精神"
	早餐:包含　　午餐:创意菜　　晚餐:自理　　住宿:东阳	

续表

日期	行程安排	内含项目
DAY 5	【中国木雕博物馆】共六大空间,有中国木雕历史展厅,中国木雕与社会生活展厅,当代中国木雕大师展厅,世界木雕展厅四大木雕主题展区,并依托东阳竹编,设置中国竹工艺专题展厅及临展厅。六大空间,共同组构成了一座专业、包容的木雕艺术殿堂	【木雕体验】在博物馆体验木雕工艺,参观木雕作坊,感受中国传统工艺制作的独特魅力
	东阳—义乌	
	【望道信仰线】义乌十条美丽乡村精品线之一。以"一带一路,两镇一区"为基本规划思路,依托东黄线独具特色的望道红色文化及山水田园资源,集红色旅游、乡村旅游、养生养老、休闲度假等功能于一体的红色文化旅游区 【义乌国际商贸城】坐落于浙江省义乌的稠州路上,是义乌建设国际性商贸城市的标志性建筑、小商品市场的现代化延伸。是目前我国最大的购物旅游星级景区品牌直营广场	【自由行程】此段行程,您可以自由地在义乌国际商贸城选购您心仪的物品
	早餐:包含　　午餐:金华菜　　晚餐:自理　　住宿:义乌	

日期	行程安排	内含项目
DAY 6	义乌—杭州	
	【云栖小镇】全省首个云计算产业园区,云栖小镇建设探索了一条以产业为先导的从传统工业园区到特色小镇的转型发展之路,是浙江数字经济发展的缩影和高质量发展的代表 【西湖大学】是一所由社会力量举办、国家重点支持的非营利性的新型高等学校,由杭州市西湖教育基金会举办。秉承"高起点、小而精、研究型"的办学定位,由顶尖人才领衔组建相关院系 【国防教育主题园】位于南山路中国美院校门口对面的浙江省军区营地内,与西湖沿岸游步道相通,园内设有军史馆、驻浙英模部队宣传走廊、国防教育基地巡展、半地下掩体等多个展区	【时代讲堂】我们将在西湖大学开展演讲讨论会,共同分享与交流科技创新与数字经济,感受新时代下浙江的发展,展望未来更美好的浙江
	早餐:包含　　午餐:杭州菜　　晚餐:自理　　住宿:杭州	

日期	行程安排	内含项目
DAY 7	【中国共产党杭州历史馆】地处杭州市西湖风景区核心区域北山街44—49号,总占地面积约3 100平方米,馆舍为民国历史建筑,中西合璧的建筑风格,处处彰显出精致和谐之美。馆内按照历史脉络和时间顺序,设有三个展厅,陈列布展主要展示杭州地方党组织领导人民进行革命、建设和改革的三部分历史。着重反映杭州人民在党的领导下,敢为人先,追求卓越,为争取国家独立民族解放立下的功勋以及为探索社会主义道路90余年的艰辛历程	【纪念馆讲解】我们将在优秀讲解员的带领下参观中国共产党杭州历史馆,近距离感受先辈们的革命经历,回顾杭州人民革命历史的奋斗足迹
	杭州—各地	
	早餐:包含　　午餐:江浙菜	

六、方案预算

(一)浙北红色旅游线成本

表6-5 浙北红色旅游线成本预算表

浙北红色旅游线成本				
总类别	资金类别	内容	价格(元)	占比(%)
酒店	嘉兴段	汉庭嘉兴月河老街酒店	100	
	杭州段	汉庭杭州西湖龙井路酒店	145	
	宁波段	汉庭宁波火车站新店	100	
	小计		345	20.3
景点	嘉兴段	月河摇橹船	20	
		南湖景区	60	
	杭州段	印象西湖	360	
		龙坞采茶	168	
	宁波段	天一阁	30	
	小计		638	37.53
餐饮	嘉兴段	江南外婆桥寻味嘉兴(午)	77	
	湖州段	泽家餐厅(午)	91	
	杭州段	万融堂(午)	128	
	宁波段	阿拉名灶(午)	109	
	小计		405	23.82
交通	空调大巴	金龙大巴(30座 配司机)	200	
	小计		200	11.76
其他	保险费	安盛天平境内旅游险	12	
	线路设计费	—	100	
	小计		112	6.59
	总计		1 700	100

(二) 浙东红色旅游线成本

表 6-6　浙东红色旅游线成本预算表

浙东红色旅游线成本				
总类别	资金类别	内容	价格(元)	占比(%)
酒店	宁波段	汉庭宁波外滩大桥地铁站酒店	110	
	台州段	怡莱台州三门大湖塘新区酒店	115	
		汉庭台州椒江中山西路酒店	115	
	温州段	汉庭温州永嘉站酒店	115	
	小计		455	32.16
景点	宁波段	三江口夜游	50	
		石浦渔港	60	
	温州段	芙蓉古村	40	
	小计		150	10.6
餐饮	宁波段	渔满仓海鲜人家(午)	129	
	台州段	杨记海鲜楼(晚)	122	
		御清斋总店(午)	38	
	温州段	丽水农庄(午)	54	
		多多渔港(午)	105	
	小计		448	31.66
交通	空调大巴	金龙大巴(30座　配司机)	250	
	小计		250	17.67
其他	保险费	安盛天平境内旅游险	12	
	线路设计费	—	100	
	小计		112	7.91
	总计		1 415	100

（三）浙中红色旅游线成本

表 6-7 浙中红色旅游线成本预算表

浙中红色旅游线成本				
总类别	资金类别	内容	价格(元)	占比(%)
酒店	温州段	怡莱温州平阳火车站银泰城酒店	85	
		汉庭温州泰顺新城大道酒店	105	
	丽水段	汉庭优佳丽水解放街酒店	110	
	金华段	汉庭横店影视城酒店	100	
		怡莱义乌稠州路国际商贸城酒店	85	
	杭州段	汉庭杭州西湖仁和路酒店	140	
	小计		625	30.22
景点	温州段	南麂岛	300	
	金华段	横店红色旅游城	240	
	小计		540	26.11
餐饮	温州段	福兴楼农家乐(午)	79	
	丽水段	云禾小吃(午)	34	
	金华段	三坊口创意餐厅(午)	65	
		古食初味(午)	99	
	杭州段	府上家宴百年浙菜(午)	76	
		白娘子碧连天餐厅(午)	88	
	小计		441	21.32
交通	空调大巴	金龙大巴(30 座 配司机)	350	
	小计		350	16.92
其他	保险费	安盛天平境内旅游险	12	
	线路设计费	—	100	
	小计		112	5.43
	总计		2 068	100

七、营销方案

（一）总体方向

首先，加强国内市场的整体营销水平。立足长三角市场，主动融入长江经济带建设，深耕上海、江苏、安徽、福建、江西等周边省市客源市场，重点突破山东、河南、湖南、湖北、广东等中程客源市场，拓展北京、四川、贵州等远程客源市场。持续组团赴重点旅游客源地营销，加大广告投放力度。

其次，推行"区域联动、部门联合、企业联手"大旅游营销模式，探索自主营销与合作营销、委托营销、代理营销相结合的多元营销模式，多渠道组合强化。利用微博、微信、抖音、直播带货等新媒介以及民航、高铁等运输工具开展旅游营销，加强与国内大型旅游线上运营商合作，建立品牌专区。

（二）营销模式

1. 传统型营销

首先，通过运用广播、交通枢纽、报纸等方式投放线下广告。其次，依靠旅行社为主线，通过旅行社的推动带动散客；其次，邀请当地有影响力的媒体进行宣传报道，宣传线路中极具特色的旅游项目。

2. 新媒体营销

通过 O2O 模式、官方旅游网站、搜索引擎、在线网站等新媒体进行多点营销，从而扩大传播范围。而且网络用户大部分具有较高的文化程度和中等以上水平的收入，也是旅游市场的主要消费群体。

3. 植入式营销

通过广告视频植入，例如纪录片、微电影、影视剧等，具有娱乐、休闲、教育和传播文化知识等多种功能，借助视频的休闲娱乐功能对旅游线路进行宣传推广，已经成为旅游目的地进行旅游营销的一个重要手段。

4. 创新性营销

（1）名人营销。邀请浙江籍名人为家乡旅游代言，特聘明星等知名人士作为旅游推广大使。与千万粉丝级网络旅行微视频 UP 主、网红导游等加强合作，培育 1—2 名百万粉丝级网络传播大 V，10 名以上十万粉丝级网络传播大 V。

（2）人气营销。充分发挥特色文体活动的魅力，因地制宜创设节庆论坛、文艺演出、体育赛事、直播带货等活动载体，创新举办各地特色民俗活动，集聚人气，扩大消费。

（3）平台营销。加强与国内知名 OTA 平台的合作，发挥 B 站、西瓜视频、快手、抖音等效用，广泛进行推介。

八、可行性分析

（一）专业团队

1. 成员优势：群策群力，和衷共济

团队有 3 名成员，分别来自旅游管理专业和英语专业。虽然专业不同，但是知识相通，

而且优势互补。

团队成员拥有过硬的专业知识储备,队伍内拥有**中级导游1名,初级导游1名**。在旅游专业技能比赛中团队成员也有不俗的表现,截至2021年3月,共获省级及以上奖项5项,其**中国家级奖项2项,省级奖项3项**。

2. 领队优势:高屋建瓴,光风霁月

团队指导老师拥有丰富旅游线路设计经验,在方案撰写期间全程参与并提供材料、技术等多方支持;此外,团队在组建之初还邀请了行业导师参与指导,为我们的方案提供了更多设计思路及专业性建议。

(二)外界保障

1. 学院优势:风禾尽起,枝叶扶苏

团队成员来自双学院。双擎驱动,动力加倍。学院给予了我们团队充足的经费和相关的技术支持,让我们可以进行充分的前期调研,学院将是我们前进途中最强力的后盾。

2. 地域优势:近水楼台,得天独厚

团队中有2名成员来自江苏南部,毗邻浙江省,对浙江旅游资源十分了解,同时3名成员均热爱旅游,足迹遍及国内11个省份,所以在对旅游线路进行设计时,能够较好地融入自己的见解和看法。

九、风险预案

(一)防控疫情处理预案

行程中做好防护,室内景点游览时全程佩戴口罩,每天进行体温检测和登记。若旅游团行程中出现发热人员时,全团暂停行程,就地观察,同时向当地疾病预防控制中心报告情况并配合卫生部门对发热病人进行调查和隔离观察,按照卫健部门意见确定其他人员是否继续行程。

(二)天气变化处理预案

参观前下雨,则根据实际情况,雨势较弱时行程不变,分发防雨器具;若雨势较大,则需要将室外参观改为室内参观及室内相关活动。

(三)交通事故处理预案

每天检查好租用大巴的整体情况。在交通行进过程中时,提醒司机注意交通安全,途中不得搭载无关人员。如有交通事故发生,应及时组织救援,保护现场。

(四)治安事故处理预案

不让陌生人员随便进入房间,出入房间要随手关好房门。贵重物品要随身携带,可存入酒店总台保险柜。发生事故时,应首先保护人身安全。

(五)火灾事故处理预案

不携带易燃、易爆物品,不乱扔烟头。入住酒店后,尽快熟悉酒店楼层的安全出口、安全楼梯的位置及安全逃生路线,发生事故时,应做到迅速有序疏散。

(六) 食物中毒处理预案

就餐时发现食物、饮料不卫生,或有异味变质的情况,应立即要求更换。遇到事故时,应做到设法催吐并让中毒者多喝水以缓解毒性,并立即送患者到医院进行抢救,开具诊断证明。

(七) 溺水事故处理预案

在参观一些河、湖景区时,应了解景区须知,注意安全。在游船项目时,确保穿好救生衣。遇到事故时,应立即拨打120,并在现场做好相应急救措施。

十、结语

百年奋斗,初心弥坚。从小小红船到巍巍巨轮,从兴业之路到复兴之路,从救国、兴国到富国、强国;中国共产党带领中国人民,一步一个脚印,越过急流险滩,始终与时俱进。"烟雨楼台,革命萌生,此间曾著星星火;风云世界,逢春蛰起,到处皆闻殷殷雷。"

第二节 水韵江苏线路设计案例

红扬苏地·绿韵海滨·蓝环运河

一、基本介绍

(一) 作品名称及含义

作品名称:红扬苏地·绿韵海滨·蓝环运河

名称含义:红扬苏地,意为"弘扬""江苏省""红色文化";绿韵海滨即是对江苏省沿海生态绿意盎然的生命表达;蓝环运河,寓意蓝色的运河水环绕江苏,滋养苏地。

(二) 团队名称及口号

开拓者——敢拼敢闯,开拓者!

二、作品摘要

作品依托江苏丰富优质的红色旅游资源,根据初、高、大学生的心理发展特点和精神文化需求设计的三条以"红色+"为主题的线路。首先,整合江苏沿海地区的独特海滨旅游资源,以"红色+海滨"为主题设计线路一;然后,将"红色+生态"结合促成线路二,发挥红色旅游、生态旅游的育人功能;最后,将红色教育与大运河文化相联结,借互通包容的蓝色运河来见证中国共产党的革命奋斗进程,在运河上传唱红色故事。

本次红色旅游线路设计的目的不只是在于让青年群体了解、认识到民族和国家的苦痛的奋斗历程、党领导人民追求解放的历史,也要让其在旅游过程中,感受祖国的大好河山、优秀传统文化以及改革开放以来的伟大成就,激发民族自尊心和自信心,增强使命感,在未来走好新时代长征路。

三、背景分析

近年来,红色旅游市场规模日益扩大,呈现出高速增长的态势。根据《中国红色旅游发展报告(2021)》,红色旅游市场趋于"年轻化",越来越多的年轻群体参与到红色旅游活动之中。江苏省《"十四五"文化和旅游发展规划(2021)》指出,培育打造世界级运河文化遗产旅游廊道、世界级滨海生态旅游廊道。发挥江苏江海河湖资源禀赋和自然人文风光优势,推动沿江、沿海、沿大运河、沿湖地区文旅特色发展,充分展现"水韵江苏"之美。

习近平总书记在党的十九大报告中指出"人民健康是民族昌盛和国家富强的标志",在疫情防控工作中强调"要把人民群众生命安全和身体健康放在第一位",充分体现党对人民健康高度负责的担当,进一步丰富生态旅游等大健康产业的发展理论与指导思想。践行生态旅游理念可以实现人们生活对自然的最小负面影响,以有效预防和应对自然对人类生命安全和身体健康可能构成的负面影响。

四、提出问题

1. 旅游线路缺乏特色

江苏省,红色资源丰富和经济基础坚实,为红色旅游的发展奠定了良好的基础。但江苏省有代表性的红旅线路较少,没有灵活结合例如非遗、生态、文化、科技等多元化资源打造出具有融合特色的红色旅游线路。

2. 文旅融合力度不足

江苏省内红色旅游的开发当前处于单一模式,大多停留在历史、文字、配图、解说等静态阶段。如果不提高其开发程度,仅凭这些停留于表面的文化展现方式,难以体现出红色旅游资源的真正价值以及产品的思想内涵和历史意义。

3. 线路育人功能不显著

最新数据统计显示,红色旅游景点的游客年龄结构相对年轻,红色旅游的受众群体也已由耄耋之年的老年人向年轻人过渡,所以红色旅游产品不能只以传统观光和讲述历史的方式来设计,也要关注年轻人的需求,更加注重育人功能。

4. 区域文化联动不强

近年来,红色旅游发展速度较快,旅游市场出现的一些保护运河、普及大运河环保知识,增强群众守护大运河的法律意识的沿途讲解,缺乏深入运河文化的内涵,而红色文化与运河文化的结合更是稀缺红色基因有待植入运河文化的旅游资源中。

五、目标市场分析

主要目标市场包括初、高中生以及大学生的青年群体。

(一)市场特点

1. 旅游需求多元

我国青年群体数量庞大、需求多样。在红色旅游中,他们可以感受祖国的大好河山、改革开放的伟大成就,激发学生对党、国家、人民的热爱之情。同时,穿插趣味活动,提高旅游体验性和参与性,促进其动手能力、身心健康,培养他们的社会责任感、创新精神和实践能力。

2. 出游时间充裕

15—24岁的青年群体,出游的一大特点就是闲暇时间多。仅寒暑假就有三个月。加上五一、十一、周末等节假日,大概一年中有160天的可自由支配时间,约占全年时间的47%。

3. 更加注重安全

旅行过程具有不确定性因素,而且青年群体尤其是低年级人群自身社会阅历缺乏、风险防范意识不强的特殊性,旅行安全问题对于他们而言非常敏感。

(二) 市场细分

1. 初中生

初中生正处于形象思维向逻辑思维发展阶段,需要感性经验做支撑,与生活体验密切相关的、直观的事物较易激发学生的学习兴趣和探究欲望。因此,线路一根据初中生的身心特征、认知特点和地理知识储备,立足江苏沿海地区红色铁军精神和海滨生态资源,确定了"红色+海滨"的主题,使其认识中国共产党的艰苦奋斗历程和改革开放以来的伟大成就,增强自豪感与使命感。

2. 高中生

高中阶段学生性格已趋于成熟,表现出喜欢怀疑、探索、猎奇、争论、容易接受新事物、行事较少年谨慎、沉稳的特点。但其思维独立性和批判性还是不很完善的。线路二以重走铁军路,忆铁军精神为题,沉浸式体验那段苦痛的奋斗历程,树立正确的历史观。同时,结合沿途地区独有的生态资源,形成"红色+生态"线路布局,初步认识人类与自然命运共同体概念和树立人地协调观。

3. 大学生

相较于初、高中生,大学生的思想意识也更加成熟,具有一定的经济基础。同时,大学生出于猎奇和求知心理,其旅游需求强烈,偏好有内涵的自然人文景观和旅游线路,注重一种经历及旅游所带来的幸福感和自我满足感。针对大学生群体的"红色+运河"线路设计,满足了大学生对文化知识、自由、价值的精神需求,树立正确的是非观、价值观具有深刻意义。

六、线路设计方案

(一) 设计思路

通过首轮查阅及赛事要求,确定初、高、大学生群体为目标市场,以"红色+"为设计理念,进而在江苏省行政区划图上确定了旅游目的地,把其旅游资源罗列出来。然后,通过了解国家及江苏省的相关旅游政策及客户群体的需求,提出"红色+海滨/生态/运河"的理念,从所罗列的旅游资源中筛选与设计理念相符的,在地图上标出后进行线路走向排布,后根据每天的线路安排确定主题名称,以此来完善线路。最后,在线路初步形成的基础上进行深度挖掘,找出景点背后的含义,将红色文化与海滨风光、海洋文化、运河文化、生态等有效融合,在现有线路基础上进行创新并展示显著的育人功能,主要思路流程图如

图 6-5 所示。

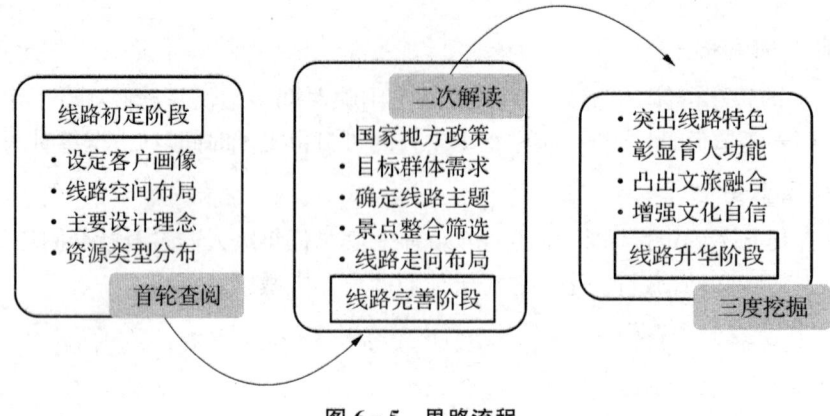

图 6-5 思路流程

(二) 设计理念

为彰显红色旅游精神,将红色文化作为底色,与海洋文化、生态旅游文化、运河文化作为基色,为红色旅游的文化增添亮色。同时,给红色革命精神增添一抹色彩,内容更丰富,形成"红扬苏地·绿韵海滨·蓝环运河"三位一体的全新红色旅游线路。

线路一:以"红色+海滨"为主题,将红色文化与海滨风光相结合,开启重现红军战士团结拼搏、顾全大局的大无畏精神与生命的摇篮海洋文化之间的融合之旅。

(1) 赓续红色精神

江苏省人杰地灵,自古便是许多人的诗和远方,出现了许多促进中国历史进程的重大事件和英雄人物。本线路以"红扬苏地·绿韵海滨·蓝环运河"为核心,重温历史事件,感受苏地红色底蕴。了解新四军的历史、回顾土地革命艰苦卓绝的历史以及"守岛夫妇"的事迹,缅怀老一辈革命家的丰功伟绩、弘扬革命精神、明白守岛报国的坚定信仰。线路旨在通过参观、活动体验,学习红色知识,以伟人之精神坚定自身信念,以伟人为路标砥砺前行。

(2) 感受绿韵海滨风光

本线路以江苏海滨城市为依托,带领初中生了解"海洋文化"和"渔业文化",感受海洋的魅力之处。在独具黄海风情的江苏海洋经济开发区,以及我国第一座反映中国海盐历史的专题博物馆,看看渔民的工作场景和渔船、了解盐渎历史、传承海盐文化、体验"卤水制盐"或DIY 海盐热敷包,领略江苏沿海地区"海洋文化""渔业文化"和"海盐文化",感受海滨风光。

(3) 影片留下红色印象

最后集体观看《长征》和《辉煌中国》,有利于广大青年群体理解中国共产党领导中国人民实现民族独立和艰苦创业的伟大实践,以及改革开放以来解放思想、励精图治的创新精神。明白心中有信仰,脚下有力量;没有崇高理想信念的有力支撑,要取得长征胜利是不可想象的;明白现在的幸福生活离不开伟人血肉的拼搏;明白习近平总书记指出的:"无论我们走得多远,都不能忘记来时的路""历史是最好的教科书"。

线路二:以"红色+生态"为主题,将红色文化与生态旅游相融合,开启重温铁军战士英勇无畏的革命英雄主义精神与可持续发展的生态旅游文化相碰撞之旅。

(1) 周恩来、铁军精神普照

本条线路以"红扬苏地·绿韵海滨·蓝环运河"为核心,为传承铁军精神和学习周恩来精神,让旅游者深刻认识到我们要好好珍惜千千万万战士用鲜血和生命换来的美好生活,勤奋学习,报效祖国,我们选取红色文化中的铁军精神和周恩来精神,与生态旅游相融合,设计了以"红色+生态"为主题的旅游线路。

(2) 绿色生态旅游添翼

本条线路依托生态保护最好的湿地,盐城"壮美世遗、栖息天堂"、中国连片种植郁金香面积最大、种类最多的"中国郁金香第一花海"等生态旅游资源设计一条红色旅游线路,将红色旅游和生态旅游相结合,保护生态旅游,出绿色政绩,让旅游者认识"绿水青山就是金山银山"的发展理念,打造融合大自然的红色旅游路线。

线路三:以"红色+运河"为主题,将红色文化与运河文化相联结,开启追忆周恩来精神、雨花英烈精神、淮海战役精神等与涵养民族精神的大运河相联结之旅。

(1) 红色革命精神得以秉承

本条线路就"红扬苏地·绿韵海滨·蓝环运河"为核心,以铁军精神、爱国主义、英雄主义、不怕牺牲的精神为底色,当时中国革命的艰辛苦难、许多革命历史、革命事迹和革命精神,将红色旅游景点中的革命英雄主义精神充分挖掘出来,对现代人们的幸福生活起到警醒的作用。

(2) 蓝环运河见红色经典

蓝色的运河之水流经江苏多个城市,依托江苏在大运河全线数量最多的世界文化遗产点段和类型最全、密度最高的文旅资源,展现亲水人居、漕运盐利、名人故事等,把大运河江苏段建设成具有世界眼光、中国气派、江苏特色的文旅"美丽中轴",结合运河建造的历史,大运河江苏段不仅是大运河文化保护传承的重点区域,更是见证党革命历史、涵养民族精神的生命之水。

(3) 逆运河而上冲破逆境

运河的流向从北向南顺流而下,而我们设计的线路三反其道而行,依托红色革命故事、革命伟人、史料博物馆等红色旅游景点,表现革命伟人不惧艰难险阻、突破重重困境、迎难而上的红色革命精神,线路三也起到对大学生遇到困难情景时,要在挫折中坚强,在逆境中前行,在失败中奋起的教育理念。

(4) "百景运河"带来灵感

依托2021年8月江苏省文化和旅游厅发布的江苏"百景运河"标志性运河文旅产品,在线路三中体现明显,"百景运河"中运河辐射的范围城市被纳入线路设计当中,意欲打造"运河红色文化古镇游、运河红色故事特色游、运河红色非遗传承游、运河红色古都记忆游、运河红色园林品鉴游……"等精品旅游线路。

七、线路优势

1. 线路一——"红色+海滨"

(1) 登临人类精神高地——独岛不孤

本条线路充分利用江苏海滨城市的红色资源,注重红色文化教育,除了新四军纪念馆、中国工农红军第十四军纪念馆等景点,开山岛倒显不和谐,但独岛却不孤,王继才在平凡的岗位上书写了不平凡的人生华章。线路一不仅仅是缅怀老一辈革命家的丰功伟绩、弘扬革命精神,更要明白像守岛报国般默默无闻、忧国忧民和鞠躬尽瘁的爱国主义精神。

(2) 徜徉海滨城市风光——海洋文化

本条线路选取的为江苏的海滨城市,感受海滨城市风光,依托"海洋文化""渔业文化"领略湿地风光,了解盐淳历史、传承海盐文化,与内陆城市形成对比,为江苏世界级海滨生态旅游廊道建设驶入"快车道"提出畅想,在水市场了解海洋生物,游与学相结合,利于初中生的文化吸收。

(3) 观看红色经典影片——镂心刻骨

在每天日程结束之余,观看纪录影片《长征》和专题片《辉煌中国》,一天的红色旅游景点的游览,听取长征故事、体验传统教育、感念独岛精神,再看影片印象会更加深刻,更有利于初中生群体理解中国共产党领导中国人民实现民族独立和艰苦创业的伟大实践,以及改革开放以来解放思想、励精图治的创新精神。

2. 线路二——"红色+生态"

(1) 红色革命精神继承

通过新四军黄桥战役纪念馆、新四军纪念馆、海军纪念馆、周恩来纪念馆集中的红色旅游景点,聆听红色故事、深度学习红色文化、感悟红色思想,真正的与历史伟人进行对话,继承他们勇敢、无畏、坚韧、顽强的精神,成为一个奋发进取的开拓者、攻坚克难的奋斗者和默默无闻的奉献者。

(2) 生态湿地教育意义

盐城市是江苏省面积最大的地级市,海洋资源和滩涂资源非常丰富,生态旅游资源独具特色,盐城湿地被誉为"东方湿地,百河之城"。通过参观学习我国最大的滩涂湿地保护区之一——丹顶鹤湿地生态旅游区,学生认识到"绿水青山就是金山银山"的发展理念,明白湿地的生态意义。

(3) 线路合理提升体验

本线路将游与感相结合,达到劳逸结合的目的,提高学生汲取知识的积极性和趣味性。如在新四军黄桥战役纪念馆和海军纪念馆,了解历史知识,在凤城河景区深刻体会彰显城市文化底蕴的戏曲;花海、纪念馆与生态湿地交织;周恩来故里、烈士陵园与园林交错,学习知识与跻身于自然景物相交,让高中生处于积极旅游的状态。

3. 线路三——"红色+运河"

(1) 运河文化、红色文化和旅游融合加强

本条线路以红色文化作为底色,将运河文化作为基色,二者相依相存,红色文化让运河文化增添故事性,运河文化又给予红色文化生命力,大学生群体在红蓝交织的旅行中,不断学习运河历史沿革和倾听红色故事,感受到千年运河带来的震撼力和红色文化的感染力。

(2) 国家支持"运河+"系列精品线路发展

国家文旅部指出,大运河文化和旅游融合发展,会成为沿线经济社会发展的新亮点,江苏省未来将把大运河建设成具有世界眼光、中国气派、江苏特色的文旅"美丽中轴",这无疑

给"红色+运河"主题线路提供极大的契机,线路三正是依托江苏亲水人居、漕运盐利、名人故事等而设计的。

(3) "红色+运河"与大学生群体契合度高

红色文化还原历史,运河文化传唱经典,红色文化与运河文化有着独特的价值内涵,其价值导向、传承属性、育人作用与提升大学生文化自信高度契合。本线路借助红色历史、红色理论讲好红色故事,传承红色基因,还原历史故事,让人民群众尤其是青年大学生树立正确的世界观、人生观、价值观,坚信党和国家,切实提升中华民族的文化自信。

八、线路详情

(一) 日程安排

表 6-8 线路一日程安排表

		线路一:"红色+海滨"	
	时间	行程安排	特色活动
第一天	6:00—6:30	吕四港大酒店	肯德基早餐
	6:40—10:30	启东吕四渔港	观看海洋生物
	11:00—12:00	午餐	品尝海鲜
	14:10—15:30	中国工农红军第十四军纪念馆	领略长征路
	16:30—19:30	如皋锦都金鼎酒店	晚餐、观看纪录片
第二天	7:00—7:30	如皋锦都金鼎酒店	酒店早餐
	9:40—10:50	中国海盐博物馆	体验"卤水制盐"DIY 海盐热敷包
	11:00—11:40	盐城八大碗	中餐
	12:05—13:40	新四军纪念馆	缅怀先烈
	15:00—16:50	丹顶鹤湿地生态旅游区	观鸟
	17:00—20:00	锦江之星品尚	晚餐、观看《辉煌中国》
第三天	7:30—7:55	锦江之星品尚	酒店早餐
	10:00—11:30	开山岛	领会"守岛夫妇"事迹
	11:35—12:00	午餐	自行完成
	13:35—14:20	连云港港口	感受中国发展速度
	15:00—17:30	连岛景区	沙湾游乐园

表 6-9 线路二日程安排表

	线路二:"红色+生态"		
	时间	行程安排	特色活动
第一天	7:00—7:40	如家泰兴黄桥东岳路店	肯德基早餐
	8:00—9:00	新四军黄桥战役纪念馆	领略铁军精神
	9:50—10:40	海军纪念馆	观看舰艇模型
	11:00—12:00	午餐	自行完成
	13:30—16:00	凤城河风景区	泛舟、听戏曲
	16:40—20:30	海友酒店	逛夜市
第二天	7:00—7:30	海友酒店	酒店早餐
	9:40—10:50	荷兰花海	花海拍照
	11:00—11:30	金庭饭店	中餐
	12:15—13:40	新四军纪念馆	缅怀先烈
	15:00—16:50	丹顶鹤湿地生态旅游区	观鸟
	17:00—20:00	锦江之星品尚	晚餐、观看《铁军—新四军的故事》
第三天	7:30—7:55	锦江之星品尚	酒店早餐
	10:00—11:30	周恩来故居	探访总理故乡
	11:35—12:30	午餐	自行完成
	13:35—14:50	刘老庄烈士陵园	缅怀先烈
	15:00—16:00	连岛景区清江浦清宴园	体验园林美景
	16:30—19:30	你好酒店	逛夜市

表 6-10 线路三日程安排表

	线路三:"红色+运河"		
	时间	行程安排	特色活动
第一天	7:10—9:30	拙政园	感受江南园林的典雅
	9:30—11:00	苏州博物馆	了解苏州城,放眼看世界
	11:00—12:00	苏蠡园	苏州特色菜
	12:50—17:00	沙家浜芦苇荡风景区	观看京剧样板戏
	17:00—18:00	锦江之星	苏帮菜鱼宴
	18:40—20:10	游湖	夜游古运河
	20:20—6:00	锦江之星	休息

续表

		线路三:"红色＋运河"	
第二天	6:00—6:30	早餐	肯德基早餐
	7:00—8:30	鼋头渚	观赏太湖风光
	9:30—11:00	惠山古镇	游古镇
	11:00—12:00	太湖人家	地锅鸡
	12:30—13:40	张闻天故居	张闻天生平讲座
	14:20—17:00	新四军六师师部旧址纪念馆	领略新四军精神
	17:00—18:00	农家小院	上海菜
	18:00—6:30	无锡宏源宾馆	休息
第三天	6:30—6:50	中式早餐店	早餐
	8:20—9:30	常州大学生红色文化主题教育馆	了解烈士生平事迹
	10:00—11:00	常州红梅公园	观赏砖雕工艺、欣赏牡丹、感受桥梁文化
	11:00—12:00	悠然居餐饮	淮扬菜
	12:30—14:30	常州高铁生态公园	体验生态公园
	14:30—16:00	常州市革命烈士陵园	缅怀先烈
	16:00—18:00	双桂坊传统美食街	品尝美食
	18:00—6:00	清沐酒店	休息
第四天	6:00—6:30	清沐酒店	酒店早餐
	7:50—9:50	苏南抗战胜利纪念碑	瞻仰先烈
	9:50—11:00	镇江句容茅山新四军纪念馆	听红色故事,悟红色精神
	11:00—12:00	小城故事	中餐
	13:00—15:00	中国镇江醋文化博物馆	了解醋文化
	15:10—17:00	金山寺	体会禅宗
	17:00—18:00	山里人家	晚餐
第五天	19:00—6:00	格林豪泰智选酒店	休息
	6:10—6:45	小李汤包	早餐
	6:50—9:00	中山陵	感悟孙中山先生的思想
	9:00—11:00	雨花台风景名胜区	知晓雨花台英烈
	11:00—12:00	后院百姓家常菜	中餐
	12:35—14:40	南京大屠杀遇难同胞纪念馆	牢记历史,砥砺前行
	17:00—18:00	晚餐	苏帮菜

续表

	线路三:"红色+运河"		
第六天	19:30—6:20	清欢精品客栈	休息
	6:30—8:00	富春茶社	扬州早茶
	8:00—11:00	扬州运河三湾风景区	观赏稀鸟类
	11:00—12:00	卢氏古宅	淮扬菜
	12:15—14:30	瘦西湖风景区	南北运河与柳树
	14:45—17:00	个园	探索构造园林石料
	17:00—19:00	东关街	品尝美食
	19:15—6:00	桔子酒店	休息
第七天	6:00—6:30	桔子酒店	酒店早餐
	8:00—11:00	淮安盱眙第一山景区	探索摩崖石刻
	11:00—12:00	欧记轩龙虾	盱眙龙虾
	13:40—14:50	周恩来故居	探访总理故乡
	15:00—17:00	中国漕运博物馆	知晓漕运历史和文化
	17:00—6:00	格林豪泰酒店	晚餐、休息
第八天	6:00—6:30	格林豪泰酒店	酒店早餐
	8:30—9:30	乾隆行宫	感受北方宫式建筑的魅力
	10:00—11:00	宿迁动物园	观看动物
	11:00—12:00	湖中缘活鱼馆	烤鱼
	12:30—15:30	骆马湖风景区	体验高尔夫、马术、游艇
	16:00—17:00	晚餐	德胜园酒楼
	17:10—7:00	锦江都城酒店	休息
第九天	7:00—8:30	马市街	早餐
	9:00—10:00	淮海战役纪念馆	了解淮海战役历史
	10:00—11:00	龟山景区	感受龟山汉墓建筑
	11:00—12:00	上荷园	中餐
	12:40—13:40	徐州贾汪马庄村	体验乡村旅游
	13:50:15:30	贾汪运河支队抗日纪念馆	缅怀先烈

（二）重点介绍

表 6-11　线路一重点介绍

线路一：赓续红色精神·感受绿韵海滨		
行程	南通—盐城—连云港	
	重点景区介绍	活动安排
线路一	• **启东吕四渔港** 它是国家著名的中心渔港，独具黄海风情的江苏海洋经济开发区。包括水产品批发市场、吕四风情区、吕四国家中心渔港展示馆；看看渔民的工作场景和渔船，领略江苏沿海地区"海洋文化"和"渔业文化" • **中国工农红军第十四军纪念馆** 它是江苏省境内唯一列入中央序列的正规红军武装部队。如皋红十四军纪念馆陈列了红十四军一千多位战士的英名，是江苏境内唯一反映土地革命时期的红色旅游景区。回顾土地革命那段艰苦卓绝、可歌可泣的革命历史，让青年们重走"长征路"，接受革命传统教育，弘扬革命精神 • **中国海盐博物馆** 它是我国第一座反映国海盐历史和文化的专题博物馆，也是盐城第一个获得国家批准、带有"国"字号的重点建设工程。海盐文化是盐城文化的主体、精髓，传承海盐文化是800万盐阜人民多年的夙愿和追求 • **开山岛** 讲述"守岛夫妇"事迹。他们32年如一日守护开山岛，让守岛报国的坚定信仰始终在心中闪闪发光，让鲜艳夺目的五星红旗始终在岛上高高飘扬。和平年代出生的青年人，不必像革命先辈那样浴血奋战，用生命报效党报效祖国，不必经历饥荒、穷苦，建设一个一穷二白的中国，那我们青年该如何赓续红色血脉	启东吕四渔港—— 水产品批发市场了解渔市生活、海洋生物馆领略沿海地区海洋文化 中国工农红军第十四军纪念馆—— 了解如皋地区的红军革命奋斗历史、开展党史知识竞赛 中国海盐博物馆—— 了解盐渎历史、体验"卤水制盐"、DIY海盐热敷包 开山岛—— 岛上升旗仪式、参观岛上风光、体验守岛日常
备注	每日行程结束之后观看纪录片《长征》和专题片《辉煌中国》，加深初中生对红色文化的理解	

表 6-12　线路二重点介绍

线路二：传承铁军革命精神·知晓生态意义		
行程	泰州—盐城—淮安	
	重点景区介绍	活动安排
线路二	• **新四军纪念馆** 它是全面地、系统地反映新四军抗战征程的综合性纪念馆。新四军纪念馆是全国国防教育示范基地、全国爱国主义教育基地、江苏省五大重点纪念馆之一。2014年8月24日，新四军纪念馆被列入第一批国家级抗战纪念设施、遗址名录 • **刘老庄连纪念园** 园区先后被命名为国家级抗战纪念设施、国家级国防教育示范基地、国家4A级旅游景区、全国红色旅游经典景区、省级烈士纪念建筑物保护单位、省级文物保护单位、省级爱国主义教育基地 • **清江浦清宴园** 它是我国治水和漕运史上唯一保存完好的衙署园林，全国文保单位，国家水利风景区，有"江淮第一园"之称。苏北地区最有代表性的古典园林。它糅北方的开阔与南方的玲珑于一处，使游人于玩乐中得到美的享受	新四军纪念馆—— 参观新四军苏北指挥部旧址、黄桥战役支前委员会旧址、新四军黄桥战役纪念馆，了解黄桥战役的历史背景和重大意义 刘老庄连烈士陵园—— 了解新四军刘老庄连英雄群体不畏强暴、以身殉国的抹不去的红色记忆 清江浦清宴园—— 欣赏苏北地区最有代表性的古典园林

续表

线路二:传承铁军革命精神·知晓生态意义	
• 丹顶鹤湿地生态旅游区 该区主要保护类型是内陆湿地和水域生态系统,主要保护对象是湿地及丹顶鹤等珍贵水禽。是世界上野生丹顶鹤最大的越冬地,是鸟的天堂,动物王国	丹顶鹤湿地生态旅游区—— 领略湿地风光、观赏珍稀鸟类、参观徐秀娟纪念馆
备注 行程结束之后去清江浦观赏夜景	

表6-13 线路三重点介绍

线路三:倾听红色故事·探寻运河秘史	
行程	苏州—无锡—常州—镇江—南京—扬州—淮安—宿迁—徐州	
	重点景区介绍	活动安排
线路三	• 苏州博物馆 苏州文物收藏、保护、研究、展示、教育的中心。西馆设有通史陈列馆、苏作工艺馆、多媒体展示馆等多个展区,从文化艺术、苏作技艺、苏式生活等多个方面全面展示了吴地的悠久历史和特色工艺 • 沙家浜芦苇荡风景区 抗日战争时期,为苏常太抗日游击根据地。叶飞率领新四军六团以"江抗"名义东进江南,利用阳澄湖的芦苇荡作天然的屏障,艰苦卓绝,开辟了敌后抗日革命根据地 • 张闻天故居 中国共产党的重要领导人之一,理论宣传和干部教育工作中成绩卓著的领导人之一。他以文学翻译和评论为主,宣传新思想,遵义会议的第一主角、在西安事变发挥历史性作用 • 常州红梅公园 入选江苏"运河百景"之一。江南风韵,诗意红梅,被誉为"常州第一园林" • 常州大学生红色文化主题教育馆 运用先进的展陈技术,将张伯苓爱国三问、李大钊百年来电等红色教育元素设计为互动环节,了解"常州三杰"生平事迹。"红馆"围绕"红色融入·铸魂育人"的主题,分为"融入新时代""融入常州红色文化沃土""融入常州大学文化传承特色" • 中国镇江醋文化博物馆 入选江苏"运河百景"之一。既是国内首个专业性主题醋文化博物馆,也是镇江市第一个集文化遗产保护、科普教育、工业旅游等功能于一体的主题展馆 • 镇江茅山新四军纪念馆 它入选江苏"运河百景"之一。整个陈列真实地反映了以茅山为中心苏南抗日根据地的光辉历程,生动地再现了新四军和苏南人民抗日斗争的历史风貌,是南京、常州、镇江等学校和单位的德育教育基地	苏州博物馆—— 感受江南文化与国际想接轨,积极探索世界多元文化的链接与融合 沙家浜芦苇荡风景区—— 了解沪剧《芦荡火种》和京剧样板戏《沙家浜》故事、了解革命传统教育、亲近芦苇荡大自然生态、江南水乡田园风光以及地方民俗风情 张闻天故居—— 在故居参观学习介绍张闻天生平专题讲座 常州红梅公园—— 游览红梅八景、观赏舣舟亭的传统砖雕工艺;欣赏争奇斗艳、满庭春芳的牡丹、了解桥梁结构,感受中国桥梁文化 常州大学生红色文化主题教育馆—— 知晓杨靖宇烈士的生平事迹 中国镇江醋文化博物馆—— 了解、解读、品味醋文化、观看醋的制作过程 镇江茅山新四军纪念馆—— 了解以茅山为中心苏南抗日根据地的光辉历程,新四军和苏南人民抗日斗争的历史风貌

续表

线路三:倾听红色故事·探寻运河秘史	
• **雨花台风景名胜区** 它是革命烈士殉难处,在这里遇难的共产党人和革命群众达10万之多。明、清两代,"雨花说法"和"木末风高"分别被列为"金陵十八景"和"金陵四十八景"之一 • **扬州运河三湾风景区** 它入选江苏"运河百景"之一。现为世界文化遗产、国家水利风景区。位于扬州古运河三湾段,以运河三湾及周边湿地风光为依托,因地制宜的配置人文景观及休闲设施而形成的大型生态人文景区 • **瘦西湖风景区** 它入选江苏"运河百景"之一。其中"长堤春柳"是扬州二十四景之一。瘦西湖本名保障湖。乾隆年间钱塘诗人汪沆慕名来到扬州后将其唤作瘦西湖,其在清代康乾时期已有"园林之盛,甲于天下"之誉 • **淮安盱眙第一山景区** 第一山景色秀美,以林、泉、亭、宇之玲珑,融儒、佛、道于一体。历朝历代文人墨客都极为推崇,宋元以来,众多的文人墨客、翰林学士、官府政要都慕名而来,留下了大量的碑刻和碑碣,如苏轼、陆游、杨万里、米芾等名家之作 • **中国漕运博物馆** 它入选江苏"运河百景"之一。作为"运河之都"的淮安,展示漕运文化而筹建中国漕运博物馆。淮安漕运总署遗址是2002年中国重大考古发现之一,漕运博物馆建与漕运总督署遗址相整合,向世人完整地展现漕运古迹和历史 • **骆马湖风景区** 它是江苏省四大湖泊之一,历史上骆马湖又名圣马湖。骆马湖水多来自沂蒙山洪和天然雨水,沿湖又无工业污染,常年水体清澈透明,拥有良好的生态环境和水资源;骆马湖历史文化底蕴深厚。当年乾隆皇帝在此留下了"第一江山春好处"的名句 • **龟山景区** 它含龟山汉墓、点石园、徐州圣旨博物馆三个主要景点。景区的核心景点龟山汉墓居徐州汉墓之首,有很高的完成度和精度。点石园的精美石刻及圣旨博物馆的古代文物,是目前徐州规模最大、藏品最为丰富的石刻艺术馆 • **贾汪运河支队抗日纪念馆** 它入选江苏"运河百景"之一。运河支队抗日纪念馆,是国内唯一一座全面反映苏鲁边界运河支队十四年抗战史实的大型专题纪念馆,是徐州市爱国主义教育基地、徐州市文化产业示范基地,集宣教、收藏、研究、旅游多功能于一体	雨花台风景名胜区—— 知晓雨花台英烈事迹 扬州运河三湾风景区—— 观剪影桥、凌波桥、体验乐水园微缩湿地景观,感受科普乐趣 瘦西湖风景区—— 吟唱时代的诗词、了解南北运河与柳树的联系、看园林甲天下 淮安盱眙第一山景区—— 学习儒、佛、道中心思想,了解盱眙十景、探秘摩崖石刻、碑碣、了解米芾、苏轼、陆游等名家 中国漕运博物馆——知晓漕运历史和文化、体验船型超级互动桌、感受现代高科技演示与文物史料巧妙结合 骆马湖风景区—— 体验高尔夫、马术、游艇等主题运动、观赏湿地公园风景 龟山景区—— 了解汉墓建筑、楚汉雄风、两汉文化经典代表作、观赏圣旨博物馆 徐州贾汪运河支队抗日纪念馆—— 慰问先烈英灵,参与爱国主义和革命传统教育

九、财务预算

线路一财务预算如表6-14所示。

表6-14 线路一财务明细表

款项	明细		金额(元/人)	合计(元/人)
景区门票	启东吕四渔港		0	87
	中国工农红军第十四军纪念馆		0	
	中国海盐博物馆		0	
	新四军纪念馆		0	
	丹顶鹤湿地生态旅游区		37	
	开山岛		0	
	连云港港口		0	
	连岛景区		50	
住宿	吕四港大酒店		191	500
	锦都金鼎酒店		180	
	锦江之星		129	
饮食	第一天	早餐—肯德基	12	187
		午餐—吕四渔港码头中餐厅—海鲜	108	
		晚餐—酒店	30	
	第二天	早餐—酒店	0	
		午餐—盐城八大碗	37	
		晚餐—自理	0	
	第三天	早餐—酒店	0	
		午餐—自理	0	
		晚餐—自理	0	
车费	大巴		60*3	225
	船票(开山岛)		45	
总计	999元/人			

线路二财务预算如表 6-15 所示

表 6-15　线路二财务明细表

款项		明细	金额(元/人)	合计(元/人)
景区门票		新四军黄桥战役纪念馆	0	82
		海军纪念馆	0	
		凤城河风景区	20	
		荷兰花海	25	
		新四军纪念馆	0	
		丹顶鹤湿地生态旅游区	37	
		周恩来故居	0	
		刘老庄烈士陵园	0	
		靖江浦清宴园	0	
		靖江浦清宴园	0	
住宿		如家泰兴黄桥东岳路店	133	383
		海友酒店	115	
		你好酒店	135	
饮食	第一天	早餐—肯德基	12	57
		午餐—自理	0	
		晚餐—自理	0	
	第二天	早餐—酒店	0	
		午餐—金庭酒店	45	
		晚餐—自理	0	
	第三天	早餐—酒店	0	
		午餐—自理	0	
		晚餐—自理	0	
车费		大巴	60*3	180
总计		702 元/人		

线路三财务预算如表6-16所示。

表6-16 线路财务明细表

款项	明细	金额(元/人)	合计(元/人)
景区门票	中山陵	0	497
	雨花台风景名胜区	0	
	侵华日军南京大屠杀遇难同胞纪念馆	0	
	拙政园	40	
	苏州博物馆	10	
	沙家浜芦苇荡风景区	20	
	古运河夜游	80	
	惠山古镇	70	
	鼋头渚	45	
	张闻天故居	0	
	新四军六师师部旧址纪念馆	0	
	常州红梅公园	0	
	常州大学生红色文化主题教育馆	0	
	常州高铁生态公园	0	
	常州市革命烈士陵园	0	
	双桂坊传统美食街	0	
	金山寺	25	
	中国镇江醋文化博物馆	15	
	苏南抗战胜利纪念馆	0	
	镇江茅山新四军纪念馆	0	
	扬州运河三湾风景区	0	
	瘦西湖风景区	30	
	个园	22	
	东关街	0	
	淮安盱眙第一山景区	15	
	周恩来故居	0	
	中国漕运博物馆	45	
	乾隆行宫	20	
	宿迁动物园	20	
	骆马湖风景区	0	
	淮海战役纪念馆	0	
	龟山风景区	40	
	徐州贾汪马庄村	0	
	贾汪运河支队抗日纪念馆	0	

续表

		线路三:"红色+运河"		
住宿		锦江之星	144	1 167
		无锡源宏宾馆	99	
		清沐酒店	154	
		格林豪泰智选酒店	129	
		清欢精品客栈	113	
		桔子酒店	180	
		格林豪泰酒店	168	
		锦江都城酒店	180	
饮食	第一天	早餐—酒店	0	983
		午餐—苏蠡园	25	
		晚餐—沙家浜酒家	70	
	第二天	早餐—肯德基	12	
		午餐—太湖人家	60	
		晚餐—农家小院	60	
	第三天	早餐—中式	12	
		午餐—悠扬居餐饮	66	
		晚餐—自理	0	
	第四天	早餐—酒店	0	
		午餐—小城故事	50	
		晚餐—山里人家	69	
	第五天	早餐—酒店	0	
		午餐—后庭百姓家常菜	60	
		晚餐—自理	0	
	第六天	早餐—富春茶社	60	
		午餐—卢氏古宅	88	
		晚餐—自理	0	
	第七天	早餐—酒店	0	
		午餐—欧记轩龙虾	122	
		晚餐—酒店	50	
	第八天	早餐—酒店	0	
		午餐—湖中缘活鱼馆	65	
		晚餐—德胜楼酒楼	63	
	第九天	早餐—酒店	0	
		午餐—上荷园	108	
车费		大巴	60*9	540
总计		3 187元/人		

＊景区票价均来自门市价格
旅游车价格来自出发地级市最低价格
饭店价格来自网络人均报价
［注］所有景区价格(含)学生半价优惠

十、可行性分析

1. 宏观政策利好，市场前景广阔

《中共中央关于制定国民经济和社会发展第十四个五年规划和二〇三五年远景目标的建议》中提出，推动文化和旅游融合发展，发展红色旅游和乡村旅游。2021年第一季度，文化和旅游部提出，鼓励各地大力发展"红色＋"旅游新业态，推出红色旅游与生态旅游、民俗旅游、研学旅游、乡村旅游等深度融合的高质量产品和线路，推出各种丰富多彩的项目主题活动，以此来满足多种游客的丰富需求。同时，红色旅游线路的市场也急需互动性和娱乐性较强的产品进入，因此市场空间也极其丰富。

2. 团队构成合理，合作效率高效

团队四名精英成员，均为高校热爱红旅线路的优秀学生，并且对于旅游领域具有极高的职业素养和市场嗅觉。对导游实务，旅游市场调查，旅游产品营销以及旅游线路设计等多个领域具有过硬的专业素养以及丰富的实践经验。在校园中合作默契，作业经常高效完成，因此，我们拥有极大的信心，也为之付出了巨大的努力。

3. 学校提供支持，创作思维发散

对于本次方案设计，学校给予了极大的支持与帮助，提供了专用的教室以及专业的支持。学校教育有利于团队思维发散，同时，我们也秉持教学做合一的理念，将学到的丰富知识储备运用在这次产品设计之中，让产品富有创新性的同时也能够更加地接地气。

4. 后疫情时代下，旅游逐渐复苏

当前旅游市场也正在逐步开放，人民日益增长的旺盛旅游需求也急需解决，结合如今红色旅游线路市场上对于参与度高、互动性强的极大需求，所设计线路产品的空间市场将会空前庞大，发展前景也会空前广阔。

十一、营销方案

（一）主题线路营销

1. 建立联动机制

将江苏省特色红色旅游线路与周边的浙江、上海等地区的联合推出，组成一个较为完善的红色旅游主题精品线路。做到每个红色景点之间的资源互补，互惠互利。

2. 强化主题营销

强化"红色＋"这一设计理念，对于线路中的特色活动着重介绍，一改传统旅游中参与方式的局限性，给予游客多元的红色旅游新体验。

3. 结合多方资源

红色文化与海洋文化、渔业文化、生态湿地、运河文化等相结合，给旅游者带来全新的体

验,带动江苏省旅游全域发展。

4. 红色纪念日营销

七一建党节、八一建军节、十一国庆节抑或是重大周年庆活动,在这每个特殊的红色节日里,都是推销红色旅游的重要契机,让旅游者融入浓厚且深刻的红色气氛中。

(二) 新媒体营销

1. 新媒体平台

通过现代化移动互联网手段,如抖音、微博、小红书、快手、微信公众号等在大学生群体中热门的多元化媒体平台工具,进行宣传、推广和产品营销。通过策划相关的优质、高度传播性的内容和线上活动,向群众广泛或者精准推送消息,提高参与度与知名度,达到营销目的。如图6-6在新媒体平台发布旅游宣传海报。

图6-6 旅游宣传海报

2. 旅游网站营销

新媒体宣传拥有稳定客源之后,建立与产品相关的介绍和与各大网站的合作,让游客能够在携程、驴妈妈、爱旅游等旅游网站上实时了解产品信息及其相关活动开展信息。

3. 网络达人营销

通过邀请具有网络知名度的旅游达人进行宣传,利用网络达人所具有的经验优势来推介产品,快速提升产品的知名度,促进产品的销售,网络旅游达人成为风向标,旅游者更倾向大多数同龄人接受和认可的产品。

4. IP形象营销

IP形象是指企业或某个品牌在市场上、在社会公众心中所表现出的个性特征,包括广告宣传、旅游Logo等。通过设计线路特色产品、代表品牌与消费者沟通,赢得喜爱和认同,吸引新用户。

图6-7 "红扬苏地·绿韵海滨·蓝环运河"线路Logo

蓝色、绿色分别代表以运河、海滨为主的资源,"纟"+"工"结合为"红",寓意着区域文化联动之意;外圈的红色代表红色文化,体现线路"红色+"的设计理念,"红色之旅"字样代表此线路是红色旅游线路,主题突出、醒目,吸引眼球。

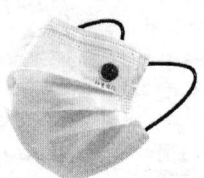

图6-8 定制口罩

疫情防控期间的旅行活动,应响应国家号召,随身携带口罩,印有Logo的口罩,如图6-8所示,既可以保护旅游者,又具有纪念意义。

图6-9 定制陶瓷杯　　　　图6-10 定制保温杯

如图6-9、6-10所示,印有Logo的陶瓷杯和保温杯,游客生活不仅便利,而且具有纪念价值,给旅行留下深刻的印象。

图 6-11 定制卫衣

如图 6-11 所示,纯白配色加线路 Logo,简单大气,不失唯美,赠送给旅游者,具有纪念意义,每每看到它,就勾起游客深刻的红色之旅的记忆。

(三) 传统营销

1. 跨界合作

挖掘青年群体使用较频繁的产品,将本线路元素通过跨界合作提高其存在感,例如,与怪兽充电合作,将本线路的宣传广告投入其扫码的页面。

2. 电视营销

通过在电视上投放宣传广告,场景与声音结合、场景由静态转为动态,效果直观,提高江苏旅游景区知名度,同时挖掘更多潜在客户,拓宽产品消费者层面。

3. 杂志营销

与旅游报纸杂志、地铁纸报合作刊登江苏省红色资源相关信息,展示特色产品,吸引更多读者和消费者的注意;杂志阅览有用时刻较长、传读率高、具有保存价值。

4. 广告营销

在公交站、车辆流动大地区设立宣传广告牌,在城市街道进行海报宣传,在电梯显示屏里植入宣传广告等。

5. 主题讲座

联合在学校、企业、政府等主体,在公共场所等进行红色主题讲座宣传,让大众深入了解产品,增强文化自信。

十二、结语

畅游红色之旅,缅怀革命先烈,本次线路的设计分别从"红色+海滨""红色+生态""红色+运河"三个主题为不同的群体提供了不同主题的线路,突破传统的红色旅游模式和目标群体,致力于让更多的旅游者可以参与并且沉浸其中,将红色革命精神的感染力、强大的生命力与线路合为一体,让红色旅游成为范围广、影响大、效果好的爱国主义教育新方式,增强文化自信,呈现"华夏儿女莫不寻红色踪迹,有志之士莫不享时代华章"之胜景。

第三节 商务会奖线路设计案例

云游金陵,锦绣东方

一、客户公司介绍

(一) 企业背景

VGRASS 品牌创立于 1997 年,是中国高端女装领导品牌,是锦泓时装集团股份有限公司三大自主品牌之一,是一家集专业设计、生产、销售于一体的品牌服装企业。集团多年来始终坚持自主研发设计,在意大利米兰、韩国首尔、中国上海和南京均设有研发设计中心和国际运营团队,以国际设计团队为依托,以高品质面料、修身廓形、精良工艺为产品根本,创造美丽,传播时尚。

(二) 企业规模

经过十几年的发展,当前企业已实现 59 793.15 万元销售规模,员工 2 600 余人及 360 余家终端店铺。2011 年跻身全国高档女装市场综合占有率前五位。2012 年维格娜丝上海新总部正式成立。VGRASS 以直营为主加盟为辅的销售模式,基本覆盖国内一线、省会城市及重点二、三线城市,进驻核心商圈的高端百货和购物中心。坚持自主选址、自行设计装修及自主管理,贯彻公司的高端品牌战略。公司专注发展直营模式及高端渠道,在全国 300 余家店铺中,直营店铺的比例高达 90%,与恒隆、万象城、王府井等集团建立良好合作关系。

(三) 企业文化

"时尚、修身"是 VGRASS 多年来严谨恪守的核心价值理念。时尚,是精神内涵,亦是生活态度,不在于追随而在于理智熟练的驾驭。修身,以线条之美勾勒身形,以曲线之美修饰年龄。

(四) 企业特点

1. 设计独具匠心,尽现女性之美

VGRASS 创立 19 年以来,坚持以知性、优雅为主线,在经典中融合时尚、温婉中彰显大气。通过欧洲、亚洲国际设计团队,运用高品质面料,将"修身"理念融入每件作品,用线条之美勾勒女性曲线,修饰减龄,为内敛、聪慧的当代女性传递自信与优雅气质,提供修身、时尚的全系列时装建议。

2. 赋传统以时尚,服装巧妙融合云锦技艺

作为东方织造美学的传承者,VGRASS 溯源云锦故事,从云锦织物中获取灵感,融合现代生活美学,以高品质的全球精选面料、完美剪裁的廓形与精良的手工艺,引领当代优雅精致的生活品位。助力公司实现"创造出具备中国文化元素的奢侈品品牌"的愿景,呈现云锦的皇室浪漫与技艺。VGRASS 坚持自主研发设计,精选优质面料,以匠心创造东方女性之美,为所有中国女性带来舒适自在的穿着体验。VGRASS 是为数不多的在全球设立多个研

发设计中心的品牌。在研发设计方面,不断挖掘云锦馆藏艺术宝藏,自主研发独特面料花型。在产品品类方面,聚焦于连衣裙,坚持"连衣裙之王"的品牌战略,做到单品类多样化。在产品面料方面,与国际知名面料供应商合作,采用进口面料开发高端定制系列。在产品工艺,使用传统云锦工艺,加入苏绣、钉珠等重工手工工艺,打造具有中国文化元素的高端场合装。

3. 品牌内外兼修,维格娜丝走出国门

近年来,中国文化呈复兴态势,中国艺术及文化对国际市场的影响日益广泛而深远,然而中国传统高端材料及更能体现文化底蕴的中国设计鲜少在国际时尚舞台出现。基于此契机,对于中国传统手工艺的传承与保护,结合现代的设计手段与品牌创新体系,由传统的手工艺演绎出具备当下人们的审美标准与生活方式将显得别具一格。根植于本土的中国品牌对此的理解和运用显然更具有优势,能够在国际市场上赢得更大的发展契机。过去多年以来,时装领域的话语权都掌握在国际大牌手中,但情况正在发生变化。消费者对审美及文化的追求逐渐多元化,主流的西方审美不再通吃。在民族自信与文化自信不断修复的过程中,消费者对于本土文化的渴求也比以往更加强烈。在这样的背景下,能够引起消费者的民族情感共鸣且维持良好口碑的国货品牌逐渐崛起。"优雅于心,维美于形"的品牌理念根植于每一件作品当中,走出了属于东方时装的独特路线。印证了VGRASS对优雅女性形象的极致追求。2018年在意大利米兰开设品牌旗舰店,开启国际化新征程,致力成为国际高端女装市场上的一线品牌。

为打开国际市场,VGRASS也推出了中西融合的产品,以联合国非遗项目的"南京云锦"工艺与意大利奢华手工艺制作,打造兼具传统元素与国际视野的优雅女性形象,以古艺融新的创造尝试连接起中西文化之美。

4. 坚持精益求精,沿袭非遗工匠精神

VGRASS公司质量理念是"质量是品牌的生命,品牌是企业的生命",质量方针是"一针一线,精益求精——件件让顾客放心,一款一式,持续出新——款款让顾客靓丽自信。"

公司注重以产品质量开创品牌之路,始终坚持"彰显真我,创造美丽"的企业使命,视品质为生命,严格把控产品质量关,从原材料的采购到生产的全过程严格把控,高品质产品让消费者放心、满意,公司品牌的知名度和信誉度才会得到不断提升。VGRASS的品质承诺是"千计小时、百道工序、十倍专注、一身经典",他们精心选料,因为高品质的面料是成就高级时装的第一步。他们深知,即使是最优秀的制造方法也不能弥补有缺陷的材料。因此VGRASS只选择最优质的桑蚕丝与羊毛,远足法国、意大利、韩国、日本等国家定制印染,传达VGRASS"高端品质"服装品牌的承诺。他们精心设计,拥有国际设计师团队,融合东西方文化精髓,是用时装表现灵魂的精神大师,于潮流前端,凝视经典,运用优良的工艺手法,缔造现代女性的知性优雅气质。他们严苛制作,经过数百道制作工序,工艺先进;三维立体剪裁,精工细作。经过高标准质检,潜心在每一个针脚印记品牌优雅气质。

二、方案目的

(一) 八面"维"风——凝聚

会奖旅游活动是企业关爱员工、以价值创造者为本的一种体现,由企业出资,对贡献突出的优秀员工给予认可,其中穿插的交流会议,让精英员工代表分享成功经验,颁奖晚宴中奖项、奖杯、奖品的精心设计,能充分激发员工的自豪感、荣誉感,增强使命感,是对员工的福利,更是企业的对内公关,让员工和企业形成命运共同体、增强企业凝聚力的一种有效途径,以奖励旅游的方式可以高效调动员工积极性以及员工之间的竞争动力,为企业的团队建构增添不少的优秀员工储备,让原本就充满生机的员工更是热情高涨,推动着企业向着明日的辉煌砥砺前进。

(二) 前程似锦——展望

本次活动围绕 VGRASS 的企业文化及员工群体安排了新鲜有趣又不失内涵的行程,在活动中学习,寓教于乐,在大自然和民族文化中为企业今后的发展方向和产品推新创造灵感,让 VGRASS 服装犹如东风借力,顺风而行,设计出更优秀的东方服饰,锦绣 VGRASS 的美好未来。

(三) "维"妙"维"肖——传承

VGRASS 是唯一一家拥有世界级非物质文化遗产博物馆的女装品牌,南京云锦是古代为皇家贵族织造服饰的工艺,寸锦寸金更是代表了奢侈与地位,VGRASS 将其运用在服装中,结合东方美学花型和优质面料,像艺术品般的服装,不仅是一件商品,更代表了对古老技艺的传承,以匠心创造东方女性之美。本次的会奖旅游行程中更是安排了云锦技艺的体验,加深对云锦非遗技艺的了解,深入云锦工匠的工作现场,体悟匠心精神的伟大,也是对工匠精神的一种传承。

(四) 无"维"不至——推广

本次会奖旅游,还涉及多种推广,例如 VGRASS 服装 T 台秀、"坏衣能量站"公益活动等,借此活动,以加深顾客对本品牌的认识,树立良好的企业和产品形象,提高品牌知名度、美誉度和特色度,扩大营销,不仅能够宣传 VGRASS 服装,还能为 VGRASS 提供平台,谋求更多的发展渠道及合作共赢的伙伴,提高企业的无形资产价值。

三、方案可行性分析

(一) SWOT 分析

运用 SWOT 分析,针对南京地区的政策、经济、社会、技术四个方面进行综合体商务会奖旅游的分析研究,了解南京当地会奖旅游对策和发展趋势。在为会奖旅游策划活动设计提供可行性依据的同时,进一步优化和提升会奖旅游中存在的不足之处,这将有助于南京旅游业的进一步发展和商务项目的开发,也直接影响南京旅游产业结构和其他产业间的协调发展,并对相关关联产业有着极大的拉动作用。具体内容如表 6-17 所示。

表 6-17 南京会奖旅游 SWOT 分析表

优势(Strengths)	劣势(Weaknesses)
• 良好城市旅游形象 　适应时代发展要求 • 酒店会奖资源丰富 　旅游文化内涵深厚 • 高度区域经济优势 　国际化专业化发展 • 优越区位交通优势 　良好城市旅游形象	• 旅游发展缺乏规划 　旅游法规尚未健全 • 总体经济规模较小 　缺乏结构制度建设 • 缺乏专业管理人才 　旅游品牌定位不准 • 配套设施缺乏完善 　旅游信息化程度低
机遇(Opportunities)	挑战(Threats)
• 提供旅游政策支持 　促进政策法律法规 • 接待能力日益增强 　吸引更多国际客流 • 社会群体大众消费 　催生会奖旅游消费 • 具有成功会奖经验 　改善传统旅游体验	• 配套政策缺乏明确 　监督过程缺乏管理 • 争夺管理竞争加剧 　面临未来发展挑战 • 旅游开发项目增多 　活动同质化程度高 • 预算成本水平较高 　规模化集团化滞后

（二）活动策划方案的实际可实施性

1. 经济的可行性

本次参加会奖旅游活动的群体为 VGRASS 品牌企业员工和高层管理人员，并且是属于团队消费，以团体出游的方式，所以各合作企业都会有一定的优惠条件，相对而言门票及各项活动的费用会降低，同时，本次的活动主办方也会给予一定的支持；另一方面本活动是以会奖为目的，与在企业不同的是亲身参与体验，一定程度上培养了员工的艺术涵养，对比在企业接受常规化的工作，本活动可以体现出更多的体验与收获。

2. 社会的可行性

南京为江苏省省会旅游城市，当地出台了一系列支持以带动各项旅游的政策。并且当地的旅游体系发展较成熟、旅游活动丰富、自然人文旅游资源多样性，针对本次策划的会奖活动而言，南京地区可以组合利用的旅游产品较多。当地的旅游基础设施完善，能够满足本次的会奖团队旅游的需求，利用这种企业的合作模式，以旅游活动带动当地社会经济的发展，当地良好的社会经济水平也能提供更好的会奖旅游体验。

3. 组织的可行性

本次活动策划之初成立专业的团队,从活动的策划设计到实际操作实施,都有专业的团队进行组织监督实践等等。再加上企业合作的这种商务模式,在活动实际运作过程中,有专业管理人员、企业以及组织团队等专业的组织,可以确保本次会奖旅游活动的实际落实。

四、方案主题

(一) 方案整体主题

"云游金陵,锦绣东方"

VGRASS 溯源云锦故事,从云锦织物中获取灵感,因此取"云锦"二字,南京古称金陵,云游金陵不仅意指在金陵的旅程,更内涵金陵城之美,宛若"仙境云游";此外,VGRASS 是东方织造美学的传承者,且本次的旅程多次涉及云锦,顾本次会奖旅游的主题为"云游金陵,锦绣东方"。

(二) 每日主题

Day1:"祥麟维风",前程似锦

出自成语"祥麟威风",用来赞美人才,因此本次年会的目的之一为表彰维格娜丝员工中的优秀人才,其次是展望未来,祝愿企业的未来前程似锦。

Day2:与爱同行,探秘金陵

为响应国家可持续发展战略的号召,维格娜丝发挥其作为服装产业所应有的觉悟,开展一系列公益活动,在产生经济效益的同时带来社会效益,用行动为爱发电,与爱同行;而另一处,在金陵小城中却发生了一场疑点重重的云锦失踪案,真相到底如何,需一探究竟。

Day3:巧夺天工,古添新韵

维格娜丝以其云锦系列产品名声大噪,而金陵城作为云锦的故乡,必不能不前往云锦博物馆,在此处可观赏到巧夺天工的云锦作品,瞻仰云锦非遗传承大师们的制作过程;同时还加入了带有个性化的云锦织造体验,可亲身动手尝试织布的乐趣,当现代的人与古代的技艺发生碰撞时,会添出怎样的新韵?晚上在历史悠久的矿坑公园举行 VGRASS 的服装走秀,新式的服装配以古老的矿山,借助震撼的矿坑公园灯光秀以及园博园璀璨的烟花表演,给大家带来一场视觉上的盛宴。

Day4:璀璨东方,印象金陵

在会奖的旅游的最后一天,对本次的行程进行升华,在江苏大剧院一睹南京璀璨的非遗文化节目,以留下深刻的金陵记忆,发挥旅游的"近因效应"。同时希望通过传统文化的展现,给予员工关于东方文化与东方美的灵感,以在后续的产品生产中,能设计出更多具有独特东方韵味的 VGRASS 产品,真正实现会奖旅游的意义。

五、具体行程设计与规划

(一) 第一天

Day1:祥麟"维"风,前程似锦

活动简介:举办主题年会,总结公司过去一年的工作,鼓励团队士气,完成表彰企业优秀员工、回顾企业历史、展望企业未来。开展抽奖活动,让员工获得实在的实惠,开设酒会,增强客户联络和增进感情。

具体目的如下:

① 总结这一年来各团队取得的成绩,积累工作经验,制定各团队下一年的发展方向与目标;

② 对各团队为公司发展做出巨大贡献的优秀员工致以诚挚的谢意并提出表彰;

③ 促进员工与员工之间、员工与领导之间的感情交流,让员工对公司这一年度的各方面工作有了更深入的了解,同时激发员工的积极性与竞争意识,提高工作参与度以及工作效率;

④ 加强各团队之间的配合,以便日后能更好地为公司效力。

活动对象:200名维格娜丝服装公司精英员工

活动时间:第一天 15:30—21:30

活动安排:见表6-18

表6-18 第一天具体行程表

时间	活动	基本内容
15:30—15:40	大会开幕	观看"年度回顾片",大会主持人致辞,隆重介绍参与本次大会的重要领导,并对他们的到来表示热烈的欢迎
15:40—16:05	团队年度成果汇报	各团队代表对本年度工作进行汇报及总结,阐述下一年度的团队规划
16:05—16:40	表彰时刻	总经理上台致辞并宣读表彰人员及团队名单
		各团队负责人为优秀员工颁发先进个人奖,总经理为优秀团队颁发优秀团体奖
		被表彰人员上台领取证书及奖品,并合影留念
		先进个人代表上台发表获奖感言
16:40—17:10	抽奖环节	本次抽奖环节共有三轮,每轮环节规则不同,奖品也不同
		第一轮:在欢迎仪式发放的福袋中,分别标有不同的序号,由三个团队的负责人各自在提前准备好的抽奖箱中各抽取十张;即共有30名员工可获得三等奖的奖品
		第二轮:现场大屏随机滚动参与本次活动的员工照片,由总经理随机点停,共十轮;即共有10名员工可获得二等奖的奖品
		第三轮:根据现场随机入座的座位,3排6座、6排6座、9排6座的三名幸运员工,可收获本次年会的最大奖项;即共有3名员工可获得一等奖的奖品
17:10—17:25	公司年度总结	领导上台致辞,总结公司年度进展,指明下一年度公司的发展方向,制定工作目标
17:25—17:30	大会闭幕	主持人对本次大会做简要总结,宣布大会闭幕
17:30—19:00	休息准备	所有人稍作休息,进行换装,准备参加"星光酒会"
19:00—21:30	星光酒会	放松心情为接下来的旅程做准备,品尝美味的食物酒水

(二) 第二天

Day2:与爱同行,探秘金陵

1. 公益活动 & 宣传活动 & 疫情防控活动

活动目的:

(1) 公益活动:"维格娜丝,与爱同行":为响应国家"可持续发展"战略,VGRASS 特利用本次会奖旅游开展"可持续时尚"的公益活动,包含三部分,分别为[坏衣能量站][旧衣发电站]以及[remake工坊]。

(2) 宣传活动:借此活动,公开透明展现 VGRASS 产品的硬实力,增加 VGRASS 的品牌效益、社会效益和经济效益。

(3) 疫情防控活动:VGRASS 会随疫情变化状况开展线下防控措施。树立品牌口碑,向大众展示 VGRASS 不仅仅只关注弘扬东方美,更是在疫情当前将守护东方美作为企业的责任。

活动对象:维格娜丝企业 200 名员工

活动时间:第二天上午 10:00—14:00

活动安排:见表 6-19

表 6-19 第二天具体行程表

时间	活动	基本内容
9:30—10:00	前往门店	从酒店出发前往南京 VGRASS 汤山奥特莱斯线下门店
10:00—10:30	现场准备以及活动预热	在活动现场循环播放 VGRASS 企业宣传片,活跃现场气氛,吸引人流量
10:30—10:35	活动开始	主持人上台,简要说明本次活动的举办目的:向更多群众推广 VGRASS 品牌
10:35—10:50	领导发言	向现场观众介绍 VGRASS 企业文化、核心价值观以及主要业务范围等
10:50—13:30	开启公益活动	[坏衣能量站]:在可持续绿色发展的时代之下,时装产业能做出的最大善行就是尽可能长久地去使用我们的物品,因此 VGRASS 特借此次会奖旅游的机会,为群众提供免费的坏衣修补服务,以延长衣服的使用寿命 [旧衣发电站]:VGRASS 联合权威公益组织,号召大家捐赠闲置的旧衣、不要的坏衣等,通过捐赠的方式帮扶贫困,为爱发电,与爱同行 [remake 工坊]:现场特别福利,用现场所提供的衣物及材料进行改造和创作,展现与传播 VGRASS 的"匠人精神" 午餐时间由后勤组送上工作餐
13:30—14:00	活动结束	主持人宣布本次活动结束,对今日的活动进行总结,感谢大家的配合与参与,工作人员进行现场收尾工作
14:00—15:00	出发	从汤山奥特莱斯出发前往金陵小城

续表

时间	活动	基本内容
15:00—15:30	预备	所有人抽取剧本角色,换上相应服装,了解游戏规则,准备开始游戏
15:30—18:50	探案	根据自己手中的剧本进行游戏,发挥自己的智谋,寻找云锦失踪的真相(晚餐时间可在金陵小城自行用餐)
18:50—19:00	总结	主持人对本次活动进行小结,并恭祝获胜玩家
19:00—20:00	返程	从金陵小城返回悦榕庄酒店
20:00后	温泉	经历了一天的疲惫,特在今日为所有员工准备了矿坑温泉体验,员工在回到酒店后可根据自己的时间安排自行前往,泡在舒适的深坑温泉中洗去一日的疲惫,以活力满满迎接新的一天

2. 金陵小城沉浸式剧本杀活动

活动简介:金陵小城是中国首个以六朝文化为主题的旅游景区,景区以"一街、一水、一禅、一堂、一馆、两湖"为脉络,通过移步易景的场景变化,追忆金陵盛景,生动再现游宴雅集、名士风雅的千年金陵风华。当金陵小城与VGRASS的云锦文化发生碰撞时,会发生怎样的故事,一起去金陵小城探寻"云锦失踪"的真相。

活动对象:维格娜丝企业200名员工

活动时间:第二天下午14:00—19:00

(三) 第三天

Day3:巧夺天工,古添新韵

1. 走进园博园

活动简介:园博园虽是新兴景点,但从建园以来在短期内已迅速发展成为南京的地标象征之一,包括时光艺谷、可口可乐博物馆、先锋书店等多处景点,安排员工前往此处游览,深入自然与人工结合的仙境之中,既能感受到自然美,也能观赏到人文建筑风貌,中与西的结合,古与今的融合,正如VGRASS的产品,也同样是中西结合,古今交相辉映。

活动对象:维格娜丝企业200名员工

活动时间:第三天上午8:30—13:00

活动安排:见表6-20

表6-20 第三天具体行程表

时间	活动	基本内容
8:30—10:30	游玩园博园时光艺谷	从所住酒店出发,前往时光艺谷游玩,游览先锋书店,可口可乐博物馆
10:30—13:00	游玩苏韵荟谷区	员工自由观光游览整个园博园的中心,以江苏省13个城市为主题可在方寸之间游玩,午餐自行选择想体验的美食,如扬州园区里的冶春茶社
13:00—13:50	集合前往云锦博物馆	在指定地点集合,前往云锦博物馆准备参加下午的体验活动

续表

时间	活动	基本内容
13:50—14:50	参观	参观云锦博物馆秀美的织品,由经验丰富的师傅详细讲解相关"云锦知识"
14:50—16:00	体验	[云锦小织机]虽然科技一直在进步,但是南京云锦的工艺仍然无法用现代化机器替代。织造时,纵向的经线穿通织物的整个幅面,横向的纬丝根据图案花纹跟经丝交织,不贯通全幅。通经断纬,便是南京云锦的精妙之所在,当理论联系实际时,古老的技艺就会变得有趣生动起来
		[云锦意匠稿体验]在织造云锦之前,绘制意匠图是不可或缺的环节。在意匠稿上创作出独一无二的意匠图,之后再进行填色,既学习到云锦的知识,又培养了对色彩的搭配能力,同时这也是服装从业者所必不可少的能力之一
		[云锦布贴画手作体验]贴布画是一种用不同颜色和材质的布料,经过裁剪和拼贴组成不同的图案的手工。在白纸上画出自己喜欢的形状,然后对照剪裁不同颜色的云锦,最后把云锦贴在合适的位置,就大功告成啦! 从传统纹样到现代卡通,云锦统统能够 hold 住
		[云锦挂件手作体验]云锦图必有意,意必吉祥。用云锦来制作挂件,随身携带,可以说是再合适不过。选择合适的云锦布料,在老师的指导下缝制。还可以根据季节和个人喜好填充各种天然的香料,薄荷、艾草、薰衣草等等,既美观又实用。做好的挂件可作为纪念品带回家
16:00	返程	云锦博物馆旅游活动结束,前往汤山矿坑公园
18:50—19:30	开场:灯光秀	崖壁剧院欣赏百年石光灯光歌舞秀。矿坑内的水下植物园,闪烁着科幻银辉的巨大不锈钢结构与透明亚克力水面组成的奇幻世界
19:30—19:40	主持人发言	主持人介绍本次的活动
19:40—20:00	VGRASS 新品展	第一轮走秀展出 VGRASS 的开春新品
20:00—20:20	VGRASS 特品展	第二轮走秀展出 VGRASS 中最具特色的服装,如云锦系列、敦煌系列
20:20—20:40	VGRASS 杯后起之秀	在本次会奖旅游前夕,启动"VGRASS 大学生服装设计大赛",将其中的优秀作品在第三轮走秀中展出,为当代新生人才提供展现平台,发挥 VGRASS 校企合作的企业意识,发挥企业的社会效益
20:40—21:00	嘉宾出场与颁奖	诚邀品牌代言人张小斐穿上 VGRASS 为其量身定制的云锦系列服装,介绍本企业的服装,并与企业领导共同为获奖学生作品颁奖,以激励其继续努力,为中国的服装事业贡献一份力量
21:00—21:30	活动结束:烟花秀	主持人对本次活动进行总结,随后活动将在绚烂夺目的烟花之下宣布圆满结束

2. 揭秘云锦

活动简介:维格娜丝以其云锦系列产品名声大噪,而金陵城作为云锦的故乡,必不能不前往云锦博物馆,在此处可观赏到巧夺天工的云锦作品,瞻仰云锦非遗传承大师们的制作过程;同时还加入了带有个性化的云锦织造体验,可亲身动手尝试织布、贴布、画稿的乐趣,当现代的人与古代的技艺发生碰撞时,会添出怎样的新韵?

活动对象:维格娜丝企业200名员工

活动时间:第三天上午13:30—16:00

活动安排:见表6-20

3. 流转云间

活动介绍:以矿坑崖壁为依托,在矿山前的空地搭建T台,进行"流转云间"为主题的VGRASS产品服装走秀,届时会有神秘嘉宾到场。以百年灯光歌舞秀为开场,烟花表演为压轴,其间贯穿精致的服装走秀,呈现出视觉盛宴,宛若云间圣境。

活动对象:维格娜丝企业200名员工

活动时间:第三天晚上18:30—21:00

活动安排:见表6-20

(四)第四天

Day4:璀璨东方,印象金陵

活动简介:在会奖的旅游的最后一天,对本次的行程进行升华,在江苏大剧院一睹南京璀璨的非遗文化节目,以留下深刻的金陵记忆,发挥旅游的"近因效应"。同时希望通过传统文化的展现,给予员工关于东方文化与东方美的灵感,以在后续的产品生产中,能设计出更多具有独特东方韵味的VGRASS产品,真正实现会奖旅游的意义。

活动时间:第四天上午9:30—11:30

活动安排:见表6-21

表6-21 第四天具体行程表

时间	活动	基本内容
8:30—9:30	出发	从所住酒店出发,前往江苏大剧院
9:30—11:30	观赏节目	节目表单: 1. 金陵琴派古琴演奏 2. 南京白局 3. 竹马舞蹈表演 4. 骆山大龙龙舞 5. 阳腔目连戏(戏剧) 6. 皮影戏 7. 高淳民歌 8. 麻雀蹦 (具体演出顺序以当日实际情况为主)
11:30—13:30	午餐	前往周边南京国际青年会议酒店用餐
14:00	返程	用餐完毕后集合前往南京站,欢送员工回家

六、方案特色

(一) 火树银花合,星桥铁锁开

活动介绍:火树银花是中式传统审美与四大发明结合的结晶,让员工欣赏美丽盛大的烟花的同时许下美好的对未来的期待。我为烟花而来,却见万千星海。感受烟火在时间的长河里与现代科技结合迸发的新的生机。

(二) "流转云间"服装 T 台秀:

走秀在年会前夕,通过网络平台发布"看秀邀请",开放 50 位社会座席,可邀请 50 位观众免费观赏,不承担其任何费用,以邀请函入内观赏,另聘摄像在抖音、小红书、微博等第三方平台进行直播。

新品秀:展示 VGRASS 开春的新品设计。

学生作品秀:在年会前三个月发布 VGRASS 服装设计比赛通知,诚邀中国大学生尤其是服装设计专业学生踊跃参与,于年会前夕公布入围名单,择优秀作品参与走秀亮相。

东方秀:诚邀品牌代言人张小斐穿上 VGRASS 为其量身定制的云锦系列服装走秀,此外展出 VGRASS 与云锦文化、敦煌文化等中国东方特色文化结合的服装作品。

颁奖:由张小斐、公司高管分别为"大学生设计比赛"中的优秀作品颁奖。

(三) 百年石光灯光秀

随着科技的发展,人们对艺术的需求越来越高,不同形式的艺术演出为人们提供更多的选择。让员工一起赴一场百年石光的约定。在云池梦谷 255 米长,80 米高的天然崖壁上通过多媒体艺术,光影画面,科技造景等手段,使巍峨岩壁变成户外巨幕电影在自然幕布中穿越时空,在呼啸而过的山风中感受历史的震撼,在旷达的山野处感受人文之美,在巍峨的崖壁中领略人类的文明。灯光秀的内容也呼吁了尊重自然,顺应自然,保护自然,是我们不变的初心。

(四) 矿坑温泉

酒店坐落在南京园博园云池梦古片区。设计师将矿坑的光,石,林,雨等元素重新构造,让建筑依岩壁而立,如同一座矿谷秘境,酒店还打造了从壁顶倾泻而下的雾瀑景观。我们给员工安排的是每一个房间的私人温泉泡池,隐蔽性更好,且配有景观阳台,泡在温泉里可以欣赏山谷和悬崖的美景。当然酒店内也配有 11 个公共泡池,温泉水都是引入的汤山温泉,还配有酒店标志性的悦榕 SPA,让员工进行放松休息。

(五) 非遗展演

江苏大剧院作为一处会奖旅游的优选地点,诚邀南京各类非遗传承人及演职人员在江苏大剧院进行展演,让企业员工一睹南京璀璨的非遗文化节目,如南京白局、金陵古琴及高淳名歌等,以留下深刻的金陵记忆,发挥旅游的"近因效应"。同时希望通过传统文化的展现,给予员工关于东方文化与东方美的灵感,以在后续的产品生产中,能设计出更多具有独特东方韵味的 VGRASS 产品,真正实现会奖旅游的意义。

(六) 特色企业年会

我们将 VGRASS 年会定在南京扬子江会议中心。扬子江设计理念及建筑形式从大江大河中汲取灵感。起伏的裙楼呼应了长江上的层波叠浪,泛光的屋顶反映着江面粼粼波光。高耸、开阔的塔楼仿佛江上穿梭的中式帆船,帆船弄影,乘风破浪。与我们品牌的理念有所契合,代表我们品牌在未来的一年里扬帆起航,再创新高。

(七) 特色酒会

我们将酒会定在南京国青选择了南京厅,设计理念顺应了现代国际流行趋势,与民族特色相结合,这样既满足了我们品牌选择了南京非遗云锦也与现代科技技术相结合,让经过千年历史打磨的彩霞绽放出更加美丽绚丽的色彩。

(八) 企业公益活动

活动目的:

1. 公益活动:"维格娜丝,与爱同行"

为响应国家"可持续发展"战略,VGRASS 特利用本次会奖旅游开展"可持续时尚"的公益活动,包含三部分,分别为[坏衣能量站]、[旧衣发电站]以及[remake 工坊],介绍如下:

[坏衣能量站]:在可持续绿色发展的时代之下,时装产业能做出的最大善行就是尽可能长久地去使用我们的物品,因此 VGRASS 特借此次会奖旅游的机会,为群众提供免费的坏衣修补服务,以延长衣服的使用寿命。

[旧衣发电站]:VGRASS 联合权威公益组织,号召大家捐赠闲置的旧衣、不要的坏衣等,通过捐赠的方式帮扶贫困,为爱发电,与爱同行。

[remake 工坊]:现场特别福利,用现场所提供的衣物及材料进行改造和创作,展现与传播 VGRASS 的"匠人精神"。

2. 宣传活动:借此活动,公开透明展现 VGRASS 产品的硬实力,增加 VGRASS 的品牌效益、社会效益和经济效益。

3. 疫情防控活动:VGRASS 会随疫情变化状况开展线下防控措施。树立品牌口碑,向大众展示 VGRASS 不仅仅是只关注弘扬东方美的制造商,更是在疫情当前将守护东方美的责任人。

(九) 云锦剧本杀活动

活动名称:云锦失踪案

故事发生在宁城,古代宁城刺绣冠绝天下,因其绚烂如云彩,色若云霞称云锦。但随着时代发展现代云锦几乎绝迹。近期保护发掘古墓,在其中发现了一件珍贵大幅云锦绣品,因其上有九龙,命名为九龙图。而运往宁城博物馆前往展览途中九龙图却不翼而飞了,只留下了一个字条"想要找回九龙图来金陵小镇"。为了找回绣品,我们前往金陵小镇将会遇到怎样的困难与考验呢?(本剧本为架空世界,请勿当真)

(十) 揭秘云锦

虽然 VGRASS 以云锦设计为特色,但云锦究竟是怎样设计的? 走进云锦博物馆,在非遗大师的讲解与介绍下了解云锦技艺,在非遗大师的指导下亲身体验,使得所知道的理论知识能与实际相联系。云锦博物馆内安排了有关云锦的贴画、匠稿、挂件、织布等多种互动体验,所做成品都可作为纪念品带回家。

七、突发事件预案

(一) 突发事件应对主要目标

应急管理体制机制更加完善。领导体制、指挥体制、职能配置、机构设置、协同机制更趋合理,应急管理队伍建设、能力建设、作风建设取得重大进展,应急管理机构基础设施、装备条件大幅改善,工作效率、履职能力全面提升。

灾害事故风险防控更加高效。安全风险分级管控与隐患排查治理机制进一步完善,多灾种和灾害链综合监测、风险早期感知识别和预报预警能力显著增强,基础设施防灾能力、重点领域安全生产水平大幅提升,危险化学品、矿山、交通运输、建筑施工、火灾等重特大安全事故得到有效遏制,严防生产安全事故应急处置引发次生环境事件。

应急要素资源配置更加优化。共建共治共享体系更加健全,使活动参与人员应急意识和自救互救能力显著提高。

(二) 具体内容

1. 成立统筹应急领导小组

成立专门负责应急事件处理团队,包括总指挥、电气、消防、现场疏散、沟通等多岗位组成的特别小组。活动期间,随时跟随团队行动及时掌握现场情况,及时发现并解决或上报隐患信息,要及时、有效、果断地开展相关工作,避免事故发生,减少后续损失。专人专责,整体负责本次活动的安全事项和应急事件应对处理工作,确保活动的安全性。

2. 提前掌握具体情况

提前了解活动场地安全措施消防通道,疏散路线,避难所等信息,避开高危或易发生危险的地方,检查场地消防等安全设施的数量、分布及可用性。提前探查地形,与相关负责人做好联络工作,保持随时联络通畅,确保可以及时地处理事情。对附近的救援和应急处理机构做调查,防止意外事故造成大面积影响。

3. 安全教育与标识

提前做好安全教育,在出发前对于活动行程有简要概述,对危险和易发生危险部分进行着重讲解并进行安全内容介绍。通知并确保所有人记录相关负责人的联络方式,保证联络的通畅,保障活动参与者的相关安全事项。

4. 压实应急管理责任

强化责任分配,建立同责、一岗双责、齐抓共管、失职追责的应急管理责任制。将应急管理体系和能力建设纳入相关应急事件处理领导干部综合考核评价内容。

明确部门监管责任。严格落实必须管安全的要求,依法依规进一步夯实有关部门在危险化学品、新型燃料、人员密集场所等相关行业领域的安全监管职责,加强对员工的安全管理,健全责任链条,加强工作衔接,形成监管合力,严格把关重大风险隐患,着力防范重点领域系统性安全风险,坚决遏制重特大事故。

5. 随队跟随受过专业训练的团队及设备

随队跟随专业的消防、救生、急救等人员,携带必要设备,包括灭火器、医药箱、纱布担架、轮椅、防毒面具、应急车辆等工具设备。

6. 完善应急预案准备

完善预案管理机制。修订突发事件应急预案管理办法,完善突发事件分类与分级标准,规范预警等级和应急响应分级。加强应急预案的统一规划、衔接协调和分级分类管理,完善应急预案定期评估和动态修订机制。强化预案的刚性约束,根据突发事件类别和级别明确各方职责任务,强化各级相关预案之间的有效衔接。

八、财务预算

财务预算具体见下表 6-22

表 6-22 财务预算表

序号	名称	单价	数量	预计金额
1	高铁(商务座)	400	100	4万
2	高铁(一等座)	200	300	6万
3	太平洋意外险	10	400	0.4万
4	园博园酒店	1 500	120	18万
5	商务车	1 000	10	4万
6	品牌代言人	15万	2	30万
7	酒会费用	20万	1	20万
8	园博园景区接待费	200	10	0.2万
9	茶会费用	20万	1	20万
10	年会场地江苏大剧院	50万	1	50万
11	云锦博物馆费用	60万	1	60万
12	温泉	200	200	4万
13	餐饮费	100	1 600	16万
14	年会礼品	200	200	4万
15	杂项及应急资金	100万	1	100万
	合计			316万

九、方案预计效果

(一)总体目标

鼓励团队士气,完成表彰企业优秀员工、回顾企业历史、展望企业未来等重要内容。与有分量的上下游合作伙伴共同参与,增加企业之间的沟通,促进企业之间的共同进步。充分表达对客户、员工和曾帮助过企业人的感谢,发放福利,进一步将企业团队团结在一起。

本活动经过精心设计,达到客户答谢,激扬士气,营造组织气氛、深化内部沟通、促进战略分享、增进目标认同的效果,并制定企业以后的目标,为以后工作做好安排和铺垫。

(二) 效果预计

本活动的参与者主要为公司员工,完成年会、团建的活动指标而进行。参与人数为二百到三百人。整个活动期间安全设施和安全措施均正常运作,安全保障团队工作到位,全程安全无意外发生。

年会活动顺利举办,营造出轻松良好的气氛,让每个人都有较好的参与感和体验感。满足企业的要求,年会活动顺利举办。

酒会和茶会活动顺利开展,满足用户的休闲需求和社交需求。

旅游活动全方位满足其食、宿、行、游、购、娱的需求,精心策划的方案和线路让参与者获得最好的游玩体验,避开拥堵和不适合的地方,采用宽松的方案设计让游客轻松游玩,感受旅游的快乐,提供专业的摄影和后期服务,用户可以不用花费大量时间在拍照和图形处理上,从而大幅提升用户的游览体验。

设计和手工艺比赛,轻松简单而不无聊,可以使用户沉浸其中乐在其中,前三额外奖励和参与即有奖提升用户的积极度,保证竞技性的同时避免恶性竞争,保障活动的顺利进行。

烟火观赏项目在各部门的缜密设计和配合下,呈现出很好的观赏效果。同时配合安全部门和环保部门,保证烟火燃放期间观看者的安全,尽量避免环境的污染,及时清理场地,避免意外情况。

十、视觉策划

(一) pvc 胸牌

图 6-12　pvc 胸牌

（二）邀请函

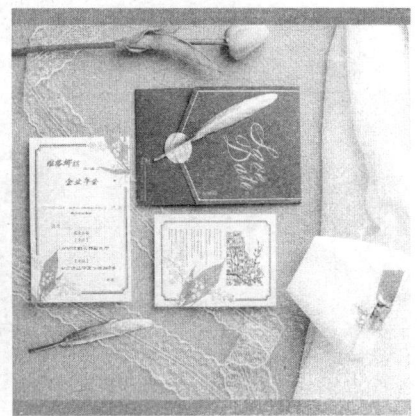

图 6-13　邀请函

（三）Logo 设计

图 6-14　Logo 设计

（四）文创产品设计

1. 团扇

图 6-15　团扇

2. 剪纸灯

图 6-16 剪纸灯

3. 皮带

图 6-17 皮带

4. 茶叶罐

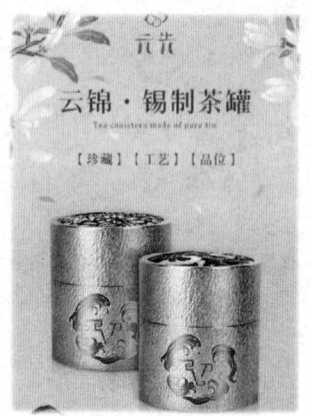

图 6-18 茶叶罐

5. 旗袍扣

图 6-19　旗袍扣

6. 镜子

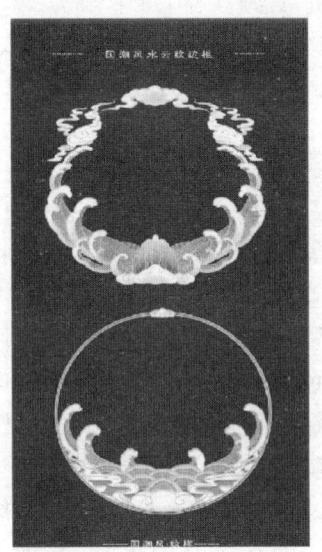

图 6-20　镜子

第四节　海南自贸港旅游创新线路设计案例

椰风黎韵·知行海琼

一、作品摘要

项目分析了海南省三亚市和海口市的旅游资源背景、旅游市场、客源市场等以及大学生的旅游市场,在分析旅游目的地资源结构以及目标群体特征的基础上,策划合理可行的海南省旅游线路,并根据线路设计三亚以及海口市的研学旅游形象,精准投放市场,实行目的地营销,结合当下最有效的市场营销策略,使路线能够落地市场,为海南省人民带来旅游创收。项目依托三亚以及海口市的乡村和热带雨林旅游资源,结合海南省特有的黎苗少数民族文化,再结合大学生研学的需求,设计出"乡村—雨林—民族—生态—研学"五位一体的特色旅游线路产品,其中以研学旅游为核心理念。本项目设计科学地利用了海南省独有的自然、人文、民俗与乡村等旅游资源,将民族文化、乡村文化、雨林文化等相结合,打造海南省的研学旅游新品牌,探索新发展道路。

二、背景分析

海南主要生态环境指标全国领先,而且拥有阳光、空气、水源、沙滩、雨林、温泉等丰富的自然资源,空气质量优良天数比例达到 98.9%。海南是中国最大的经济特区且是国际旅游岛优势。国家赋予了海南担当中国旅游改革创新试验区的重任,并给予了一系列先行先试的政策支持。国家将海南(海口、三亚)定位为 21 世纪海上丝绸之路的排头兵和主力军,为海南推动海上合作、提升国际贸易合作水平、拓展产业投资、密切人文交流和进一步扩大开放提供了难得的机遇。集中了滨海沙滩、热带雨林、珍稀动植物、火山与溶洞、地热温泉、宜人气候、洁净空气、民族风情等丰富的自然资源和人文资源。今年海南在全国率先开展省域"多规合一"试点,将有利于强化政府空间管控能力,实现国土空间集约、高效、可持续利用。

三亚的健康产业具有特殊重要的地位。政府积极推进"互联网+医疗健康"服务发展,完善"互联网+医疗健康"价格及医保支付政策等。美食主要有黎族竹筒饭、抱罗粉、清补凉、椰子饭、陵水酸粉、和乐蟹等等,吸引着八方游客。三亚在建设自贸区、自贸港背景下,着力做好"融"字文章,用心讲好三亚故事,全力打造一支政治坚定、引领时代、业务精湛、作风优良的全媒体实战队伍。三亚是滨海城市,境内生活着多种民族,以黎苗文化最富风采。三亚丰富多彩的民俗文化、独具特色的建筑文化、特质鲜明的饮食文化等都起源于乡村地区,互相渗透补充,相得益彰,积淀成三亚厚重的乡村文化大观。三亚乡村建设,坚持以传承和保护民俗文化为核心,以规划明晰、主题明确为发展理念,以文化主导特色为乡村旅游竞争力。三亚景观神奇秀美,聚集着多种各具特色的热带雨林,例如槟榔谷、呀诺达、亚龙湾森林公园等,集观光游览、文化展示、民俗体验、休闲娱乐为一体的多形态、多民族、多文化的旅游风景区。

海口,别称"椰城",海南省省会,国际性综合交通枢纽城市,国家"一带一路"倡议支点城市,海南自由贸易港核心城市。海口地处热带,热带资源呈现多样性,是一座富有海滨自然旖旎风光的南方滨海城市。地理位置优越,拥有美兰国际机场,交通便利。自然资源丰富,有水文资源、土地资源、矿产资源、动物资源、植物资源等。海口市饮食富有海南风味,荟萃文昌鸡、嘉积鸭、东山羊、和乐蟹等海南四大名菜与海南特色风味小食,具有取材丰富、讲究鲜活、原汁原味、多种多样等海南饮食文化内涵,如清凉补、椰子鸡、老爸茶、海南粉等。非遗保护工作颇有成效,有 7 个国家级非遗,地方特产独具特色,如珍珠、黎锦、椰雕等,深受人们喜爱。

三、市场分析

(一)目标市场分析

近几年来,大学生外出旅游人数逐渐增长,旅游消费也渐渐成为其消费热点,这一群体作为旅游市场中的重要细分市场,蕴含着较大的经济社会效益,市场开发潜力巨大,前景广阔。

1. 旅游动机强烈而复杂

大学生处于校园向社会过渡的特殊阶段,存在着有别于其他旅游市场的旅游目的。该团体思想活跃,旅游动机多样化,爱追求新鲜刺激,探索精神强,易于接受新事物。他们偏好选择自然旅游景区,同时生活经历较少,对学校和家庭以外的事物新奇,旅游时也常选择与日常生活反差较大的景点。

2. 闲暇时间较多且集中

大学生除了法定节假日外,还有传统的寒暑假期,大约有172天假期,约占全年的一半。此外,教育部门为学校提供了许多社会实践和自我学习的时间,因此大学生有非常充裕的时间旅游,在旅游时间的选择上有很大的自由度。

3. 注重经济消费和经历

大学生旅游市场集中,规模较大且对价格较为敏感。用于个人自由支配的资金不多,在旅游过程中对物质要求不高,讲究经济实惠。大学生长期在学校生活,对外面的世界充满好奇,因而更加重视旅游过程的经历和感受。

4. 出游方式以自组为主

大学生出游方式以自组群体为主;大学生自我意识和独立意识较强,外出旅游不愿受限于线路安排,他们更愿意自己想尽办法来减少旅行费用,所以多以自由度高且经济实惠的自组群体为主。因此在开发大学生旅游市场时要灵活多变,首先在旅游产品的组合上灵活多变。其次是旅游方式多样化,针对不用需求,设计多种旅游方式。最后,组团要机动灵活,旅游企业可以根据各自特点,推行自组旅游团。

5. 旅游信息传递较迅速

大学生旅游市场集中,群体间广泛联系,旅游信息传递迅速;他们的消费心理和习惯不稳定,消费需求具有弹性和可诱导性,对个性消费和社交娱乐兴趣倾向明显,较同意接受新产品、新事物、新旅游方式。喜欢使用新媒体等工具,容易受新媒体平台上旅游信息的刺激。

(二)SWOT分析

运用SWOT分析,针对海南地区的政策、经济、社会、技术四个方面进行综合地分析研究,了解当地旅游资源分布、未来发展趋势。在为线路设计提供可行性依据的同时,进一步优化和提升海南旅游中存在的不足之处,这将有助于海南旅游业的进一步发展和旅游项目的开发,也直接影响海南产业结构和产业间的协调发展,并对相关关联产业有着极大的拉动作用。具体内容如表6-23所示。

表6-23 海南SWOT分析表

优势(Strengths)	劣势(Weaknesses)
・大力发展旅游行业 　适应时代发展要求 ・生活水平质量提高 　旅游收入显著增加 ・旅游生态资源丰富 　国际化专业化发展 ・优越区位交通优势 　智慧全域旅游平台	・旅游发展缺乏规划 　旅游法规尚未健全 ・总体经济规模较小 　缺乏结构制度建设 ・自然环境破坏严重 　旅游产品单一开发 ・配套设施缺乏完善 　旅游信息化程度低
机遇(Opportunities)	挑战(Threats)
・提供旅游政策支持 　促进政策法律法规 ・提出"一带一路"倡议 　吸引更多国际客流 ・社会群体大众消费 　催生全新旅游消费 ・制定个性旅游计划 　改善传统旅游体验	・配套政策缺乏明确 　监督管理缺乏管理 ・客源争夺经营管理 　面临未来发展挑战 ・旅游开发项目增多 　产品同质化程度高 ・通信基础水平滞后 　信息系统建设加强

四、线路创意设计方案

(一) 设计思路

通过首轮查阅以及赛事的要求，确定了目标群体对象为大学生市场，以此来选择设计理念——以研学和民族风格为主，进而在海南省的地图上确定了两个旅游目的地，把目的地中的旅游资源罗列出来。

然后通过了解国家以及海南省的相关旅游政策以及客户群体的需求，从所罗列的旅游资源中筛选出与设计理念相符的，在地图上标出后进行线路的走向排布，排好后根据每天的线路安排确定主题名称，以此来完善线路。

最后在线路初步形成的基础上进行深度的挖掘，找出景点背后的含义，将热带雨林与乡村旅游资源有效地与生态、文化、农业、研学、民族等有效融合，在现有线路基础上进行创新并彰显出育人功能，主要思路如图6-21所示。

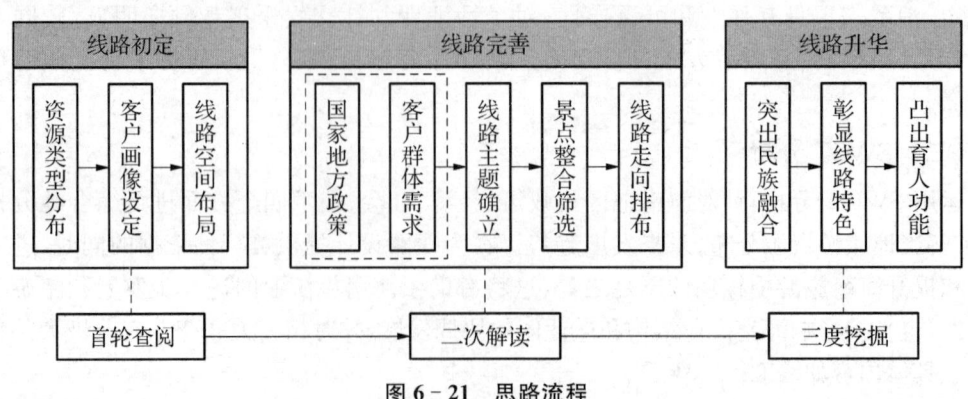

图6-21 思路流程

（二）线路主题

最终确定六日游旅游线路主题为"椰风黎韵，知行海琼"，逐日主题介绍如下：

【椰风黎韵·知行海琼】(线路主题)：椰风点明了目的地海南，黎韵代表了海南少数民族黎族的风情；该线路主要是针对大学生设计的研学旅游线路，故用知行，琼则是海南的简称。

【卓梦自贸港，开创新标杆】(第一天)：第一天的行程安排了自贸港和亚龙湾，学生可在自贸港体验高科技的融媒体，学习自媒体时代下的运作，感受科技变迁。

【走进生态村，探寻悠生活】(第二天)：第二天的行程中要走访两个乡村，椰田古寨和中寮村，望游客在游览美丽乡村风景的同时能够享受悠然的乡村田园生活。

【品评风韵黎苗，探究浩博雨林】(第三天)：第三天是两个热带雨林景点，槟榔谷和呀诺达，槟榔谷是一个集热带雨林风光，黎苗民族文化，及非遗文化"活体"博物馆为一体的风景区；而呀诺达的民族风情虽不及槟榔谷，但它的神秘、神奇和神圣、它的高原水之美以及它富有参与性和挑战性的雨林特色项目值得大家去探究和体验。

【力促台楼扶贫业，体味古城新概念】(第四天)：第四天的台楼村是政府所领导的特色扶贫类的旅游景点，游客沉浸在台楼村的火龙果采摘活动的同时，也是为扶贫业做出了一份贡献。崖州古城虽具有悠久的历史和名胜古迹，但景区践行自由贸易建设，塑造古城新概念新内容，展现崖州古城独特魅力和丰富历史底蕴，融合传统文化与现代新城。

【牵手南溟子，探秘火山村】(第五天)：南溟子是海南省博物馆发布原创自主IP品牌和形象代言人，代表着海南省博物馆；第五天下午的行程安排了两个与火山息息相关的景点——雷琼火山地质公园以及火山村落施茶村，地质公园以及村落中的火山文化值得游客去探秘。

【漫步橄榄村古村落，亲近热带动植物】(第六天)：最后一天的冯唐村是嵌在火山雨林里的"绿宝石"，以橄榄园为核心，游客可漫步在这充满绿色橄榄的古村落中，让灵魂远离喧嚣；下午则是前往海南的热带野生动植物园，与热带的野生动植物亲近，感受海南热带小动物的热情好客！

（三）线路空间结构

整条旅游线路的空间布局为"三亚海南自贸港国际传播中心—亚龙湾—中寮村—水稻国家公园—椰田古寨—槟榔谷—呀诺达—台楼村—崖州古城—崖州高铁站（交通枢纽）—海南省博物馆—雷琼火山地质公园—施茶村—冯塘村—热带野生动植物园—美兰国际机场（交通枢纽）"。

（四）线路卖点

1. 旅游线路育人性

育人性的旅游游览方式让研学旅游更具意义，在游览过程中充分感受到少数民族浓厚的文化气息，做到知行合一，把知识的传授和德育有机地结合起来。如游览热带雨林风情，三亚生态环境优越，给人很大的既视感，要时刻注重生态可持续发展。游览民族乡村风情，了解少数民族村庄突显民族特色、民风民俗、传统建筑等文化与生活环境相得益彰，让乡村不仅整洁而且美丽。游览自贸港新科技，体现中国特色、符合海南定位，深度了解对海南的意义和作用,彰显中国扩大开放决心,推动高质量发展之所需,反映海南自由贸易港的未来发展趋势。

2. 旅游线路主题性

主题性的旅游方式可以放松身心地投入特定的主题活动,并得到精神上的休息,获得一定的主题文化启发。如参加当地的少数民族农家乐特色活动项目,也可以和当地人开展比赛项目:织黎锦、制作黎陶、舂米、椰雕制作、观看"欢乐苗家歌舞"演出等。参加亚龙湾海边派对,独特的"主题式＋体验式"更能使地域文化融入旅游过程。主题研学和旅游相结合,加深与自然和文化的亲近感,提升创新精神和实践能力。

3. 旅游线路文化性

文化性体现在具有文化知识含量的旅游活动上,满足旅游者文化需求多样化的客观规定性;文化是旅游的灵魂,旅游是文化的载体。如购买具有文化性的少数民族手工艺品、旅游纪念品等,促进当地经济效益的发展。学习海南自贸港融媒体技术,让媒体创新技术文化更深入人心。了解当地区域传统黎苗民族文化和现代精神文明,增加自身的文化素养和生活阅历。

4. 旅游线路体验性

体验性的旅游活动不仅可以满足最基本的旅游参与需求,而且更容易满足较高层次的旅游精神体验需求,并且在旅游过程中深入了解少数民风民俗的深厚文化底蕴。如在亚龙湾海滩上自助BBQ烧烤,独特的"体验式＋自助式"的餐饮活动融入旅游过程。DIY制作并品尝当地的农家饭,包括椰子鸡、剁椒鱼头、海鲜火锅等。体验少数民族特色活动如槟榔谷打柴舞、制作黎陶等。

5. 旅游线路观光性

观光性的旅游活动不仅是视觉体验活动,也是在旅途中享受美感的整个过程。如体验观光性和度假性相结合的海景酒店,可以足不出户欣赏到美丽的海景,留下美好的度假记忆。体验少数民族特色民宿内保持的特有建筑文化风格。感受海南优越丰富的热带雨林和乡村旅游资源。

6. 旅游线路灵活性

灵活性的旅游活动为旅途省下更多玩乐时间,提供更多的选择,享受美好旅程。如选择追求个性化、空间自由的旅游组织方式。海南的交通、区位优势状况良好,当地旅游车随叫随到,游览景区十分方便。餐饮活动形式多样,住宿环境多元一体。

(五)线路详情

1. 日程安排

具体行程见表6-24

表 6-24 具体行程表

日期	时间	行程安排	特色活动
第一天	13:10—14:20	午餐	品尝特色美食椰子鸡
	14:45—16:45	三亚自贸港国际中心	了解"一带一路",体验先进媒体融合技术
	17:15—19:30	亚龙湾	组织沙滩排球、观赏日落
	19:30—20:30	晚餐	BBQ自助烧烤、海边派对,互动游戏体验
第二天	8:30—10:30	中廖村	学习黎族传统技艺
	10:30—12:30	午餐	海棠阁农家乐
	12:30—14:30	三亚水稻国家公园	开展研学旅游、游览农庄
	15:00—18:00	椰田古寨	观看黎苗民俗文化表演、
	18:00—19:00	晚餐	锦里小馆
	19:00	住宿	椰林小筑徽派酒店
第三天	8:30—9:30	槟榔谷文化旅游区	开园仪式
	9:30—12:10	槟榔谷文化旅游区	参观海南原住民博物馆体验非遗文化,赏黎苗文化实景演出
	12:15—13:45	午餐黎族小吃簸箕餐	
	14:00—18:00	呀诺达雨林旅游区	观赏热带雨林景观,体验各式休闲娱乐项目
	18:10	晚餐、住宿保亭雅布伦田休闲山庄	
第四天	9:30—12:00	楼村	开展台楼村爱心公益活动、采摘火龙果
	12:00—13:30	午餐农家乐	
	14:10—17:10	崖州古城	参观大小洞天景区、崖州学宫
	17:30	住宿	格莱登智慧酒店
	18:00	晚餐	自理
第五天	9:00—11:00	海南省博物馆	自由参观
	11:00—13:00	午餐	琼菜王美食馆
	13:00—16:00	雷琼火山地质公园	自由活动
	16:00—20:00	施茶村	田园采摘和游园慢骑等乡村活动
	18:30	晚餐	在村民指导下DIY农家乐
	20:00	住宿	施茶村火山精品民宿
第六天	8:30—13:00	冯塘村	参观冯塘祠堂和橄榄林
	13:00—16:00	热带野生动植物园	自由活动
	16:50	踏上征途	到达美兰国际机场

2. 具体介绍

表 6-25 【景点和活动安排】第一天

主题	卓梦自贸港,开创新标杆	
行程	旅游客源地—三亚海南自贸港国际传播中心—亚龙湾	
	景点介绍	活动安排
第一天	**海南自贸港(三亚)国际传播中心** 海南自贸港(三亚)国际传播中心是在三亚市委、市政府的指导下,市委宣传部的监管下,由三亚传媒影视集团与新华社新闻信息中心共同组建;当前正紧紧围绕海南"三区一中心"定位,奋力在加快推进海南自贸港建设中打造新标杆。"大三亚"客户端将成为大三亚区域权威信息发布平台、国际传播门户和媒体融合协同平台	① 14:45—15:45 参观活动 ② 15:45—16:45 科技体验
	亚龙湾 亚龙湾是海南最南端的一个半月形海湾,是一处优质热带海滨风景区;沙滩平缓开阔,沙粒洁白细软,海水清澈澄莹,海底资源丰富,可同时容纳十万人嬉水畅游,数千只游艇游弋追逐。集海洋、沙滩、阳光、绿色、新鲜空气于一体;气候温和、风景如画,这里有蓝蓝的天空、明媚温暖的阳光、清新湿润的空气、连绵起伏的青山、千姿百态的岩石、原始幽静的红树林、波平浪静的海湾、清澈透明的海水、洁白细腻的沙滩以及五彩缤纷的海底景观等,已成为旅游者向往的度假天堂	活动安排: ① 17:15—18:15 沙滩排球 ② 18:15—19:30 自由活动 ③ 19:30—20:30 派对游戏
备注	【自贸港融媒体技术体验】 　　即媒体融合技术,海南自贸港利用新华社开发建设的现场云、MAGIC 媒体大脑短视频智能生产平台、虚拟主播等智能技术。带领旅游者参观并体验中心配套上线的融媒产品制作传播、大数据舆情分析、综合服务业务三大板块;充分实现"一体策划、一次采集、多种生成、多元发布"的融媒体传播新格局 【海边派对特色活动设计方案】 　　海边派对即将开始,所有道具以及音响就位,主持人就位,dj 就位,music! 嗨起来吧! 　　先玩几个游戏热热场吧! 　　[吃椰子大赛]准备好椰子和吃椰子时所用的工具,参与者每人一个椰子,最先吃完椰子者获胜 　　[抢板凳比赛]根据参赛人数 $n-1$ 的选取椅子数量,将凳子围成一个圈,音响内随机播放音乐,音乐停止时参赛者抢板凳,未抢到者淘汰 　　[撕名牌大赛]在每位参赛者的背后贴上一张姓名条。玩家里面有间谍角色,所有人不知道谁是间谍,间谍要利用其他队员相互撕掉别人的,若最后能留下自己则反派胜利,若间谍名牌均被撕掉则正派胜利 　　游戏环节结束,伴随着燥热的音乐,游客随意走动,喝酒聊天,也可享受 BBQ 的乐趣 　　[调酒体验]在亚龙湾海滩上,调酒师穿着英式马甲显得格外绅士,在调制酒的过程中文雅、规范,调酒过程配以流行音乐;时不时展露出难度和观赏性大的摇酒技巧及魔术表演,制作好的鸡尾酒可以纷纷品尝,在椰香海风中体验到鸡尾酒带来的微醺之感;也可以在调酒师的耐心指导下亲自体验一下调酒的乐趣	

表 6-26 【景点和活动安排】第二天

主题	走进生态村,探寻悠生活	
行程	中寥村—水稻国家公园—椰田古寨	
	景点介绍	活动安排
第二天	**中廖村** 中廖村是三亚第一个"五星级"美丽乡村,整个村庄环境优美,中廖村民风淳朴,是一个纯黎族村庄。这里处处鸟语花香,绿树成荫,在蓝天和白云的衬托下椰树、稻田、庭阁、长廊、水中大鹅戏水、远处山峦重叠起伏,美景如画。浓郁的热带乡村风情令人如痴如醉,朴素的乡野生活元素交相呼应。此外,中廖"两委"班子始终坚持以人为本,以带领村民致富为目标,一心一意为村民办实事、办好事,真正做到了"便民、惠民、利民"	**活动安排:** ① 8:30—10:30 学习黎族人民传统技艺,体验少数民族风情。 ② 9:30—10:30 了解体验黎族人民多姿多彩的生活,如织黎锦、制作黎陶等
	三亚水稻国家公园 三亚水稻国家公园属于三亚半小时经济圈,是海棠湾的后花园。美轮美奂的灯海,田园蹦迪,迷雾森林,璀璨绚烂,星辰大海等应有尽有;在这稻田盛景里,贴近大地、走近泥土、体味天人合一的意境;现还推出了马车游行、骑马体验、骑马拍照、婚纱取景、研学体验、放风筝等项目。三亚水稻国家公园推出了袁隆平水稻试验田、千亩稻田花海、国家南繁科研育种基地,恐龙科普教育基地,海棠稻乡共享农庄线下展销体验基地,稻田温泉景观区,稻田艺术画等	**活动安排:** ① 12:30—13:30 参观袁隆平爷爷的水稻试验田,开展研学旅游 ② 13:30—14:30 游览农庄,千亩花田
	椰田古寨 椰田古寨是一个黎族和苗族混合居住的寨子,也是感受黎苗族传统文化的好地方。这里四季如夏,气候宜人,椰树成林;可以近距离地感受苗蛊文化,尝一尝风味独特的黎苗族美食。若是三月三来到椰田古寨,这里更会多添一份歌舞洋溢的热情。椰田古寨现已建成古老文化、奇特风情、椰风飘香、神秘傩蛊、小锤叮当五大游览区和一台"欢乐苗家歌舞"演出。满足海内外的游客了解海南奇特的民俗文化的爱好	**活动安排:** ① 15:00—16:00 体验黎苗民族人文风情,品尝黎苗特色民族美食 ② 16:00—17:00 观看"欢乐苗家歌舞"民俗文化表演,学习传统手工艺文化椰雕制作 **特色美食:**新鲜的椰子水、黎家椰片、椰子丝、香酥椰片、三色饭、陵水酸粉、山兰酒

表 6-27 【景点和活动安排】第三天

主题	品评风韵黎苗,探究浩博雨林	
行程	槟榔谷黎苗文化旅游区—呀诺达热带雨林旅游	
	景点介绍	活动安排
第三天	**槟榔谷文化旅游区** 景区由非遗村、甘什黎村、雨林苗寨、梦想田园四大板块组成,其中"黎族传统纺染织绣技艺"被联合国教科文组织列入非物质文化遗产急需保护名录。景区以"挖掘、保护、传承、弘扬海南黎苗文化,使其生生不息"为使命	(一)开园仪式 开园时间:8:30—9:30 活动安排:介绍本次活动的内容,分发画册和礼品,观赏开园舞表演 (二)走进黎苗 ① 9:30—10:30 **品非遗文化** 到海南原住民博物馆感受非遗文化,到甘什黎村品山兰酒,租借黎族服饰,和当地黎族纹面老人交流、学习制作特色手工艺品如黎锦,以此深入了解丰富多彩的黎族人民文化 ② 10:30—11:00 **感黎苗历史** 到槟榔谷热带风暴台风体验馆体验《热带风暴》,身临其境地感受黎苗族同胞团结一致抗击台风的感人故事 ③ 11:10—12:10 **鉴原始生活** 观看大型原生态黎苗文化实景演出《槟榔·古韵》,以钻木取火、打柴舞、苗·捏、舂米等节目,感受海南原始、古老的黎苗文化底蕴 ④ 12:15—13:25 **赏黎家美味** 在景区出口处的黎苗风味饮食文化体验区的波隆人家,品尝原汁原味的黎族小吃簸箕餐,享受源于自然的绿色食材和传统特色美味
	呀诺达雨林旅游区 呀诺达雨林文化旅游区位于海南省保亭黎族苗族自治县三道镇,是一个集"雨林观光、文化风情、休闲体验、健康养生"为一体的大型观光休闲度假旅游区,也是最具观赏价值的热带雨林资源博物馆。景区以天然景观为基础,以保护和强化景区优美为主	**深入雨林,畅享休闲时光** 感受热带雨林的幽深美丽和神圣,体验优美的原始生态环境,放松身心、休闲养生回归大自然,欣赏深邃的大海和浩博神奇的热带雨林植物 观赏雨林谷原生态的热带雨林景观、高空观光滑索项目、"踏瀑戏水"逆溪而上、玻璃观景台、喂鹦鹉+拍照、峡谷秋千悬空观赏海山奇观、雨林谷徒步、真人 cs、幻境脱口秀、部落俱乐部、萌宠乐园等

表6-28 【景点和活动安排】第四天

主题	力促台楼扶贫业,体味古城新概念	
行程	天涯区台楼村—崖州古城—崖州高铁站	
	景点介绍	活动安排
第四天	**台楼村—国家森林乡村** 台楼村位于海南省三亚市天涯区,地址位置独特,近几年在天涯区委区政府的领导下,开展脱贫攻坚和乡村振兴工作,发展台楼村特色产业,为了不断打造"一村一品,一村一特色"扶贫产业布局,台楼村开展了火龙果扶贫产业项目,不断拓宽致富路,筑牢强村基础,落实扶贫政策	**活动目的:** 以不同形式的公益活动,鼓励参与扶贫互助事业。通过示范带动,推动台楼火龙果产业,也为加快天涯区台楼村的脱贫致富工作贡献一份力量。此外还能体会天涯区台楼村优美的自然环境、生态风光和民俗风情,促进乡村建设 **活动安排:** ① 9:30—10:30 公益活动 通过"爱心台楼"公益活动深入贫困地区,帮助贫困村民,助推台楼村脱贫攻坚 ② 10:30—12:00 采摘火龙果 中午开展火龙果采摘活动,了解台楼村特色扶贫产业项目和种植业的发展状况,感受休闲小镇的风情 ③ 12:00—13:30 品农家乐 到农家乐品尝当地特色美食,感受台楼村浓郁的民族风情和美丽
	崖州古城—诗画城池 崖州古城位于海南三亚市崖州区,具有悠久的历史和名胜古迹,景区践行自由贸易建设,塑造古城新概念新内容,展现崖州古城独特魅力和丰富历史底蕴,融合传统文化与现代新城	**活动目的:** 多角度展示崖州古城悠久的历史人文,感受古城独特的文化内涵和旖旎风光,彰显其神奇魅力 **活动安排:** ① 14:10—15:40 参观千姿百态的大小洞天景区,感受崖州古城千姿百态的美景 ② 15:40—17:10 参观崖城学宫、迎旺塔、革命烈士陵园,体验古城历史遗存的神奇魅力

表6-29 【景点和活动安排】第五天

主题	牵手南溟子,探秘火山村	
行程	海口东站—海南省博物馆—火山地质公园—施茶村	
	景点介绍	活动安排
第五天	**海南省博物馆** 海南省博物馆是海南省一座综合性的博物馆,也是国家一级博物馆,国家4A级旅游景区,被授予"全国社会科学普及教育基地"的荣誉。一座城市的博物馆反映了该城市的历史以及文化,是了解一方文明的重要地点,来到海南旅游,必不可少的便是参观博物馆了	**注意事项** 周一闭馆,需提前24 h预约 **活动时间** 9:00—11:00
	雷琼火山地质公园 公园内火山密集,共有101座火山。火山类型几乎涵盖了玄武质岩浆爆发与蒸汽岩浆爆发的所有类型:熔岩锥、碎屑锥(溅落锥、岩渣锥)、混合锥、玛珥火山(低平火口、凝灰岩环)。其数量之多,类型之多样,保存之完整,为我国第四纪火山带之首。它是一部第四纪玄武岩火山学的天然巨著。联合国教科文组织批准为"世界地质公园",集科普教育、观光旅游、保健养生为一体的旅游景区,是我国唯一的热带城市火山群世界地质公园	**活动时间** 13:00—16:00

续表

主题	牵手南溟子,探秘火山村	
行程	海口东站—海南省博物馆—火山地质公园—施茶村	
	景点介绍	活动安排
	施茶村 施茶村有着优越的地理位置,紧邻雷琼火山地质公园,是省级文明生态村和五星级美丽乡村,被评为"中国幸福村",且入选全国乡村治理示范村名单第二批国家森林乡村名单。施茶村以"慢骑石斛园"为主线,集整个火山石斛园慢骑旅游、石斛园观光与火山古村生态资源于一体,为游客展示了施茶村优越的乡村旅游资源及农业资源。游客可以在施茶村中进行赏花垂钓、田园采摘、游园慢骑、品尝农家菜等乡村活动,见证海口美丽乡村建设的新成果	活动时间 16:00—20:00 **特色活动:** 赏花垂钓、田园采摘、游园慢骑,在村民的指导下DIY农家乐晚餐

表6-30 【景点和活动安排】第六天

主题	漫步橄榄村古村落,亲近热带动植物	
行程	冯唐村—海南热带野生动植物园—美兰国际机场	
	景点介绍	活动安排
第六天	**冯唐村** 冯唐村是一座"掩映在橄榄林中的古村落",是乡村振兴示范带项目之一,入选首批乡村旅游重点村名单。它是个古老的村庄,据说已有400多年历史。得益于美丽乡村建设,冯塘村引入企业在村中开发冯塘绿园美丽乡村旅游项目,带领全村脱贫。更难能可贵的是,在开发的同时,冯塘村坚持将保护生态与古村文化作为己任,走出了一条可持续发展的绿色生态之路。与施茶村虽同为火山村,但还是有所不同的:施茶村是以火山石斛为特色,而冯唐村则是以橄榄为特色	活动时间:8:30—13:00 活动安排: ① **参观冯氏祠堂**:在冯唐村,可以参观具有海南祠堂风格的冯氏祠堂,数百年来,冯塘村的学子从此走出,踏上考取功名之路。冯氏祠堂如今已更名为国学堂,屋内摆放着低矮的黑色桌椅与古质的书架,像极了古代书斋,眼前仿佛还有一位教书先生手拿古籍,在讲台前抑扬顿挫念着诗。听闻村中孩童每周都会到此学习,延续前人的传统 ② **漫步橄榄林,品橄榄美食**:橄榄园中树木成片,枝叶缠绕,踏入橄榄园,就是踏入了夏天。眼前不止一片绿,还零落着数栋朱红色的、充满童话意境的小木屋,是对外开放的民宿,有的屋顶设了天窗。当夜晚到来,人声散去,橄榄林回归阒静,躺在小屋中赏漫天繁星,也别有一番在森林中露营的趣味。若是走累了,可在橄榄树下小憩,坐在摇椅、长椅上发呆,任思绪神游;或品荷花茶,尝橄榄美食,在食物的清香中回味夏日悠长。待长日将尽,再作别古老的火山村落与葳蕤绿意 ③ **听潺潺溪谷声**:绿意并未止步园中,寻溪水声而去,就走到了龙栖谷。不同于橄榄林的宁静,谷中溪水潺潺,一条蜿蜒的木栈道沿溪而建,沿途是原始而生机盎然的火山雨林风光,植被肆意生长,溪水中沉积着火山碎岩,偶有小鱼蟹冒头,最适合徒步探险

续表

主题	漫步橄榄村古村落，亲近热带动植物	
行程	冯唐村—海南热带野生动植物园—美兰国际机场	
	景点介绍	活动安排
	海南热带野生动植物园 海南热带野生动植物园,是中国集珍稀野生动植物科普博览、保护繁殖、观光旅游、休闲度假为主题的国家4A级旅游景区。景区通过了ISO9001质量管理和ISO14001环境管理体系认证,是中国一家全景式展现岛屿热带雨林野生态系统、浓缩海南岛动植物精华的天然博物馆,是中国以热带野生动植物博览、科普为主题的公园,是海南省重点旅游项目,全国科普教育基地。该景区形成了自然和谐、万物昭苏的热带雨林生态景观	活动时间:13:00—16:00 活动安排:自由参观动植物园

五、预算分析及业绩目标

(一) 预算分析

表6-31 财务预算明细表

海南热带雨林和乡村旅游线成本					
类别		费用名称	金额(元/人)	占比	合计(元/人)
食	第一天	椰小鸡·椰子鸡(午)	72	35.08%	888
		BBQ及海边派对(晚)	330		
	第二天	海棠阁农家乐(午)	90		
		锦里小馆(晚)	70		
	第三天	黎族小吃簸箕餐(午)	96		
	第四天	三色饭(午)	60		
	第五天	琼菜王美食村(午)	60		
		施茶村农家乐(晚)	50		
	第六天	大桌菜八菜一汤	60		
宿	第一天	三亚秦山黎水秦宿	156	25.64%	649
	第二天	椰林小筑徽派	65		
	第三天	保亭雅布伦田休闲山庄	280		
	第四天	格莱登智慧酒店	73		
	第五天	施茶村火山精品民宿	75		
行	全程	旅游车租赁费用	20*5天	8.49%	215
		高铁	115		

续表

		海南热带雨林和乡村旅游线成本			
门票	第一天	亚龙湾	140	26.55%	672
	第二天	中廖村	27		
		水稻国家公园	45		
		椰田古寨	5		
	第三天	槟榔谷	200		
		呀诺达	158		
	第四天	台楼村火龙果采摘	70		
	第五天	火山地质公园	27		
奖励旅游		排球活动场地租用	9	2.13%	54
		文创产品	45		
其他		旅游人身意外险	23	2.09%	53
		医疗用品	30		
合计			2 531		

*注:机票价格参照携程价位
  旅游车价格参照三亚官网价
  房费价格参照携程官网价
  门票价格参照各景区门市价
  其他价格参照各门市价
*计价以人民币为单位

(二) 预期收益

在预期收益计算时,鉴于2020年受新冠疫情的影响,2021年及之后国内旅游逐渐恢复至疫情暴发前状态,本报告在预期收益计算时,以疫情暴发前2019年相关旅游统计数据为基准。2019年海南省接待游客总人数2 305.7万人次(数据来源:三亚市统计局,2020),较2018年增长9.4%。

基于大数据分析的海南旅游"画像"表明大学生群体约占海南省接待游客总人数的10%(海南日报旅游周刊,2019),因此2019年海南省接待大学生群体人数约为2 305.7×10%=230.57万人次。2020年受疫情影响,旅游人数受到很大影响,以2021年恢复正常为基础进行预估,2021、2022年、2023年每年人数增长9.4%。

通过营销宣传,本线路产品预计能够吸纳每年来海南旅游大学生人数中1%左右的比例购买。本线路产品售价2 531元,收益率为10%,小计253.1元。因此每年预期总收益2021年约为6 381.672万元,2022年为6 981.535万元,2023年为7 637.817万元(详见表6-32)。

表 6-32 预期效益估算表

	2019 年	2020 年	2021 年	2022 年	2023 年
大学生人数/万人次	230.57	/	252.24	275.95	301.89
增长速率	9.4%	/	9.4%	9.4%	9.4%
购买本线路人数/万人次	/	/	25.224	27.595	30.189
预期效益/万元	/	/	6 381.672	6 981.535	7 367.817

六、营销策略

以满足大学生群体需要为出发点，采取"线上+线下"相结合的营销策略，通过多种针对性宣传营销渠道，刺激潜在旅游动机，培养一个有潜力、有规模并且稳定增长的客源市场。

（一）新媒体平台营销

通过现代化移动互联网手段，如抖音、微博、小红书、豆瓣、贴吧、微信公众号等在大学生群体中热门的多元化媒体平台工具，进行宣传、推广和产品营销。通过策划相关的优质、高度传播性的内容和线上活动，向群众广泛或者精准推送消息，提高参与度与知名度，达到营销目的。

（二）网红营销

通过邀请具有网络知名度的红人进行宣传，利用网络红人所具有的优势来推介产品，快速提升产品的知名度，促进产品的销售。大学生群体也更倾向于选择那些由年轻时尚明星所代言并被大多数同龄人接受和认可的产品。

（三）IP 形象营销

IP 形象是指企业或某个品牌在市场上、在社会公众心中所表现出的个性特征，包括图案广告设计、包装、Logo、虚拟人物动画等。通过设计富有产品特色和核心的虚拟卡通 IP 形象，代表品牌跟消费者沟通，去跟消费者交朋友，赢得喜爱和认同；当这个 IP 形象做到足够惹人喜爱，有超越品牌本身的强大个性魅力，它就有可能拥有属于自己的"粉丝"，可以反过来为品牌吸引新用户。

图 6-22 "椰风黎韵·知行海琼"品牌 Logo

"椰风黎韵·知行海琼"品牌 Logo，如图 6-22 所示：银灰色的下半圆的元素取自黎族女性的胸饰，代表着少数民族；上半圆是显而易见的绿色椰子树，是海南省的象征，"见椰子如见海南";中间的"V"字形图案代表着翻开的书本,代表着"行知""研学",因此我们的Logo是由"民族+研学"等元素结合起来的,设计感十足。

印有Logo的帆布包,如图6-23所示,清新简洁,可在旅途前作为伴手礼赠送给游客,便于其存放物品。

图6-23 定制帆布包

带有Logo的T恤衫,如图6-24所示,可作为伴手礼赠送给旅游者,具有纪念意义,每每看到此T恤,就可回忆起美妙的海南之旅。

图6-24 定制T恤(正反面)

响应国家号召,随身携带口罩,印有Logo的口罩,如图6-25所示,既可以保护旅游者,又具有纪念意义;同时,简易包装的免洗洗手液,如图6-26所示,可随身携带,旅途在外,洗手并不是很方便,因此贴心准备了免洗的洗手液赠与旅游者,给其旅途带来便利。

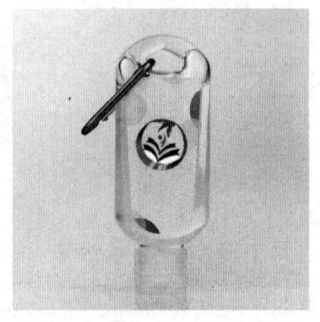

图6-25 定制口罩　　　　图6-26 定制随身免洗洗手液

(四) 传统营销

1. 跨界合作

挖掘大学生群体使用较频繁的产品,将本线路元素通过跨界合作提高其存在感,如与游戏和平精英合作,将本线路的雨林场景作为游戏地图;或与共享单车合作,将本线路的宣传广告投入其扫码的页面等。

2. 娱乐营销

通过产品中的元素与娱乐元素相对接和融合,充分吸引大学生群体兴趣。例如在运动会、迎新晚会、音乐节等各种娱乐媒介和载体中,进行产品宣传,形成议题设置,发挥不同娱乐传播介质的作用,在不同的平台上提高不同的娱乐参与渠道与方式。

3. 电视营销

在电视上播出一些一到两分钟的旅游宣传广告,使场景与声音结合、场景由静态转为动态,效果直观、强烈,提高景区知名度,同时挖掘更多潜在客户,拓宽产品消费层面。

4. 杂志营销

与旅游报纸杂志、地铁纸报合作刊登旅游目的地相关信息,展示特色产品,吸引更多读者和消费者的注意;杂志有保存性,广告生命长,阅览用时较长,可重复阅览,传读率也会更高,它在相当一段时刻内具有保存价值。

5. 广告营销

制作大型的平面广告投放在各交通平台、商场出入口、户外大牌等以及平时人流量较多的繁华地段,吸引人们的关注。宣传设计图如图 6-27 所示。

图 6-27 宣传设计图

七、可行性分析

（一）经济的可行性

目标群体为大学生，并且是团队消费，以团体出游的方式，各合作企业都会有一定的优惠条件，相对而言门票及各项费用会降低，同时，学校也会给予一定的支持；另一方面本产品是以游学为目的，与在学校学习不同的是亲身体验，一定程度上培养了学生的艺术涵养，对比在校接受常规化的教育，本产品体现出更多的艺术体验与收获。

（二）社会的可行性

海南为热带雨林宝地，当地出台了一系列支持以带动乡村旅游的政策。当地的旅游体系发展较成熟、生态旅游资源丰富、自然旅游资源丰富，针对本次设计的产品而言，海南地区可以组合利用的旅游产品多。当地的旅游基础设施完善，能够满足各种团队旅游。利用这种校企合作模式，以旅游带动当地社会经济的发展，当地良好的社会经济水平也能提供更好的旅游体验。

（三）组织的可行性

本次产品研发之初成立专业的团队，从产品的策划设计到实际操作带团，都有专业的团队进行组织。再加上校企合作这种发展模式，在产品实际运作过程中，有旅行社、校方以及组织团队等专业的组织，可以确保产品的实际落实。

八、突发事件预案

（一）天气变化处理预案

参观前下雨，则根据实际情况，雨势较弱时行程不变，分发防雨器具；若雨势较大，则需要将室外参观改为室内参观及室内相关活动。

（二）交通事故处理预案

每天检查好租用大巴的整体情况。在交通行进过程中时，提醒司机注意交通安全，途中不得搭载无关人员。如有交通事故发生，应及时组织救援，保护现场。

（三）治安事故处理预案

不让陌生人员随便进入房间，出入房间要随手关好房门。贵重物品要随身携带，可存入酒店总台保险柜。发生事故时，应首先保护人身安全。

（四）火灾事故处理预案

不携带易燃、易爆物品，不乱扔烟头。入住酒店后，尽快熟悉酒店楼层的安全出口、安全楼梯的位置及安全逃生路线，发生事故时，应做到迅速有序疏散。

（五）食物中毒处理预案

就餐时发现食物、饮料不卫生，或有异味变质的情况，应立即要求更换。遇到事故时，应做到设法催吐并让中毒者多喝水以缓解毒性，并立即送患者到医院进行抢救，开具诊断证明。

（六）溺水事故处理预案

在参观一些河、湖景区时，应了解景区须知，注意安全。在游船项目时，确保穿好救生衣。遇到事故时，应立即拨打120，并在现场做好相应急救措施。

九、总结

椰风黎韵，知行海琼。沐浴了海南带有椰子香的海风；参与了独具特色的黎苗少数民族的文化活动；体验了海南高科技的融媒体技术；品味了海南特色的琼味美食……本条线路利用了热带雨林和乡村两大资源类型，再结合海南的其他有特色、有吸引力的旅游资源，发挥了其育人、研学、强身健体、愉悦身心等功能，使得海南之旅的内容丰富多彩，令人流连忘返，与此同时，也可让人收获颇多，真正发挥了旅游的效用价值和意义。

拓展阅读

微信扫码
相关资源 & 拓展阅读

参考文献

[1] 张帆,王克起.旅游景区管理[M].福州:福建人民出版社,2006.
[2] 闻芳,杨辉.旅游学概论[M].镇江:江苏大学出版社,2018.
[3] 郭盛晖.中国旅游资源赏析与线路设计[M].北京:北京理工大学出版社,2016.
[4] 王春艳,张百菊,梁艳智,等.旅游线路设计[M].北京:清华大学出版社,2022.
[5] 负聿薇,郑凤阁,宁磊.旅游线路设计[M].西安:西北大学出版社,2022.
[6] 王颖,易兰兰.旅游线路设计[M].北京:中国农业科学技术出版社,2018.
[7] 张振家.旅游线路设计[M].北京:清华大学出版社,2017.
[8] 陈启跃.旅游线路设计[M].上海:上海交通大学出版社,2010.
[9] 吴国清.旅游线路设计[M].北京:旅游教育出版社,2006.
[10] 江苏省文化和旅游厅.http://ult.jiangsu.gov.cn/.
[11] 赵西萍.旅游市场营销学[M].北京:高等教育出版社,2020.
[12] 胡华.旅游线路规划与设计[M].北京:旅游教育出版社,2015.
[13] 陆林,李磊,侯颖.疫情危机下旅游地韧性与高质量发展[J].旅游学刊,2022,37(9):1-3.
[14] 李蔚,杨洋.自然灾害与旅游目的地恢复营销[J].旅游学刊,2022,37(7):8-10.
[15] 宋瑞.旅游绿皮书2018—2019年中国旅游发展分析与预测[M].北京:社会科学文献出版社,2019.